Histoire
et
Description sommaires
du
Royaume de France et de ses Provinces,
et
d'autres Pays anciens d'Europe et d'Asie,

PAR

L'ABBÉ F. TIMMERMANS.

Société de Saint-Augustin,

DESCLÉE, DE BROUWER ET Cie,

41, Rue du Metz, LILLE. — MDCCCXCIX.

Histoire
et
Description sommaires
Du
Royaume de France et de ses Provinces,
et
d'autres Pays anciens d'Europe et d'Asie.

Histoire
et
Description sommaires
du
Royaume de France et de ses Provinces,
et
d'autres Pays anciens d'Europe et d'Asie

PAR

L'ABBÉ F. TIMMERMANS.

Société de Saint-Augustin,

DESCLÉE, DE BROUWER ET Cie,

41, Rue du Metz, LILLE. — MDCCCXCIX.

CHER MONSIEUR,

PERMETTEZ à un compatriote de vous dédier un livre intitulé : Histoire et Description sommaires du Royaume de France et de ses Provinces, et d'autres Pays anciens d'Europe et d'Asie.

La dédicace de ce livre sera un hommage rendu aux grandes traditions de la noble famille dont vous êtes le chef. Vous vous êtes rappelé que noblesse oblige, et, à l'exemple de vos ancêtres, vous vous êtes dévoué à toutes les œuvres de charité. Vous y avez même associé Madame votre épouse, née princesse Soutzo, qui vous seconde si admirablement, à la grande consolation de tous les malheureux.

C'est avec un vif intérêt que nous avons lu dernièrement un livre sorti de votre éloquente plume en faveur des aveugles, auxquels votre grand cœur s'intéresse tout spécialement. Vous suivez ici de près les traces d'un de vos illustres ascendants, qui fut vicaire général de la cathédrale d'Anvers et frère du quatorzième évêque de cette ville. Devenu administrateur du diocèse pendant la

*vacance du siège, il montra d'abord ses talents
littéraires en publiant un livre pour la défense de
son pays, puis il couronna toute une vie d'abné-
gation en allant soigner les pestiférés dans un
village abandonné. C'est là que son amour pour
les malheureux lui fit cueillir la palme du* martyre
de la charité.

*Ce grand exemple du sacrifice est toujours
vivant dans votre noble famille, et nous sommes
heureux de rendre hommage à celui qui en conti-
nue si généreusement les vertueuses traditions.
L'antique famille des Werbrouck a fondé jadis, à
Anvers, de précieuses bourses d'étude, et voici
qu'un de ses dignes descendants veut attacher son
nom à la création d'asiles pour les aveugles dans
le beau pays de France. On dira un jour de lui :
Il a passé en faisant le bien. Qu'il en soit béni de
Dieu et des hommes !*

*Veuillez bien agréer, cher Monsieur, toute ma
vive reconnaissance au nom des infortunés auxquels vous facilitez ainsi si libéralement le passage
souvent pénible de la vie, ainsi que l'expression
de mon religieux attachement et de mes sentiments
les plus respectueux.*

F. TIMMERMANS.

PRÉFACE.

Nous offrons au public lettré un livre intitulé: *Histoire et Description sommaires du Royaume de France et de ses Provinces, et d'autres Pays anciens d'Europe et d'Asie.* Guidé dans nos investigations par les meilleurs auteurs, nous poursuivons cette étude jusqu'à la Révolution Française.

L'ordre que nous avons suivi dans ces précis historiques est celui de l'ancienneté de ces divers pays ou de leur importance en elle-même et relativement à la Fille aînée de l'Église, la France. L'esquisse de nos anciennes provinces est précédée de quelques petits traités que, nous l'espérons, on ne lira pas sans fruit.

La France vient en premier lieu comme étant le plus ancien royaume de l'Europe. C'est là que nous trouvons, après les Romains, les meilleures notions de patrie, de droit et de justice qui font un peuple grand et prospère. Comme le peuple romain avait trouvé dans son amour de la patrie, qui fit son unité et sa force, le ressort nécessaire pour accomplir sa mission providentielle auprès des peuples anciens, ainsi la France puisa cette même force dans le même sentiment, afin d'être le champion de Dieu auprès des peuples nouveaux. Aussi sa formation a-t-elle été toute providentielle, et l'historien protestant Gibbon a pu dire en toute vérité que « les évêques ont fait la France comme les abeilles font leur ruche. »

La nation française doit donc l'origine de sa grandeur aux notions d'ordre, de justice et d'autorité qui lui furent inculquées par la religion catholique. L'unité de ce royaume se fit peu à peu, sans secousses, sans violences, par l'œuvre du temps, et ses diverses parties et seigneuries se trouvèrent un jour admirablement fusionnées en une grande famille, où chacun travaillait à la prospérité commune sous l'autorité d'un chef fort et respecté, et trouvait dans sa hiérarchie la garantie d'une sage liberté et de la paix.

C'est par l'amour de la religion et de la patrie que la France a eu quatorze siècles de gloire et de grandeur, et a fait envie aux autres peuples. L'Irlande et la Pologne, parlant de cette nation héroïque et chevaleresque, ont dit avec regret : « Le ciel est trop haut et la France est trop loin !...» La France, il est vrai, a connu de cruels revers dans les temps anciens ; mais ils furent tous réparés et, en 1734, après l'insuccès de Guastalla, du 14 au 15 septembre, un poète a pu écrire en toute vérité :

> Que de nos fastes on retranche
> Un jour de sommeil et d'erreur !
> Mais non ! d'un beau réveil il est l'avant-coureur,
> Et dans les Jeux de Mars une heureuse revanche
> Doit apprendre à nos ennemis
> Qu'on ne vaincra jamais les Français qu'endormis.

Les revers de la France ont toujours fait vibrer davantage en son sein l'amour de la patrie, et, Dieu aidant, la victoire rentrait sous ses drapeaux. Les historiens constatent que tant que la France a été fidèle à la religion de ses pères et à sa noble mission, ses armes ont été couronnées de gloire.

Après la Révolution française, nous avons eu le désastre de Waterloo, que le génie militaire de Napoléon eût conjuré si tous ses ordres avaient été suivis. Sa tactique militaire était de harceler les ennemis sans trêve ni repos pour empêcher leur jonction. Cet Horace triomphait toujours de ces Curiaces. Malheureusement son armée, victorieuse jusqu'à trois heures de l'après-midi, vit inopinément arriver les Prussiens, et dès lors la fortune changea de face. La Providence avait permis qu'un barbier de Namur se trouvât sur la route des Prussiens et les fît rebrousser chemin, leur indiquant la route de Waterloo ; et Dieu, dont les desseins sont impénétrables, voulut cette catastrophe pour châtier en lui l'immense orgueil et le génie de la Révolution, comme il avait châtié jadis la nation elle-même au jour de ses prévarications ; et lorsque, un demi-siècle plus tard, le neveu recommença les erreurs de l'oncle, Sedan, hélas ! répondit à Waterloo.

Heureusement que la main de Dieu retira encore le pays du gouffre où il était tombé. La France se releva promptement de ses ruines à l'étonnement de l'Europe entière, et là où d'autres peuples eussent sombré et trouvé un tombeau, cette vaillante nation ne reçut qu'un baptême de sang pour la purifier et la rappeler à ses devoirs.

Il nous plaît de voir l'action de la Providence dans ce relèvement. Elle a son but et nous rend l'espoir. Oui, nous avons foi dans les destinées supérieures de la Patrie. Le pape Pie VII disait un jour en plaisantant : « Quand les Français font des folies pendant le jour, le Bon Dieu les raccommode pendant la nuit. » Nous n'avons point à examiner ici les causes diverses de nos derniers malheurs. Nous nous bornons à répéter une remarque déjà faite : c'est que chez les peuples où les idées de religion, de patrie, de famille sont attaquées violemment et s'oblitèrent, là aussi chancèlent la vraie liberté et la paix des cités, la prospérité et la sécurité de l'Etat.

Après la France, nous donnons assez longuement l'histoire de l'Angleterre et de ses principaux règnes.

Nous esquissons plus sommairement l'histoire des autres pays et nous les parcourons à vol d'oiseau. Nous espérons que cette promenade historique et géographique sera profitable au lecteur. Si nos désirs se réalisent, nous serons heureux de donner également l'histoire sommaire de l'Allemagne, de l'Autriche-Hongrie et d'autres pays que nous avons parcourus dans nos voyages, et dont la relation serait certes aussi utile qu'agréable.

F. TIMMERMANS,
Canonicus Præmonstratensis.

Royaume de France.

INTRODUCTION.

La France *est le plus ancien et, à notre avis, le plus beau royaume de l'Europe. Son nom vient du mot* franc, *qui signifie* libre, *parce que des peuples jouissant d'une pleine liberté vinrent s'y établir en 420.*

Ces peuples, originaires de la Gaule celtique, en étaient sortis du temps de l'ancien Tarquin roi des Romains, pour venir fixer leur séjour dans cette partie de la Germanie qu'on appelait alors Vandalie.

La France a 200 lieues d'occident en orient, et 180 du midi au septentrion. Elle est bornée au nord par l'Océan et les Pays-Bas, à l'orient par l'Allemagne, la Suisse et l'Italie, au midi par la Méditerranée et l'Espagne, au couchant par l'Océan Atlantique.

Ce pays est situé dans la zone tempérée. Il abonde en grains, vins, bestiaux, pâturages et fruits de toute espèce. On y trouve des mines de cuivre, de fer, de plomb, de charbon, des carrières de marbre, quelques veines d'or et d'argent, et quantité de fontaines d'eaux minérales qui font la richesse de quelques pays renommés par les bains et les cures d'eau.

Les Français sont laborieux et s'appliquent volontiers aux sciences et aux arts. Ils comptent un nombre considérable de grands hommes en tous genres d'illustration.

Le royaume de France a toujours été héréditaire et gouverné par des rois issus de la même maison, quoique de trois branches différentes. La loi salique, qui était la loi fondamentale de la monarchie, excluait les filles de la succession à la couronne.

Sous les deux premières races, les Francs choisissaient pour leur roi le plus digne de leur commander, issu de ligne masculine et de sang royal ; c'est à ces choix que Pépin-le-Bref et Hugues Capet ont été redevables de leur élection.

Dans la troisième race, les descendants de sang royal en ligne masculine ont été appelés successivement à la couronne jusqu'à Louis XVI.

Les fils aînés des rois ont porté, jusqu'en 1349, le nom qu'il a plu à leurs pères de leur donner ; mais depuis cette année, époque où le Dauphiné fut donné à Philippe IV, l'héritier présomptif de la couronne a porté le titre de Dauphin *avec les armes écartelées de France et de Dauphiné.*

Le chancelier était le premier des grands officiers de la couronne. C'est lui qui accompagnait le roi dans ses conseils d'État et Privé lorsqu'il tenait son lit de justice, et dans les actions et cérémonies publiques où il assistait.

La France, malgré la perte de l'Alsace et de la Lorraine, deux riches provinces, reste toujours le plus magnifique des pays. Elle est baignée par les plus belles mers. Le soleil, qui féconde son sol, ne quitte jamais ses régions du Midi, comme la neige recouvre en permanence quelques-unes de ses montagnes.

L'urbanité de son peuple est légendaire, et la beauté de sa langue est appréciée du monde entier. Malgré le malheur des temps, la religion catholique, qui est la religion de la grande majorité du peuple français, y est en honneur, et jamais l'hérésie n'a pu s'enraciner dans son sol. En parcourant ce pays, si remarquable par la variété de son climat, le charme de ses sites, la richesse de son sol, la distinction de son peuple, le nombre de ses monuments antiques, on ne peut s'empêcher de s'écrier avec le roi Guillaume de Hollande, dans un de ses voyages à travers nos provinces : « *Que la France est belle !!* » On ne peut visiter ce pays sans l'aimer et sans éprouver la vérité de cette parole de l'historien César Cantu : « *Tout homme en naissant a deux patries : la sienne propre et puis la France.* »

Puisse le Seigneur, qui a fait ce pays incomparable, lui conserver sa sainte protection ! A travers les siècles sa main a dirigé sa marche glorieuse (Gesta Dei per Francos), au point que l'histoire, dans ses annales, a enregistré ces mots comme un proverbe : « Dieu qui aime les Francs. » Que Dieu protège la France *dans les temps présents !!*

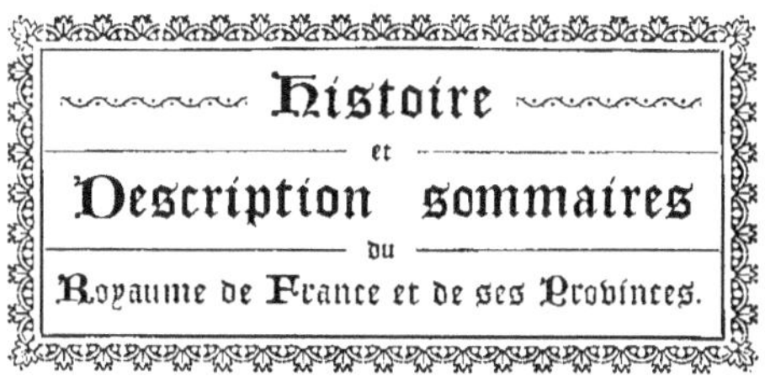

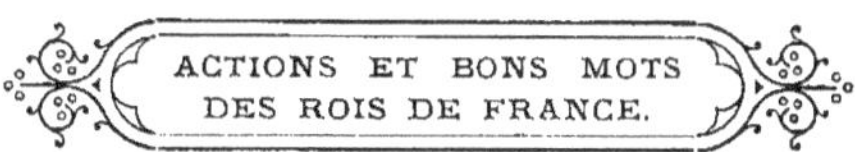

AINT Louis regardait les actions mémorables des rois et les bons mots des souverains comme un moyen d'instruction aussi sûr que solide.

Il faisait venir assez souvent ses enfants devant lui et leur rappelait en exemples les dits et faits des rois et autres princes. En même temps il leur faisait connaître les actions des hommes méchants et pervers qui, par luxure, rapine, avarice ou orgueil, avaient perdu leur terre et seigneurie.

Basine, reine de Thuringe, s'étant éprise de Childéric Ier, roi de France, le suivit. Le roi lui ayant demandé pourquoi elle avait quitté sa patrie et sa cour : « Je suis venue ici, répondit la princesse, parce que j'ai été charmée de votre mérite. Si j'avais cru trouver au-delà des mers un héros plus brave et plus poli que vous, j'aurais été l'y chercher. » Elle fut bien reçue du prince, qui l'épousa, et elle devint mère de Clovis.

Clovis, surnommé le Grand, resta longtemps un prince cruel. Grégoire de Tours dit de lui qu'après sa conversion, « Dieu assujettissait tous les jours ses ennemis sous sa main, parce qu'il marchait devant lui dans la sincérité de son cœur. »

Ce prince se recommanda à saint Martin de Tours avant la bataille de Tolbiac. Après sa victoire, il alla au tombeau du Saint pour le remercier et présenta le cheval qu'il avait monté le jour du combat ; mais, le regrettant bientôt, il voulut le racheter et en offrit cinquante marcs d'argent. On remontra au roi qu'on ne retirait pas ce qu'on avait donné à l'Église. « J'aimerais mieux me faire tort à moi-même, répondit-il, que de faire une action indigne d'un souverain. »

Childebert Ier, surnommé le Juste, fut un prince doux, généreux et bienfaisant. Il cultiva les arts et rendit exactement la justice. Il soutint cependant avec plus de fermeté que de raison les droits de sa couronne contre les reproches mérités de plusieurs prélats. Il fit hâter l'église de Notre-Dame et bâtir l'abbaye de Saint-Germain-des-Prés, à Paris.

Chilpéric, prince savant, brave et généreux, fut repris par Grégoire de Tours pour avoir parlé librement de certains évêques.

Dagobert Ier subjugua les Saxons. Il bâtit et dota richement l'abbaye de Saint-Denis.

Charlemagne scellait les ordres qu'il donnait avec le pommeau de son épée où était gravé son sceau. « Voilà mes ordres, et voilà ce qui les fera respecter, » disait-il en montrant son épée. Ses États étaient si vastes, que les ambassadeurs d'un calife de Babylone disaient qu'en Asie ils voyaient des maîtres souvent braves, mais ordinairement capricieux et cruels, tandis qu'en Occident ils avaient vu un peuple de rois auxquels obéissaient un nombre prodigieux d'hommes couverts d'or et de fer, mais qui n'avaient pourtant qu'un chef.

Louis-le-Gros étendit l'autorité royale et réprima le premier les abus du gouvernement féodal. Dans un combat, un cavalier anglais, ayant saisi les rênes du cheval que montait ce prince, cria : « Le roi est pris ! » Louis lui déchargea un coup de sa masse d'armes et le renversa par terre en disant : « Sache qu'on ne prend jamais le roi, pas même au jeu d'échecs. »

Philippe-le-Bel étant en guerre avec Édouard, roi d'Angleterre, Boniface VIII, alors pape, voulut que tous les rois allassent à la conquête de la Terre Sainte. Il fit dire aux deux rois qu'ils eussent à conclure une trêve et à partir, sous peine d'excommunication. Philippe eut alors des différends avec le pontife. Quelques courtisans lui conseillant d'en punir l'auteur : « Je le puis, répondit-il, mais il est beau de le pouvoir, et de ne le pas faire. »

Philippe-le-Long succéda à la couronne de France à l'exclusion de Jeanne de Navarre, fille de Louis-le-Hutin, son frère. C'est le premier exemple de l'application de la loi salique, qui fut confirmée par les pairs en Parlement en 1316. Le prince avait résolu d'introduire en France une règle uniforme pour les poids et mesures ; pour les frais de cette réforme, on proposa un subside ; le roi s'y opposa alors, disant qu'il valait mieux passer outre que de vexer le peuple.

Charles IV, dit le Bel, fut le premier qui permit au pape de lever des dîmes sur le clergé de France.

Après la funeste journée de Crécy en 1346, où périt la plus grande partie de la noblesse française, et où Philippe de Valois fit des actions mémorables, ce prince arriva devant le château de Pray, en Picardie. Le seigneur de ce château ayant demandé : « Qui va là ? — La fortune de la France, » répondit Philippe.

Charles V, surnommé le Sage et l'Éloquent, fut le premier roi de France qui ait porté le titre de Dauphin. Il mit un impôt sur le sel et les vins, et fixa la majorité des rois et l'âge de leur sacre, à 14 ans. Semblable à Charlemagne, il favorisa les sciences et les arts, procura à la France une traduction française de la Bible, et forma une bibliothèque royale qui, après avoir été ouverte à Fontainebleau, a été transférée à Paris, séjour ordinaire des rois de France ; ce fut là l'origine de l'immense et précieuse collection que le roi possédait, et qui est connue sous le nom de Bibliothèque du Roi.

Charles VII, prince voluptueux, adonné aux festins et à la mollesse, s'amusait à danser des ballets et à dessiner des parterres, tandis que les Anglais parcouraient ses États les armes à la main. Faisant exécuter une danse dans une fête qu'il donnait à la cour : « Ne trouverai-je pas bon, dit-il, le moyen de me divertir ? — Eh ! oui, Sire, lui répondit un seigneur, il faut convenir qu'on ne peut perdre plus joyeusement une couronne. » Cette réponse fit réfléchir le roi, et il songea sérieusement à rétablir ses affaires. Agnès Sorel fut la première à réveiller chez lui le souci de son devoir et de sa gloire. Avec de grands défauts Charles avait des qualités aimables et de grandes vertus. Il favorisa les arts ; il voulait la justice et la vérité. « Qu'est-elle devenue ? disait-il quelquefois ; elle devrait être immortelle. »

Louis XI, avec des talents, des lumières, ne fut ni bon fils, ni bon père, ni bon mari ; il fut encore moins bon ami et bon roi. Il donna dans la superstition la plus absurde, et rompait sans scrupule les engagements les plus sacrés quand il n'avait pas juré sur la croix de Saint-Lo d'Angers ; sans cesse tourmenté par les frayeurs de la mort, il invoquait tous les saints, entreprenait de fréquents pèlerinages, visitait des reliques et faisait des vœux pour prolonger ses jours. Dévot envers saint Eutrope, il entendit dans l'oraison que récitait un prêtre, qu'on demandait à Dieu la santé de l'âme et du corps. « N'en demandez pas tant à la fois, dit-il, retranchez la santé de l'âme et ne demandez que celle du corps, l'une viendra après l'autre. » Cette réponse est peu digne d'un prince chrétien.

Ses principes en politique étaient ceux de Tibère, empereur romain. Un seigneur lui demandait un jour combien lui valait la France. « C'est un pré, répondit-il, que je fauche tous les ans d'aussi près qu'il me plaît. »

Que cette réponse est différente de celle qu'Henri IV fit au duc de Savoie qui lui posait la même question ! « Elle me vaut ce que je veux, » répondit le roi. Le duc, trouvant cette réponse vague, lui en demanda l'explication. Henri IV ajouta : « Oui, ce que je veux, parce qu'ayant le cœur de mon peuple, j'en aurai tout ce que je voudrai ; et si Dieu me laisse encore quelque temps à vivre, je ferai en sorte qu'il n'y ait point de laboureur dans mon royaume qui n'ait le moyen d'avoir une poule au pot le dimanche. » Puis il ajouta : « Et cela ne m'empêchera pas d'avoir encore de quoi entretenir des troupes pour contenir ceux qui blesseront mon autorité. »

Charles VIII a été le premier des rois de France qui ait porté la couronne formée telle qu'on la voyait naguère encore. Il réduisit les 7.200.000 livres de subside à 2.200.000. Il avait conçu quelque temps avant sa mort le projet d'un gouvernement sage et tranquille. Il devait donner ses premiers soins à la réforme de la justice. La suppression des épices des juges était résolue et il voulait augmenter les gages des officiers.

Louis XII fut proclamé à son de trompe le Père du peuple, le plus beau titre que des sujets puissent donner à un roi, et jamais prince ne l'a mieux mérité. « Un bon pasteur, disait-il, ne saurait trop engraisser son troupeau. » C'est une maxime qu'il a toujours suivie pendant son règne.

Ce prince avait de l'esprit et des lumières. Il aimait les gens de lettres, les encourageait et conversait avec eux dans ses moments de loisir. Il connaissait à fond les historiens grecs et romains, et le jugement qu'il en portait était juste. « Les Grecs, disait-il, ont fait de grandes choses, qui brillent encore davantage par les ornements qu'y ajouta l'éloquence de leurs écrivains. Les Romains ont aussi beaucoup fait et ils ont trouvé des plumes qui ont égalé la grandeur de leurs actions. » Les Français ont encore ajouté aux Grecs et aux Romains, mais ils n'ont guère eu l'art de transmettre leurs actions à la postérité, parce qu'il n'y avait point encore d'historiens comme nous en avons eu surtout au siècle de Louis XIV.

Quelques politiques représentaient à Louis XII que la reine prenait trop d'empire sur lui. « Il faut bien, répondit-il, souffrir quelque chose d'une femme quand elle aime son mari. »

Un fanfaron avait reçu une blessure au visage et demandait une récompense. Le roi, qui connaissait le sujet : « C'est sa faute, dit-il, s'il a été blessé ; que ne fuyait-il sans regarder derrière lui ? »

Il comparait les grands seigneurs à Diomède et les nobles de la campagne à Actéon. Les uns sont mangés par leurs chevaux et les autres par leurs chiens.

François Ier était savant et parlait avec facilité. On conserve à la bibliothèque du roi un manuscrit qui renferme les poésies de ce prince.

Ce souverain allait sans cortège chez un paysan pour savoir ce qu'on disait de lui et de l'état de son royaume. Il trouvait souvent sous la chaumière la vérité qu'on lui dérobait à la cour, ce qui lui faisait dire malignement devant ses courtisans qui donnaient dans les louanges immodérées : « Allez chez le paysan, vous y apprendrez la vérité. »

Il disait que les souverains commandent aux peuples, et les lois aux souverains. *Digna vox imperantis.* C'était la maxime de Trajan, empereur romain.

Henri II, qui aimait les joutes et les tournois, et qui en fut la victime par le coup de lance qu'il reçut de Montgomery, avait permis les duels. Mais la mort de la Chataigneraye dans son duel avec Jarnac, détermina ce prince à les abolir, d'autant plus qu'il était son favori et que la noblesse française trouvait souvent son tombeau dans les combats singuliers.

C'est sous le règne d'Henri II, en 1549, qu'on a commencé à marquer sur les monnaies l'année de leur fabrication et à y mettre l'empreinte du roi régnant. Il y eut aussi sous son règne des lois somptuaires, rédigées par le chevalier Olivier, qui font connaître combien le luxe avait gagné en France depuis Louis XII. L'établissement des présidiaux fut également son ouvrage, et il donna le droit de juger en dernier ressort aux grands prévôts conjointement avec les présidiaux, dont il établit la compétence vu le nombre considérable de brigands qui infestaient la France.

Le règne de François II, quoique très court, fut un des plus funestes à la France par les guerres qu'il eut à soutenir contre les Huguenots qu'il voulait détruire. « Je ne veux qu'une seule et unique religion dans mon royaume, disait-il ; la véritable est celle que je professe. »

Charles IX n'avait que dix ans lorsqu'il fut sacré. Catherine de Médicis, sa mère, lui ayant demandé s'il avait assez de force pour soutenir la fatigue des longues cérémonies : « Oui, oui, répondit-il, qu'on me donne des sceptres à ce prix ; la France vaut bien quelques heures de fatigue. » Charles fut bon roi ; il aimait la gloire et la justice. C'est sous son règne qu'eut lieu la malheureuse journée de la Saint-Barthélemy.

Dans l'affaire de Meaux, où les protestants avaient résolu de se saisir de la personne du roi, il se trouvait au centre d'un corps de Suisses et marchait en bataille au milieu d'eux, les animant lui-même. « Courage ! dit-il, mes enfants ; j'aime mieux mourir libre et roi avec vous que de vivre captif. »

Jean Dorat, poète du temps, lui ayant présenté, sur les journées de Jarnac et de Montcontour, des vers dans lesquels il louait la valeur du roi, qui n'y avait pas paru : « Toutes ces louanges ne sont, dit-il, que mensonges et flatteries, attendez que je les aie méritées. Adressez-vous au duc d'Anjou, qui taille tous les jours de la besogne à nos ennemis. »

Ce prince était généreux. « Les rois, disait-il, doivent donner facilement, mais avec connaissance. Le trésor royal est une mer, mais il ne doit pas être un gouffre, et l'argent doit y avoir son flux et son reflux. »

Henri III, né brave et courageux, fut regardé comme un héros dans l'âge le plus tendre. Il avait gagné deux batailles à dix-sept ans. Il joignait à ces qualités éminentes une aimable physionomie. Sa réputation le fit appeler au trône de Pologne ; il n'y régna pas longtemps, mais il y fut adoré.

Henri eût été un des plus heureux et des plus grands princes de l'Europe, si trop de mollesse et de plaisirs n'eussent terni ses vertus.

Ce prince avait de l'esprit et des saillies fines. Ses dits et ses réponses annonçaient sa sagacité. Il crut un jour se reconnaître dans un sermon qu'un évêque faisait devant lui ; il le fit venir et lui dit : « Vous ne m'épargnez pas. Il y a plus de dix ans que je connais vos défauts, dit-il au prélat, et je n'en dis rien. »

Il était aussi très libéral et même prodigue

envers les gens qu'il aimait. Il fit présent un jour à Sommières, maître de sa garde-robe, de cent mille écus. Sommières refusa le don, et dit au roi : « Non, Sire, je craindrais que ce don ne fît brèche à vos finances, et Votre Majeté serait obligée de les réparer aux dépens de son peuple.» Le roi, charmé de ce désintéressement, lui dit : « Sommières, vous n'y perdrez pas. » En effet, il le choisit pour être gouverneur d'une province considérable.

Un courtisan représenta à ce prince que la cour avait les yeux levés sur sa conduite. « Hélas ! je voudrais bien que Dieu daignât les baisser sur moi, » répondit-il avec bonté.

Henri IV possédait toutes les qualités qu'on peut désirer dans un prince. Sa vie présente des traits singuliers de courage et de bonté. Ses reparties étaient aussi très spirituelles. Quoique la plupart de ses demandes et de ses réponses soient fort connues, on se rappelle avec plaisir celles qui peignent l'âme et le génie de ce prince, dont la mémoire sera toujours chère et précieuse aux Français.

Un courtisan lui demandait grâce pour son neveu qui avait commis un assassinat. « Je suis fâché, répondit le roi, de ne pouvoir accorder ce que vous me demandez. Si vous jouez le rôle d'oncle, je remplis celui de roi. J'excuse votre demande, pardonnez mon refus. »

On lui conseillait de faire arrêter le duc de Savoie, qui était venu à la cour avec un sauf-conduit, sous prétexte que ce prince lui avait manqué de parole. Henri méprisa ce lâche conseil. « Si le duc de Savoie a violé sa parole, dit-il, je ne dois pas l'imiter. Un roi use bien de la perfidie de ses ennemis quand il la fait servir de lustre à sa foi. »

Un ambassadeur lui témoignait sa surprise de le voir environné d'une foule de courtisans qui le pressaient beaucoup. Le roi répondit : « Si vous m'aviez vu un jour de bataille, ils me pressaient bien davantage. »

On reprochait à ce bon roi d'aller souvent seul ou mal accompagné. « Il n'appartient, répondit-il, qu'aux tyrans d'être toujours en crainte. Qui craindra la mort n'entreprendra jamais rien sur moi. Qui méprisera la vie sera toujours maître de la mienne, sans que mille gardes puissent l'en empêcher. »

Quand les affaires de son royaume le détournaient de ses pratiques de dévotion, il disait : « Quand je travaille pour mon État, je travaille pour le public. C'est quitter Dieu pour Dieu même, qui est le protecteur des peuples. »

Un courtisan le félicitait sur les moyens dont il s'était servi pour régner en France. « Le meilleur canon que j'aie employé, répondit le prince, c'est le canon de la messe ; il a servi à me faire roi. »

Un de ses sujets, soupçonné de quelques intrigues, se plaignait à ce prince de ce qu'on tâchait de le noircir dans son esprit. Le roi répondit :

« Le moyen le plus sûr pour désespérer les méchants, c'est de bien faire. »

Il écrivit au célèbre Crillon après la victoire d'Arques : « Pends-toi, brave Crillon, nous avons combattu et tu n'y étais pas. » Ce même Crillon étant venu lui faire sa cour, le roi lui dit en le voyant : « Voilà le plus brave homme de mon royaume. » « Vous en avez menti, répondit Crillon, c'est vous, Sire. » Le roi ne put blâmer cette franchise trop militaire.

Duplessis-Mornay, ayant reçu des coups de bâton d'un gentilhomme nommé Saint-Phal, demanda justice à ce prince. « Je suis moult fâché, répondit Henri, du traitement que vous avez essuyé, auquel je prends part comme roi et comme ami. Comme roi, je vous en ferai justice ; comme ami, vous n'en avez nul de qui l'épée soit plus prompte à vous servir. »

Un fameux négociant que le roi chérissait ayant quitté le commerce pour accepter des lettres de noblesse, ce prince n'en faisait plus de cas. Il en demanda la raison au roi, qui lui répondit : « Je vous regardais comme le premier marchand de mon royaume, je vous regarde à présent comme le dernier gentilhomme. »

Des bouffons eurent l'audace de représenter sur le théâtre de l'hôtel de Bourgogne une farce dans laquelle on taxait Henri IV d'avarice. Henri IV répondit : « Je ne saurais me fâcher contre des gens qui m'ont fait rire aux larmes. »

L'Édit des consignations ayant été rejeté au

Parlement : « Je ne vous demande que celui-là, répondit le roi au président Séguier, qui lui exposait les motifs du rejet ; ne me le refusez pas, sinon vous m'obligeriez moi-même à aller les vérifier, et peut-être en porterais-je une demi-douzaine d'autres. » — « Eh ! Messieurs, continua-t-il, avec cette bonté qui lui était propre, traitez-moi au moins comme on traite les moines, et ne me refusez pas *victum* et *vestitum*, la nourriture et le vêtement. Vous savez comme je suis sobre, et quant à mon habillement, regardez comme je suis accoutré. »

Si le règne de Louis XIII a été glorieux pour la France, jamais prince ne fut aussi malheureux que lui. Il vécut dans la tristesse et la contrainte et mourut presque dans l'abandon et le besoin. Dans les derniers moments de sa vie, la reine lui fit dire qu'elle n'avait jamais trempé dans la conjuration des Chalais, qu'elle n'avait jamais attenté à sa vie, et qu'elle n'avait jamais pensé à épouser Monsieur. « Dans l'état où je suis, répondit Louis, je dois lui pardonner, mais je ne dois pas la croire. »

La vie de Louis XIV fourmille de traits singuliers et de réponses judicieuses faites par le prince. Sa passion pour la gloire fut grande. Il aimait les lettres et les beaux-arts, et jamais règne n'a été plus fécond que le sien en savants et en grands esprits. L'architecture, la peinture et la sculpture ont eu d'habiles artistes ; l'éloquence, la poésie et la musique ont compté des génies supérieurs.

Le prince de Condé étant allé faire sa cour à Louis XIV après la bataille de Seneffe, le roi se trouvait en ce moment au haut de son escalier, que le prince avait peine à monter à cause de sa goutte. « Je demande pardon à Votre Majesté si je la fais attendre. » — « Mon cousin, répondit le roi, ne vous pressez pas, on ne saurait marcher bien vite quand on est aussi chargé de lauriers que vous. »

Ayant nommé M. de Turenne maréchal de France, le roi demanda au chevalier de Grammont s'il savait à qui il venait de donner le bâton. « Oui, Sire, c'est à Madame d'Humières ! » parce que cette dame, aimée de Turenne, n'avait pas peu contribué à lui faire obtenir le bâton. Le roi répondit : « Ce ne sont pas les charmes de cette dame qui ont vaincu mes ennemis, c'est l'épée de Turenne ; » et il envoya le chevalier à la Bastille.

A Louis XV, prince faible et sans caractère, succéda le roi martyr Louis XVI. C'était un prince sage et vertueux, aimant le peuple, et qui a fait des réformes très pratiques dans l'intérêt général de la nation. Malheureusement il vécut à une époque troublée où le peuple était travaillé par l'esprit de révolte. Il eût fallu, pour résister au torrent d'insubordination qui montait sans cesse, un bras de fer et le génie militaire de Napoléon Ier. Sa trop grande bonté et le manque d'énergie causèrent sa perte. Les événements se précipitèrent et le roi devint victime de la Révolution. Arrêté et conduit en prison, il montra dans le malheur une majesté toute royale. Un de ses premiers soins fut de charger Malesherbes de lui trouver un confesseur. Il lui dit : « Voilà une commission bien étrange pour un philosophe, car je sais que vous l'êtes ; mais si vous deviez souffrir autant que moi, et que vous dussiez mourir comme je vais le faire, je vous souhaiterais les mêmes sentiments de religion, qui vous consoleraient bien plus efficacement que la philosophie. »

Quand on vint lire au roi l'arrêt de mort prononcé contre lui par la Convention, son attitude fut sublime. C'est le révolutionnaire Hébert lui-même qui nous l'apprend en ces termes : .« Il y avait tant d'onction, de dignité, de noblesse, de grandeur dans son maintien et dans ses paroles, que je ne pus y tenir. Il y avait dans ses regards et dans ses manières quelque chose de visiblement *surnaturel* à l'homme. »

Ses dernières paroles sur l'échafaud furent : « Peuple, je meurs innocent ! » Et en se tournant vers les juges il ajouta : « Messieurs, je suis innocent de tout ce que l'on m'impute ; je souhaite que mon sang puisse cimenter le bonheur des Français. »

L ES monnaies ont leur page dans l'histoire. Peiresc et Petau, l'un conseiller au Parlement d'Aix, et l'autre au Parlement de Paris, ont travaillé à en acquérir la connaissance, et Le Blanc, suivant leurs traces, a fait des recherches considérables et a épuisé tout ce qui regarde les monnaies de France. Tout ce que Le Blanc a dit a été trouvé dans des manuscrits et des livres rares dont il ne reste aujourd'hui aucun exemplaire.

Quant aux monnaies de la troisième race, il a consulté les registres de la Cour des monnaies, qui ne commencent qu'au règne de Philippe-le-Bel, et plusieurs autres manuscrits qui renferment des ordonnances sur le fait des monnaies. Il a découvert quelques-uns de ces manuscrits dans le cabinet de Delahaye, doyen de l'église de Noyon. Poulain, fils d'un conseiller de la Cour des monnaies, lui en a prêté quelques autres, et à Rome il a trouvé treize volumes qui y ont trait dans la bibliothèque de la reine Christine de Suède. Dhérouvalle, savant antiquaire, et d'autres amis ont fourni à Le Blanc plusieurs manuscrits exacts qui ont servi à son travail.

Il n'a suivi d'autre ordre dans son traité que celui de la succession des rois de France, et il parle de toutes les monnaies qui ont été frappées sous leur règne, en marque le titre, le poids et le prix, sans omettre les changements que le temps, les guerres et les diverses nécessités de l'État y ont apportés.

Sous la première race on se servit de trois espèces d'or dit sol, du demi-sol et du tiers de sol, et du denier d'argent. Le sol d'or était du même poids que le sol dont se servaient les Romains sous Constantin et ses successeurs, ce qui porte à croire que les rois de France avaient imité la monnaie de ces empereurs. Il pesait quatre-vingt-cinq grains et un tiers, et il vaudrait à présent environ huit livres cinq sols de la monnaie française. Sur toutes les pièces d'or qui restent de la première race, on voit d'un côté la tête du roi ceinte d'un diadème, et pour légende le nom de la ville pour laquelle elle a été fabriquée ; au revers, une croix sur un ou plusieurs degrés et le nom du monnayeur.

Le denier d'argent, connu surtout à partir de Charles Martel, pesait vingt grains ou environ. Vers la fin de la première race, on se servait d'un sol d'argent qui ne valait que douze deniers d'argent. On voit peu de sols d'or de la seconde race. Quant aux sols d'argent, Pépin ordonna, dans le Parlement tenu à Verneuil en 755, qu'ils seraient taillés de vingt-deux à la livre de poids. C'est la plus ancienne ordonnance qui reste sur le fait des monnaies.

Sur ces sols d'argent le fabricant en retenait un pour les frais et pour le droit de seigneuriage. On ignore le temps où les rois de France ont commencé à lever ce droit. Il est probable que ceux de la première race l'ont exercé.

Quoi qu'il en soit, cette taxe fut levée non seulement par tous les rois de la troisième race, mais aussi par les seigneurs qui jouissaient du droit de battre monnaie. Ce droit a varié sous tous les règnes suivant les exigences de l'État.

Saint Louis fixa le prix du marc d'argent à cinquante-huit sols convertis en monnaie, et il prit sur chaque marc d'argent trois sols cinq deniers, c'est-à-dire quatre gros d'argent pour le droit de seigneuriage. Ce furent vraisemblablement les voyages d'outre-mer au temps des croisades qui le portèrent à augmenter son droit de seigneuriage pour subvenir aux besoins de la guerre. Ce droit que les rois prélevaient sur leurs monnaies constitua, jusqu'au temps de Charles VII, un des gros revenus de leur domaine.

Charles VII et Jean-le-Bon surtout, pour soutenir la guerre contre les Anglais, poussèrent si loin la diminution de valeur des monnaies, qu'ils retinrent les trois quarts d'un marc d'argent pour le seigneuriage et pour les frais de fabrication. Le Blanc cite à ce sujet un ancien manuscrit qui porte qu'après la guerre, le peuple, qui avait beaucoup souffert de la levée de ce droit, supplia le roi d'imposer à sa place les tailles et les aydes, droit qui lui fut accordé et qui subsista longtemps.

On n'a rien de constant sur le fait des monnaies sous la troisième race des rois de France. Il ne reste aucune ordonnance depuis Charles-le-Chauve jusqu'à Philippe-Auguste. Il paraît néanmoins que sous les règnes de Hugues-Capet et de Robert, on se servait de sols d'or et de sols d'argent fin.

Sous le règne de Philippe Ier les monnaies d'or, qui depuis le commencement de la monarchie avaient été appelées sols, furent appelées francs ou florins.

Sous Louis VII, outre les sols, les francs et les florins d'or, on se servait aussi de besants, comme il est prouvé par l'acte du sacre de ce prince : « A l'offrande soient portés un pain, un baril plein d'argent et 13 besants d'or. »

Saint Louis fit de si bons règlements sur le fait des monnaies que, depuis, le titre et les poids furent changés. Les peuples demandèrent que les monnaies fussent remises en l'état où elles étaient sous son règne.

Philippe-le-Bel, son petit-fils, fut contraint par les guerres et par les autres besoins de l'État d'affaiblir les monnaies. Le Blanc fixe cet affaiblissement en 1295, et dit qu'il alla à un tel excès, qu'en 1301 un denier de l'ancienne monnaie en valait trois de la nouvelle.

Philippe-le-Long, sachant combien il était nécessaire de réformer les monnaies et d'en fixer le prix à un juste taux, fit de nouvelles ordonnances. Mais comme plusieurs seigneurs en faisaient fabriquer, il résolut de les rembourser et de réunir ce droit à la couronne, quand sa mort empêcha l'exécution de ce projet.

Charles-le-Bel, son successeur, affaiblit encore les monnaies pour subvenir aux frais de la guerre contre les Anglais.

Philippe de Valois en fit fabriquer de plus belles qu'aucun de ses prédécesseurs, mais les besoins de l'État le contraignirent de les affaiblir.

Ce désordre dans les monnaies s'accrut de telle sorte sous le règne suivant, que le roi Jean tâcha d'en dérober la connaissance au public, comme il paraît par son ordonnance du 24 mars 1350, dans la crainte de quelque sédition.

Charles V voulut y apporter remède, mais il vit avec douleur le mal augmenter de jour en jour ; et il s'accrut encore sous le règne de Charles VI. De sorte qu'en 1420, le marc d'or valait cent soixante-et-onze sols, tandis que sur la fin du règne de son père, il n'avait valu que soixante-treize livres dix-sept sols six deniers.

Sous Charles VII, Jacques Cœur, maître de la Monnaie de Bourges, et depuis directeur de celle de Paris, fit fondre des espèces d'or et d'argent auxquelles on ne donna que la valeur qu'elles devaient avoir eu égard au temps ; mais la révolution presque générale du royaume remit les monnaies dans leur premier état.

Charles VIII, dans son projet de la conquête du royaume de Naples, passa les Alpes et arriva à Pise, qu'il délivra du joug des Florentins. Pendant qu'il résidait en cette ville, il y fit battre monnaie sous son nom avec cette légende : *Carolus octavus Pisanorum liberator*. Étant à Naples, il voulut que les monnaies y fussent fabriquées à son coin. Mais ce qui paraît extraordinaire, c'est que dans Aquila, ville de ce royaume, la légende d'une des monnaies qu'on y battit est *française*, tandis que la légende des monnaies battues en France est *latine*. Pourtant on connaît des monnaies d'Aquila, avec : *Karolus*, ou *Krolus rex Fr. R. Aquilana Civitas.* Le roi voulait sans doute distinguer par là le pays conquis d'avec ses États.

Louis XII fit battre monnaie dans le duché de Milan, dans le royaume de Naples et à Milan même. Il fit fabriquer des doubles ducats à vingt-trois carats sept huitièmes et des testons à onze deniers dix-huit grains. Sur ces deux espèces, saint Ambroise est représenté ou assis dans une chaire, ou monté sur un cheval, pour faire voir que ce saint avait été évêque de Milan.

François Ier ordonna la fabrication des écus d'or, et il commanda aux maîtres des Monnaies de mettre sur chaque espèce une des lettres de l'alphabet pour reconnaître la ville où elle avait été fabriquée. Ce qui fut longtemps en usage. Le premier aussi il fit frapper des monnaies à son effigie et à ses armes en France, à Milan et à Gênes, comme d'ailleurs presque tous les rois, pour marquer leurs conquêtes.

Jamais les pièces ne furent aussi bien frappées que sous Henri II. Il augmenta même les pièces d'or d'une nouvelle à laquelle il donna le nom de Henri et qui portait la figure de ce roi.

Il existe des pièces de François II, comme dauphin avec Marie Stuart, puis comme roi, avec les coins de Henri II, puis enfin (1559-1560) à son nom et à celui de Marie Stuart, avec les armes de France et d'Écosse.

On sait que les habitants de Sienne, s'étant mis sous la protection d'Henri II, firent fabriquer à Montalfin des monnaies sur quelques-unes desquelles ils mirent cette inscriptisn : *Respublica senensis in monte alpino Henrico secundo auspice.* « La république de Sienne sise sur le mont alpin sous les auspices d'Henri II. »

Le règne de Charles IX fut un temps de troubles et de divisions à la faveur desquelles le prince de Condé fit frapper des monnaies avec l'effigie du roi et cette inscription : *Carolus nonus Dei gratia Francorum rex, primus christianus.*

Henri III ne commença à faire fabriquer des monnaies à son coin qu'après 1575. On se servit d'abord des coins de Charles IX. Il introduisit deux nouvelles espèces d'argent, des francs et des quarts d'écus. Le franc valait vingt sols et le quart d'écu quinze sols, ce qui faisait par conséquent le quart d'un écu d'or, fixé alors à soixante sols. Toutes ces monnaies portent le titre de roi de France et de Pologne.

Après la mort d'Henri III, Charles, cardinal de Bourbon, fut proclamé roi par la Ligue sous le nom de Charles X. En conséquence la justice fut rendue en son nom et la monnaie frappée à son coin par le duc de Mercœur dans les villes de Paris, Rouen (1), Nantes, Amiens, Dijon, Lyon.

En 1590 le parti des politiques fit fabriquer des quarts d'écus sans nom d'aucun roi, et où des deux côtés on voyait pour légende : *Sit nomen Domini benedictum.* « Que le nom du Seigneur soit béni ! »

La Ligue dissipée, Henri, affermi sur le trône de France, fit fabriquer (en 1591) les mêmes monnaies d'or, d'argent et de billon que son prédécesseur, à son coin et à ses armes avec l'inscription : *Henricus IV Dei gratia Franciæ et Navarræ rex.*

Louis XIII, son successeur, fit fabriquer les mêmes espèces jusqu'en 1640, année où commença la fabrication des louis d'or au moulin, un an avant celle des louis d'argent. La Catalogne ayant reconnu ce roi pour souverain, ainsi que Barcelone, Girone, Vich et quelques autres villes de l'Espagne, on frappa de même que les villes des monnaies à son coin avec le titre de Comte de Catalogne : *Cataloniæ Comes, Comes Barcino, Gerunda Civitas, Civitas Vicenas.*

Il en fut de même pour Casal, en Piémont.

On fabriqua de nouvelles monnaies sous le règne de Louis XIV : les lys d'or et d'argent, frappés en 1656 et retirés peu après ; les écus de Navarre et de Béarn. Les liards de cuivre eurent

---

1. Qu'on consulte Le Blanc sur les monnaies fabriquées depuis les origines de la monarchie française ; on trouvera des tables qui contiennent le prix du marc d'or et d'argent, année par année, le nom, le titre, le poids et la valeur des pièces.

cours en 1652 et les années suivantes ; des pièces de 15 et 30 deniers furent fabriquées en 1658 et révoquées aussitôt ; des pièces de quatre sols apparurent en 1674. Des monnaies locales et obsidionales furent frappées aussi pour Aire, la Catalogne, Lille, Landau, Strasbourg, Tournai, etc.

Les monnaies connues sous le règne de Louis XV sont les louis d'or de 24 livres ou doubles louis, les écus de six livres en argent, ceux de trois livres, le quart d'écu, 40 sols d'Alsace ; les pièces de 24 sols, celles de 12 sols, 10 sols et 6 sols ; celles de cuivre blanc de 2 sols, les pièces de bronze blanc de 6 liards ou 18 deniers, les sols et demi-sols de cuivre rouge et les liards.

Des monnaies locales furent frappées pour Cayenne et Pondichéry. Quant au papier-monnaie, on ne saurait oublier qu'il fit son apparition sous la régence, aves le système de Law.

Louis XVI fit frapper à peu près les mêmes monnaies que son aïeul. On connaît de lui des doubles louis, des louis et des demi-louis, des écus de six livres, le demi-écu, les pièces d'un, 12 et 6 sols. Il existe un sol de 1780, des liards, etc.

Pendant la période constitutionnelle, de 1789 à 1793, on frappa de nouveaux types : écus de 6 livres, demi-écus, pièces de 30 sols avec au revers : Règne de la Loi.

De l'année 1793 (21 jours) on a des louis d'une livre, des écus de 6 livres, des demi-écus, des pièces de 30 sols et des sols.

Pour les colonies, on connaît les sous de Cayenne, Bourbon et Tabaga. Enfin de 1790 à 1793, commence la série nombreuse des assignats, avec la tête du roi, et les valeurs depuis 10 sous jusqu'à 500 livres.

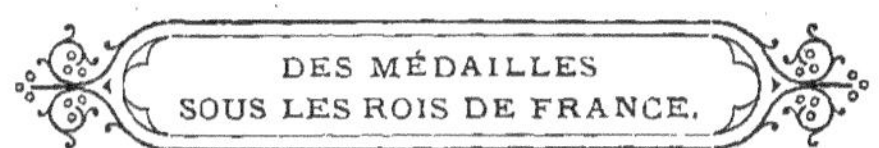

Les médailles, tant anciennes que modernes, ont été regardées de tous temps comme un secours utile à l'histoire.

Francois Ier, protecteur-né des sciences et des belles-lettres, commença par recueillir vingt médailles d'or du Haut-Empire ; puis une centaine de médailles d'argent qui furent déposées dans le garde-meuble de la couronne.

Le goût des médailles s'accrut sous le règne d'Henri II son fils. Hubert Gonzius, qui voyagea de 1556 à 1560, visita dans différentes cours de l'Europe les cabinets de curiosités. Il vit plusieurs médailles dans les villes où il passa et en rapporta quelques-unes à Paris, qu'il présenta au roi. On vit alors des particuliers riches donner dans cette curiosité pour plaire au roi. La princesse de Condé et Diane de Poitiers, duchesse de Valentinois, furent de ce nombre. On assembla à Fontainebleau beaucoup de médailles, parmi lesquelles on vit celles que Catherine de Médicis avait apportées en France avec ces rares manuscrits de la bibliothèque de Florence, qui étaient les restes précieux de celles de Constantinople. Mais les guerres civiles qui s'allumèrent dans le royaume ayant occasionné la ruine et le pillage, les médailles ainsi que les bibliothèques devinrent la proie du soldat.

Après la mort de M. Groslier, riche en médailles, on transféra en 1665 son cabinet d'antiquités de Paris à Marseille, pour de là le faire passer à Rome ; mais le roi Charles IX, en ayant été averti, le fit revenir à Paris, en fit payer le prix aux héritiers, le fusionna dans son cabinet avec d'autres pièces, et en donna la direction à M. de Chaumont, connaisseur en cette partie. Les successeurs de Charles IX jusqu'à Henri IV augmentèrent encore le nombre de leurs collections par celles du Haut et du Bas-Empire.

Henri IV vit alors les médailles de M. de Bagaris, qui avait voyagé dans les cours étrangères et qui lui montra aussi des pierres gravées de toute espèce. Ce prince parut si satisfait de voir des médailles romaines de tous les métaux, et d'autres pierres gravées en creux et en relief, qu'il les retint pour former un cabinet d'antiquités dont il donna la direction à M. de Bagaris ; il le chargea même de trouver des dessins de médailles pour en composer l'histoire de sa vie, d'en faire frapper d'or et d'argent dans les hôtels des monnaies, d'en dresser des mémoires instructifs et de faire rechercher ces trésors d'antiquités pour enrichir les cabinets de ses maisons royales.

Le savant de Bagaris travaillait avec zèle à remplir les ordres du roi, lorsque ce prince mourut malheureusement.

Louis XIII était encore trop jeune pour trouver du goût dans cette sorte d'étude, et les guerres de religion l'occupèrent si fort pendant sa jeunesse qu'il ne put s'y livrer. Mais Gaston, duc d'Orléans, son frère, en fit un de ses amusements, ordonna de rechercher des médailles et des antiques et en forma un des plus riches cabinets, dont il confia le soin à l'abbé Bruneau. Ce prince, mort à Blois en 1659, laissa par testament au roi son frère sa bibliothèque, ses pierres, ses médailles, ses coquilles, ses figures de bronze et ses livres d'oiseaux et de plantes. Ces legs précieux constituèrent le fonds du riche cabinet d'antiquités que le roi de France possédait et qui était le plus considérable de l'Europe. La direction de la bibliothèque et des médailles fut donnée alors à M. Colbert, qui entremit M. de Carcari, conseiller au grand Conseil, pour en avoir soin; et même il le chargea d'acquérir le plus de livres et de médailles possible pour augmenter la bibliothèque et le cabinet du roi. Ce qu'il fit. Les premières médailles furent celles de l'abbé Séguin, doyen de Saint-Germain l'Auxerrois, qui étaient d'or et d'argent, de grand et de moyen bronze, et plusieurs grecques très rares ; elles étaient au nombre de cinq mille. Après la mort de M. Tardieu, lieutenant criminel, on acheta toutes ses médailles, qui avaient été amassées par Ferrier, son beau-frère, et parmi lesquelles on trouva le *Pescenniner niger*, en grand bronze, qu'on mit au cabinet du roi avec d'autres très considérables. Après la mort de M. de Seyve, conseiller d'Etat, qui avait formé un cabinet de médailles fort belles et fort rares, on acheta celles d'or et de grand bronze pour le cabinet du roi. La suite, de moyen bronze, de M. de Brienne, ministre d'Etat, qui était fort nombreuse et des mieux choisies, a passé des Pères de l'Oratoire également au cabinet du roi. On augmenta aussi la suite des médailles d'argent de celles de M. Le Charron, auditeur des comptes. On en acquit encore beaucoup de plusieurs particuliers, soit par achat, soit par échange de médailles doubles. De plus, M. Séguin et M. Vaillant, habiles spécialistes, ont fait plusieurs voyages en Italie. Ils y ont amassé beaucoup de médailles et de médaillons, dont ils ont orné et enrichi le cabinet du roi, entre autres d'une *Titiana,*, femme de l'empereur Pertinax, en moyen bronze et très rare.

Après avoir recueilli tout ce qu'on pouvait alors de médailles antiques, on songea aux modernes. Comme M. le duc d'Orléans en était dénué et que le roi n'en possédait aucune, la mort de M. Le Charron, auditeur des comptes, qui avait une suite des papes, et de M. Terouene, intendant du duc d'Epernon, riche d'une suite des rois de France et des princes étrangers, en fournit un grand nombre au cabinet du roi avec beaucoup de jetons d'argent. Les plus rares néanmoins y manquaient , celles de la Ligue du duc de Mayenne, *Vacante lilio me regit Dux optimus*, que M. Vaillant y joignit ensuite.

M. de Carcari accrut encore le nombre des médailles par quantité de jetons et de monnaies étrangères. On augmenta aussi le nombre des agates qu'avait données Gaston, duc d'Orléans. M. de Harlay, alors procureur général, se priva des siennes pour en orner le cabinet du roi. MM. Oursel, Le Comte et Lecointe donnèrent ce qu'ils possédaient.

M. de Louvois, ayant succédé à M. Colbert dans la charge de surintendant des bâtiments en 1684, prit d'abord connaissance du cabinet des médailles du roi, qui en faisait un de ses amusements. Il chargea M. de Baissant, successeur de M. de Carcari, de les faire transporter à Versailles dans le cabinet des curiosités, et le savant M. Vaillant fut employé avec lui pour les mettre en ordre. Ce cabinet contenait alors la suite des empereurs romains en or, en argent, en grand et en moyen bronze, et environ quatre cents médailles de bronze, dont beaucoup de médailles de fêtes et de villes grecques.

On sépara le petit bronze du moyen, on en fit une suite à laquelle on ajouta plus de trois cents médailles qui furent tirées de la bibliothèque de Sainte-Geneviève, en sorte qu'on rassembla près de deux mille médailles depuis Jules César jusqu'à Héraclius ; presque toutes les fêtes ont la leur.

Comme la suite des monnaies des rois de France, quoiqu'alors défectueuse, était cependant une des plus nécessaires pour prouver la succession de la monarchie depuis 1200 et plus, on s'adressa à M. de Harlay, procureur général du

Parlement, qui offrit tout son cabinet. Ce cabinet était alors le mieux fourni, et on en tira deux cents pièces des plus rares.

M. Le Blanc, versé dans la connaissance des monnaies de France, les a mises en ordre et en a fait l'historique. Louis XIV, qui prenait plaisir à cette collection, chargea Morel, Suisse de nation, qui dessinait parfaitement, de retracer les médailles de son cabinet sur des cartons. Baissant, garde et conservateur des médailles, en donna les explications, qu'il suivit très exactement ; en sorte que le grand bronze, tout l'or et la plus grande partie des médailles, furent en état d'être connus du public.

M. de Louvois, toujours attentif à ce qui pouvait plaire au roi, a augmenté encore ce nombre par les recherches et les choix qu'il fit lui-même.

La première acquisition qui fut faite alors, fut celle du cabinet du duc de Verneuil, qui avait en nombre et en qualité une suite parfaite de tous les métaux, parmi lesquels se trouvait un médaillon fort rare de quatre fêtes de posthumes pesant six louis.

La seconde acquisition compta des médailles des rois de Syrie rangées par M. Vaillant, et qu'il a décrites. Cette suite en comprend deux cents et elle est fort estimée.

Le troisième contingent a été la suite des médailles de M. de Montjeux, la plus rare et la plus nombreuse qui fût en France. On acheta

encore beaucoup de médailles antiques de différents particuliers pour enrichir le cabinet du roi.

Concernant les médailles modernes, comme
le cabinet n'en possédait que très peu, l'abbé
Bizot, qui s'y entendait et qui avait des corres-
pondances dans les pays étrangers, n'épargna
rien pour en faire rechercher partout, et le cabinet du roi en acquit, par ce moyen, un très grand
nombre. Ces médailles modernes ainsi recueillies
et réunies, l'abbé Bizot et un autre spécialiste en
firent le catalogue et les divisèrent en six parties :

1º Les médailles de la France ;

2º Celles des papes ;

3º Celles des cardinaux et des princes d'Italie ;

4º Celles de l'Empire et de l'Espagne, des
électeurs et des princes d'Allemagne ;

5º Celles des rois du Nord : de la Pologne, de
la Suède, du Danemark, et même de l'Angleterre ;

6º Celles des États de Hollande.

Chaque médaille porte son inscription et son
explication.

Quant aux pierres gravées et aux agates, on
les a augmentées de plusieurs pierres très belles
tant pour leur couleur que pour leur antiquité et
leur travail. La plus rare et la plus renommée
est l'agate onyx de trois couleurs, qui a quatre
à cinq pouces de diamètre et qui représente
l'apothéose d'un empereur nu enlevé sur le dos
d'une aigle, couronnée d'une victoire. Le travail
en est fini.

Histoire et Description. 4

L'abbé Bizot a fait la description de toutes ces pierres gravées tant en creux qu'en relief. On acquit depuis une partie considérable de pierres gravées en creux tirées du cabinet du chevalier Lottier, et qui sont d'un travail achevé, entre autres une Bacchante qui est estimée un chef-d'œuvre de l'art.

LA plus ancienne noblesse et la plus illustre est celle qui se perd dans les temps les plus reculés; tels sont les Montmorency, les Châtillon-Gaucher, les Clermont-Garlande, les Polignac et tant d'autres dont les noms sont connus dans l'histoire, autant par l'ancienneté de leur race que par leur illustration militaire.

Le dernier descendant de la famille des Montmorency est mort à Paris, le vendredi-saint en 1869, en faisant le chemin de la croix à l'Abbaye-au-Bois. Héritier d'une grande fortune, il fut pendant sa longue carrière un modèle de piété et un beau caractère. Il était l'âme de toutes les grandes œuvres de charité et le père des pauvres. Il porta dignement son nom. Après sa mort, trois familles nobles se disputèrent l'honneur d'ajouter ce grand nom au leur. L'empereur Napoléon III accorda cette insigne faveur à une princesse de Paris.

Une des branches de cette célèbre maison s'était établie, dans les temps anciens, à Nivelles, (Brabant). C'est sans doute de cette branche qu'est sortie une famille qui prétend appartenir à cette antique souche. Elle écrit son nom Montmorency. Les revers de fortune l'avaient jetée dans l'oubli ; mais dans ces derniers temps elle se mit en rapport avec le dernier descendant reconnu de cette noble et antique lignée, fut reconnue par lui et reçut des secours en argent.

On dit qu'une famille, qui prétend appartenir aux Montmorency de France, habite l'Algérie. Son nom s'écrit : Montmorainsi, qu'on prononce à l'italienne. Cette famille, tombée dans la pauvreté, a passé au mahométisme. Hâtons-nous d'ajouter qu'elle n'a jamais été reconnue comme appartenant à l'illustre famille de ce nom, et qu'aucune preuve, aucune trace n'en existe dans l'histoire.

La maison des Montmorency est la plus ancienne de France dont on connaisse le vrai nom de famille. En l'an 900 elle s'appelait *Cauchon.* Ce fut une lignée d'hommes célèbres en tous genres d'illustrations. On vit réunies sous leur glorieuse couronne, pendant des siècles, la science, la vertu, la religion. L'Ordre de Prémontré compte deux religieuses sorties de son sein.

Les touristes qui parcourent la riche et riante vallée de Montmorency se font une fête de visiter le château de ce nom, qui fut le berceau de cette race chevaleresque. Victor Hugo a chanté les beautés de cette délicieuse vallée et de ses charmants villages.

Comme les nobles portaient jadis l'empreinte, le cachet distinctif de leur extraction dans leur nom, ils n'étaient pas tenus de justifier leur origine. Mais depuis un certain temps ils y sont astreints. On a présumé que leurs titres les plus anciens ont été les victimes du temps ou la proie des vers. C'est pourquoi Louis XIV, roi de France, a fixé et limité le temps des preuves de noblesse de race à cent ans au moins de possession de fiefs et de titres de services par un arrêt du Conseil du 20 mars 1667 ; cet arrêt dit que « Sa Majesté, étant en son Conseil, a ordonné et ordonne que ceux qui soutiendront être nobles de race seront tenus de justifier que leurs pères et aïeuls ont porté la qualité de chevalier ou d'écuyer depuis l'année 1560 jusqu'à présent, et prouveront leur filiation et descendance avec possession de noms de fiefs, emplois et services de leurs auteurs par contrats de mariages, partages, actes de tutelle, aveux, dénombrements et autres actes authentiques sans avoir dérogé, moyennant quoi ils seront maintenus et gardés dans la possession de la noblesse de race. »

Mais ce qui prouve encore mieux la noblesse ancienne d'extraction, ce sont les qualités énoncées dans les vieux contrats, qui s'écrivaient le plus souvent en latin, et qui contiennent les mots de *scutifer* et de *miles*, qui signifient homme portant armes et écussons.

La noblesse provenant des charges, offices et emplois militaires est tacite et tirée par une conséquence nécessaire des services rendus au roi et à la patrie. Tous les offices et emplois n'anoblissent pas également. Ceux qu'on appelle les grands offices confèrent une parfaite noblesse à leurs titulaires et à leur postérité ; tels sont : le chancelier de France, qui remplit la première charge de la couronne, le garde des sceaux, les conseillers d'État, maîtres des requêtes et les présidents en cour sonveraine ; les premiers dignitaires de l'armée et de la maison du roi, les gouverneurs et les lieutenants du roi dans les provinces. Mais il n'en est pas de même des conseillers en cour souveraine ; leur noblesse est personnelle et ne passe point à leurs enfants, si leur père et leur aïeul n'ont été conseillers ; encore faut-il qu'ils aient exercé jusqu'à leur décès ou pendant vingt ans. C'est la loi : *Patre et avo consulibus.*

Les correcteurs et auditeurs des comptes ont la même prérogative que les conseillers maîtres en la Chambre des comptes ; parce qu'ils font même corps et que, dans les fonctions de leurs charges, ils exercent la juridiction souveraine.

Les greffiers des cours souveraines ont le même avantage que les conseillers, quoiqu'ils n'aient pas de juridiction et qu'ils soient plutôt engagistes qu'officiers, tous les greffes étant domaniaux.

Les commissaires du Conseil ont jugé qu'étant du même corps, pourvus par lettres du prince, jouissant des mêmes privilèges et portant les mêmes insignes, on ne devait pas les différencier des conseillers. Il en est de même des trésoriers de France, et les commissaires ont suivi le sentiment de Bacquet et de Loyseau, qui ne les différencient pas des conseillers en cours souveraines

Les secrétaires du roi ont un privilège particulier ; leurs descendants sont nobles, suivant les édits de Charles VIII et d'Henri II, s'ils décèdent revêtus de leurs charges ou après vingt ans de service.

Les capitaines de cavalerie et d'infanterie acquièrent également la noblesse à leurs descendants si le père et l'aïeul ont de même servi le roi comme capitaines, parce que la force est aussi nécessaire à la société civile que la justice, et que dans les conseils de guerre ils opinent souverainement sur la vie des hommes comme les conseillers dans leur tribunal.

Le règlement des tailles de 1600 tranche la question en défendant à toutes personnes de prendre le titre d'écuyer, et de s'inscrire au corps de la noblesse, si elles ne sont issues d'un aïeul et d'un père qui ont exercé la profession des armes sans avoir fait aucun acte vil et contraire à leur qualité.

Les descendants de deux prévôts en chef ou grands prévôts ont aussi le même avantage que les capitaines , et sont maintenus dans leur noblesse quand leur père et leur aïeul ont rempli la même fonction, parce qu'ils ont en mains la balance et le glaive, et qu'ils rendent souverainement la justice de même que les cours supérieures.

Il en est de même des gouverneurs des villes et places fortes, à cause du commandement en chef qu'ils détiennent et du service qu'ils rendent au public.

La noblesse qui résulte des lettres d'anoblissement est la moins estimée, parce qu'elle suppose roture ; mais elle est aussi la plus glorieuse, parce qu'elle est le prix d'un mérite particulier, le témoignage authentique d'un talent qui demande récompense.

Il faut que les letttres d'anoblissement soient vérifiées en la Chambre des comptes, parce que le particulier anobli, n'étant plus sujet aux droits de francs fiefs, doit payer au roi une indemnité qui, suivant ses facultés, est réglée par la Chambre des comptes. Ces lettres doivent être aussi enregistrées en la Cour des aydes pour jouir de l'exemption des tailles dans les pays où elle est personnelle ; et le plus sûr était jadis de les faire enregistrer au Parlement, parce qu'il était de la juridiction de ce tribunal de régler l'état des familles. Les lettres doivent être prises à date précise mentionnant l'an et le jour, et la vérification faite en conséquence.

Le roi seul peut anoblir en France, et ce fait est si constant que René, bâtard de Savoie, sénéchal et gouverneur pour le roi en Provence, ayant donné, en 1520, des lettres de noblesse à un particulier de la ville d'Aix, les commissaires du Conseil n'ont point eu égard à un tel titre par la raison ci-dessus.

Le Bret, dans son traité de la souveraineté, rapporte qu'en l'an 1260, le Parlement de Paris fit défense au comte de Flandre de donner à aucun particulier des lettres de noblesse ; et en 1269 un comte de Nevers fut condamné à l'amende envers le roi pour avoir anobli deux de ses sujets, qui furent condamnés aussi à 2000 écus d'amende pour s'être prêtés à un anoblissement qui dépendait de la seule autorité du prince.

Toutes les lettres d'anoblissement ne sont pas des titres suffisants de noblesse. Beaucoup ont été annulées. Henri IV fit un édit formel là-dessus en 1598. Louis XIII en 1640 révoqua tous les anoblissements accordés depuis trente ans ; et en septembre 1664 Louis XIV fit de même de ceux qui avaient été accordés depuis janvier 1634, se réservant de donner des lettres de confirmation à ceux qui, pour des services signalés dans les armées ou ailleurs, auraient obtenu des lettres de noblesse.

CHAPITRE I.

DE LA NOBLESSE EN FRANCE.

ON distingue dans le royaume de France trois sortes de noblesse. La première est celle de la chevalerie ancienne, qui est caractérisée par le mot latin *Miles*, porté dans les anciens titres et actes de famille ; mais l'origine de cette noblesse est si reculée qu'il se trouve beaucoup de nobles qui sont inconnus. Il y en a quelques-uns dont le nom seul subsiste, mais dont les titres et actes sont perdus.

La seconde est celle qui a déjà une ancienneté respectable, mais dont on connaît l'origine et qui est caractérisée par le mot latin *Eques*.

La troisième est la nouvelle noblesse qui n'a pas encore fait souche à la troisième génération.

En France, l'officier ou juge d'armes était chargé jadis du soin du registre des nobles. En Angleterre, il y a un collège héraldique qui a pour fonction l'étude de la noblesse, de ses armoiries, titres et concessions.

La noblesse tire donc son origine : 1º de la profession des armes, à laquelle était attachée la possession des fiefs ; 2º de la possession des charges et offices dans les cours supérieures ; 3º de la reconnaissance des princes à cause des services rendus à la patrie et à l'État.

La profession des armes a été de tout temps la plus noble et la plus utile ; aussi voit-on qu'anciennement les rois, après avoir pris leur part du butin et des terres dans les conquêtes, distribuaient le reste suivant les lois militaires et le grade aux officiers qui les avaient suivis dans les expéditions, aux charges et conditions imposées, notamment celle de prendre les armes et d'aller à la guerre lorsque le cas le demandait.

Cette distribution de terres et domaines conquis a été pratiquée sous les rois de la première et de la seconde race, et même sous les premiers de la troisième.

Les possesseurs de fiefs et arrière-fiefs étaient tellement obligés d'aller guerroyer quand ils en avaient reçu avis, que s'ils y manquaient ou commettaient quelque crime capital, ils étaient privés des terres et fiefs qu'ils possédaient, ainsi qu'il est rapporté dans les *Capitulaires* de Charlemagne et autres actes publics. C'est des anciens possesseurs des fiefs et seigneuries qu'est sortie la plus ancienne noblesse. Ce qui paraît invraisemblable quand on songe à la quantité des fiefs, châteaux, villages, bourgs et villes qui existent en France et qui ont donné chacun leur nom à une famille.

Le devoir d'aller à la guerre et le soin de veiller à la conservation du prince et de l'Etat étaient les seules exigences imposées à la noblesse. Les bourgeois et le peuple, excepté les gens d'église, étaient réputés serfs et supportaient toutes les charges de l'État, usages qui par la suite se sont modifiés suivant les cas et les besoins.

Dans les treizième et quatorzième siècles, les rois de France, obligés de s'attacher leurs sujets qui n'exerçaient pas la profession des armes, leur accordèrent souvent des privilèges en récompense des services rendus à leur personne ou à l'État, et leur octroyèrent la possession de fiefs qui les firent reconnaître comme nobles, à la condition néanmoins de payer une certaine somme, selon la coutume établie en Normandie. Dans le même temps commença l'usage d'anoblir par lettres patentes, soit des services rendus en temps de guerre ou en temps de paix.

Ces anoblissements furent peu fréquents dans le principe, mais ils se multiplièrent sous le règne de Philippe de Valois et de ses successeurs.

La noblesse qui s'acquiert par la possession des charges, se divise en deux classes.

La noblesse qui s'acquiert par les charges occupées dans les cours souveraines, comme Parlement, Chambre des comptes, Cour des aydes, et dont le roi donne la provision scellée du grand sceau, distingue davantage. Ceux qui en sont pourvus ont le droit de prendre le titre d'écuyer, *eques*, et les descendants des officiers des cours supérieures qui ont eu pour père et aïeul des officiers morts revêtus de leurs charges, ou qui les ont exercées pendant vingt ans, sont maintenus ainsi que leur postérité dans tous les droits et privilèges qui avaient été accordés.

Quant à la noblesse acquise par la possession des charges de maire et d'échevin des villes, charges auxquelles les rois ont accordé ce privilège, cette élection se fait ordinairement au son de la cloche, d'où le nom de « noblesse de la cloche. »

La qualité de noble de sang et d'extraction ne peut être prise que par tout homme qui a le droit de la porter, et il est défendu par les ordonnances des rois de France, sur la réquisition des États du royaume, de prendre cette qualité sans titres qui l'autorisent. Ces titres, reconnus et adoptés dans les anciens actes et cartulaires, sont ceux de *miles, armiger :* hommes d'armes ou portant armes.

Il n'y avait autrefois que ceux qui étaient parvenus à la chevalerie qui pouvaient porter des éperons d'or. Les habits dorés et les ornements de fourrures étaient réservés aux seuls chevaliers, et seul le roi en conférait le titre, qui ne s'accordait qu'aux personnes nobles d'extraction et d'armes.

Le roi Charles VIII permit aux écuyers, qui avaient le second titre de noblesse, les habits de soie, à l'exception du velours ; mais les temps sont changés, et les bourgeois en portent à présent comme les nobles.

Les seigneurs et autres nobles qui étaient armés chevaliers se distinguaient ordinairement en deux classes : les chevaliers Bannerets et les chevaliers Bacheliers. Il y avait les mêmes cérémonies pour tous deux. On choisissait généralement une grande fête ou quelque solennité, comme un sacre, un mariage, etc. On les y disposait par la prière, le jeûne, la réception des sacrements et une exhortation. On les revêtait ensuite de tout ce qui était nécessaire à l'armement d'un chevalier prêt à combattre, et, à la réception de chaque pièce, on leur en expliquait le symbole.

Les rois ont souvent usé de moins de cérémonies, et ils donnaient aux nouveaux chevaliers un manteau et un palefroi, ainsi qu'il est prouvé par les comptes du trésor du temps du roi saint Louis.

Le chevalier Banneret avait droit de lever bannière, de mener ses vassaux à la guerre, et de commander aux chevaliers Bacheliers et aux écuyers. Il fallait que le chevalier Banneret eût du bien et plusieurs vassaux pour avoir une compagnie de 50 hommes d'armes, qui montait ordinairement à cent cinquante hommes, presque tous gentilshommes ; et il avait la double paye d'un chevalier Bachelier. Les chevaliers Bacheliers étaient de jeunes seigneurs qui n'avaient pas encore hérité des biens de leurs père et mère, et qui, par conséquent, n'étaient pas à même de lever bannière, ou d'autres dont les terres et les biens étaient insuffisants pour en faire des Bannerets.

Quand ils avaient l'âge et les fonds requis pour lever bannière, ils portaient au roi, au prince, et même au général leur pennon ou bannière et demandaient à être créés Bannerets. Alors on coupait le bout du pennon et on le rendait carré. Le chevalier était appelé Banneret et sa paye était doublée.

L'écuyer était le second titre de noblesse ; il ne pouvait être pris que par un gentilhomme ; mais l'écuyer était subordonné au chevalier.

Il y avait des écuyers dont la fortune et les biens ne permettaient pas de parvenir jamais à la chevalerie. Cependant, pour récompenser leurs services à la guerre, les rois accordaient une pension à ceux qu'ils faisaient chevaliers, afin de les mettre à même de soutenir cette dignité.

Les écuyers n'avaient à la guerre que la demi-paye des chevaliers Bacheliers.

De nos jours toutes ces règles ne sont plus

observées. La qualité d'écuyer procurait toujours la noblesse ; mais elle n'est plus en usage que pour la noblesse de second ordre. Il n'y a que les seigneurs de qualité et ceux qui ont acquis la noblesse au premier degré par des services, charges ou autres mérites, qui ont le droit de prendre le titre de chevaliers dans les actes, diplômes, chartes, etc.

CHAPITRE II.

CHEVALERIE ANCIENNE ET MODERNE.

IL ne faut pas confondre le titre d'ancienne noblesse, qui est la noblesse militaire, avec la dignité de chevalier ; il faut au contraire distinguer ceux qui avaient l'ordre de chevalier de ceux qui sortaient d'une ancienne race militaire, dont l'origine se tire de la possession des fiefs. Ainsi ceux qui possèdent encore aujourd'hui des fiefs anciens dans leur famille, prennent en France la qualité de chevaliers, pour marquer leur descendance de chevaliers. Les guerres saintes et les voyages d'outre-mer ont donné naissance aux autres genres de chevalerie, dont on a encore des vestiges dans la bénédiction que le pape donnait jadis chaque année, à Noël, d'une épée et d'un bonnet d'armes qu'il envoyait ensuite à quelque prince comme marque de son estime. Nous pouvons citer, en preuve, l'exemple de Frédéric III, qui, ayant assisté au service divin le jour de Noël, dans l'église de Saint-Pierre de Rome, y reçut l'épée et le bonnet du pape Paul II. De ces voyages d'outre-mer et des croisades, où le pape, puis les patriarches et les évêques à son imitation, conféraient cette espèce de chevalerie, vint ensuite l'usage de la recevoir des ecclésias·tiques.

De là vint aussi l'institution des chevaliers du Temple, de Saint-Jean-de-Jérusalem, de Saint-Lazare et de plusieurs Ordres de chevalerie militaires et réguliers qui font des vœux et ont des règles fixes.

A l'exemple de ces personnes dévouées au service de Dieu dans les fonctions militaires, les rois souverains et les princes ont établi dans leurs États des Ordres de chevalerie et ont créé des chevaliers attachés à leur service, les faisant leurs *hommes-liges*, c'est-à-dire *liés* par leur serment de fidélité. Tels sont les Ordres de Saint-Michel et du Saint-Esprit, institués en France par Henri III, et que les rois ses successeurs ont conférés à ceux dont la haute naissance, le mérite et les services rendus à l'État deman-daient cet honneur.

Louis XIV, à l'imitation de ses prédécesseurs, a institué aussi un ordre particulier connu sous le nom de Chevaliers de l'Ordre royal et militaire de Saint-Louis, pour récompenser ceux qui s'étaient distingués à la guerre.

Les villes, jalouses de l'autorité que les chevaliers avaient dans la milice, désirèrent que les officiers municipaux et les magistrats reçussent quelque marque de distinction et participassent pour ainsi dire à un Ordre de chevalerie en récompense de leur ancienneté et des services qu'ils avaient pu rendre dans leurs fonctions. Pour leur donner satisfaction, les rois conférèrent aux marchands et bourgeois méritants des villes principales des lettres de noblesse avec le titre d'écuyer.

Les gens de Lettres aspirèrent aux mêmes honneurs, particulièrement les avocats et les jurisconsultes, d'où vinrent ensuite les chevaliers ès-lois.

Les ecclésiastiques, voyant que les docteurs se distinguaient par la qualité de chevaliers, pensèrent que cette qualité n'était pas moins compatible avec leur état, ce qui donna lieu, en certains endroits, à l'établissement de confréries sous les titres de Saint-Georges, de Saint-Maurice, de Saint-Janvier, etc.

Les dames jugèrent alors que leur sexe n'était pas indigne de ces honneurs ; et dans les histoires et même sur les épitaphes, on a pu lire, pendant trois siècles, la qualité de chevaleresse donnée à des dames.

Mais la chevalerie la plus ancienne connue et qui dure encore aujourd'hui est celle de la fraternité d'armes ; c'était comme une espèce d'adoption de société et de liaison d'amitié que les princes établirent à l'imitation des Romains.

Il y a encore des chevaleries de réjouissance et de divertissement comme celles qui se faisaient aux joutes et aux tournois. On donna à leurs membres le nom de chevaliers de la Table Ronde, parce que les lices que l'on dressait pour ces joutes étaient rondes et en forme d'amphithéâtre, ou parce que, dans ces fêtes, pour éviter les contestations et les rivalités de préséance, on s'assemblait autour d'une table ronde.

Il y eut également des chevaliers des ordres des Fendeurs, de la Fidélité et de la Fougère, qui ne tendaient tous qu'à des plaisirs purs et honnêtes, capables d'amuser une société de gens aimables. Les chevaliers qui composaient ces différents ordres avaient des marques de distinction soit en livrées, soit en devises, signes, etc.

CHAPITRE III.

PRINCIPAUX ORDRES DE CHEVALIERS ÉTABLIS EN FRANCE.

LES ordres les plus considérables de chevalerie établis en France sont ceux de Saint-Michel, créé par le roi Louis XI en 1469, et du Saint-Esprit, fondé par Henri III en 1578.

Le collier de Saint-Michel est fait de deux chaînes d'or entrelacées, sur lesquelles sont attachées des coquilles d'or à distances égales. Au milieu de ce collier, dans le bas, pend une médaille représentant saint Michel qui foule le démon sous ses pieds.

Le collier de l'ordre du Saint-Esprit est fait de nœuds de trophées, de fleurs de lys, des calices desquelles sortent des flammes, et les premières lettres du nom du fondateur, le tout en or émaillé des diverses couleurs de l'ordre et du roi. Au bas du collier pend une croix pommelée, des angles de laquelle partent des fleurs de lys ; et au milieu se voit une colombe blanche d'argent, symbole du Saint-Esprit.

CHAPITRE IV.

ORIGINE ET USAGE DU BLASON.

Nous venons de parler de la noblesse française. Traitons maintenant la question du blason qui lui servit jadis de drapeau et de signe de distinction. On attribue l'invention des armoiries aux Hébreux ou aux Égyptiens, quelques-uns la concèdent aux Grecs et d'autres aux Romains. Cette opinion est fondée sur ce fait qu'anciennement les peuples ont porté divers symboles sur leurs habits ou sur leurs armures.

Le Père Ménestrier, jésuite, qui a traité de l'art héraldique, assure que ces symboles étaient différents des armoiries en usage aujourd'hui, parce qu'ils n'étaient pas fixés, héréditaires, ni composés d'émaux déterminés, ce qui prouve qu'ils ne

servaient point à distinguer les familles, ni à
désigner la noblesse. On ne trouve aucun vestige
de ces sortes de symboles sur les tombeaux, sur
les sceaux, ni sur les anciens monuments des neuf
premiers siècles du monde. S'appuyant sur ces
données négatives, le Père Ménestrier présume
que les armoiries n'ont été inventées et connues
que depuis le Xe siècle. Il ajoute qu'elles com-
mencèrent avec les surnoms de famille; car avant
le Xe siècle on ne connaissait les personnes que
par leurs noms propres. C'est ce qui se pratique
encore de nos jours dans les assemblées publiques et dans les tribunaux, où l'on n'appelle les
personnes que par leurs noms de famille. Cet
auteur prétend aussi, après avoir fouillé dans
l'antiquité, que l'usage des armoiries a commencé
avec les joutes et les tournois, et il fonde son
opinion sur les faits suivants :

1º Le mot de blason est un terme de tournoi,
parce qu'il vient du mot allemand ou flamand
blasen, qui signifie sonner du cor. La raison de
cette étymologie est qu'autrefois les chevaliers
sonnaient du cor quand ils paraissaient aux tournois, et qu'on en sonnait une deuxième fois avant
de faire la description de leurs armoiries. On voit
encore pour constater ce fait plusieurs cors où
cornets dans les églises d'Allemagne, où les chevaliers les attachaient avec leurs armes après les
joutes et les tournois. La description des armoiries qui se faisait aux tournois tenait lieu de
preuves de noblesse, et ceux qui s'étaient trouvés

deux fois à des tournois portaient sur leurs armes deux cornets, pour montrer que leur noblesse était reconnue et blasonnée. C'est là la raison, selon le Père Ménestrier, pour laquelle les maisons de Bavière, de Saxe, de Brandebourg, et plusieurs autres principales d'Allemagne, portent des cimiers formés de deux cornets.

2° L'usage de joindre l'écu et le casque pour former des armoiries, et de représenter les écussons penchés ou courbés comme on les voit dans les anciens tableaux, est venu des tournois, où l'on rangeait dans quelque lieu public les écus et les casques des chevaliers, afin que les dames pussent les voir et reconnaître les armoiries de leurs maris.

3° Les sept couleurs des armoiries, qui sont : l'or, l'argent, le gueule, le sinople, l'azur, le pourpre et le sable, sont les couleurs dont on s'habillait aux tournois. Ces différentes couleurs viennent des anciens jeux du cirque usités chez les Romains, où il y avait quatre factions ou quadrilles qui étaient : la blanche, la rouge, la bleue et la verte. Domitien y ajouta, selon Suétone, deux autres couleurs, l'un de drap d'or et l'autre de pourpre. Il ne manquait plus que la couleur noire ou de sable pour former les sept émaux, laquelle fut introduite par les chevaliers qui portaient le deuil. L'herminite et le vert qui sont en usage dans les armoiries, servaient aussi aux habits des tournois.

4° Le soleil, les étoiles, les lions, les aigles et

autres symboles en usage dans les armoiries, sont les figures de ce que les chevaliers prenaient pour leurs devises. Les bandes et les fasces sont les écharpes que les dames leur donnaient. Les peaux, les chevrons, les autres fragments sont des morceaux des lices et des barrières.

5° Les cimiers qu'on met sur les casques sont des ornements de tournois. Les lambrequins qui enveloppent les armoiries sont des rubans et des livrées que les Romains appelaient faveurs des dames, parce que les dames prenaient soin de les ajuster.

6° Les pages qui portaient les écus des chevaliers et les valets qui gardaient le parc et les écus pendants, étaient ordinairement déguisés en sauvages, en lions, en licornes et en animaux différents comme : léopards, tigres, lévrettes, ce qui a donné lieu de mettre sur les armoiries des tenants et des supports. L'usage même des manteaux, fourrures et pavillons qu'on place autour des armoiries a pareillement pris son origine dans les tournois, où l'on disposait les écus sur de riches étoffes et sous les tentes des chevaliers.

La règle du blason qu'il ne faut pas mettre couleur sur couleur, métal sur métal, vient aussi des tournois, où l'on portait la cuirasse dorée ou argentée sur des habits de couleur ou d'autres légers vêtements, comme le marquent les relations des anciens tournois.

Ce qui prouve enfin que les armoiries tirent leur origine des tournois, c'est qu'autrefois, ceux qui ne s'étaient point trouvés aux joutes n'avaient point d'armoiries ; c'est ce qu'affirme Spelman, qui a traité des usages et cérémonies qui se pratiquaient dans les jeux publics.

Mais quoique l'usage des armoiries ait commencé en Allemagne, où il y avait des joutes et des tournois de trois ans en trois ans au dixième siècle, il est constant que c'est en France qu'a pris naissance la véritable science du blason. Les Français, en effet, sont les premiers qui aient réglé les armoiries, et qui en aient donné les préceptes. Les Allemands n'en ont rien laissé par écrit. De France le blason a passé en Angleterre, en Espagne, dans les pays du Nord. Il n'y a à présent que les seuls Mahométans qui, ne reconnaissant point de noblesse, n'ont point l'usage des armoiries.

Le Père Ménestrier, savant dans cette branche, réduit les causes et les motifs des armoiries à certains chefs principaux, comme les noms de famille, les événements mémorables, les actions illustres, les dignités et les charges, les droits honorifiques, les terres et les seigneuries, l'adoption, les concessions et les croisades. Il explique comment toutes ces choses ont été le fondement des diverses armoiries, et il en donne des exemples aussi curieux que satisfaisants.

Mais en mettant des bornes à cet article, il faut donner au moins une idée générale de la signification des éléments les plus connus et les plus usités dans le blason.

1° Les croix qui servent dans plusieurs armoiries y sont ordinairement employées pour montrer que l'on s'est croisé contre les infidèles ou contre les hérétiques. Les armoiries de Saint-Jean de Jérusalem, des chevaliers de Saint-Lazare et des chevaliers de l'ordre Teutonique, en Allemagne, attestent cette vérité.

2° Les merlettes signifient les voyages d'outremer, dont elles sont le symbole, parce que ces oiseaux passent tous les ans la mer. On les représente sans bec et sans pieds, pour marquer les blessures que les chevaliers avaient reçues dans leurs voyages.

3° Les lions, les ours, les léopards, etc., indiquent les voyages qui ont été faits en Afrique, soit pour combattre les infidèles et les corsaires, soit pour rapporter des choses utiles ou nécessaires à la patrie.

4° Plusieurs ont paré leurs armoiries d'étoiles et de croissants, pour faire voir qu'ils étaient chevaliers de l'Ordre du Croissant ou de celui de l'Étoile. On voit même en France les chevaliers de Saint-Jean de Jérusalem, de Saint-Lazare, de Saint-Michel et du Saint-Esprit porter les marques de leur chevalerie sur leurs habits, ou sur leurs équipages en forme de colliers.

5° Les peaux sont souvent employées dans les armoiries, pour montrer que l'on a droit de justice. L'on n'ignore pas que les peaux ou poteaux sont des marques de juridiction, et même en plusieurs armoiries, et particulièrement dans celles des Pays-Bas. Les peaux sont le symbole des rivières et des canaux ; de là vient que les villes de Rotterdam, de Dordrecht et quelques autres portent ces signes distinctifs.

6º Les billettes usitées dans les armoiries sont aussi des symboles de franchise et d'exemption de certains droits.

7º Les fers de moulin signifient également que l'on a droit de moulin banal, droit attaché à des terres titrées et possédées ordinairement par des nobles.

8º Les oiseaux de leurre comme les milans, les vautours, les orfraies ; les anneaux même, les sols d'or, dont on a fait depuis des besants et des tourteaux, sont souvent des marques de reconnaissance et de devoirs dus aux seigneurs des fiefs.

9º Les bandes et les sautoirs qu'on voit dans les armoiries de plusieurs maisons et familles distinguées de France résultent de ce que, pendant les divisions des maisons d'Orléans et de Bourgogne, ceux qui tenaient le parti du duc d'Orléans portaient des bandes blanches, et ceux qui s'étaient déclarés pour le duc de Bourgogne portaient des sautoirs ; ce qu'on a vu pratiquer aussi en Angleterre dans les divisions des maisons d'York et de Lancaster, où chacun portait la bannière ou les armoiries du parti qu'il avait suivi.

Les coupes, les bois de cerfs, et d'autres pièces usitées dans les armoiries sont les marques de la charge de grand échanson, de grand veneur, de grand panetier et d'autres offices qui sont devenus héréditaires dans certaines maisons.

En examinant la plupart des armoiries des plus illustres et anciennes maisons de France, et même d'Europe, on verra que leurs armes sont parlantes, et que les armoiries des villes résultent presque toutes de l'assiette des lieux ou des singularités des pays.

CHAPITRE V.

LES ARMOIRIES ET LEURS ORNEMENTS.

APRÈS avoir parlé des différentes pièces qui composaient anciennement les armes dans les joutes et tournois qui en sont le principe, il faut passer à l'origine des armoiries usitées depuis dans les maisons et familles de France.

De tout temps on a mis des ornements sur les boucliers, écus ou pavois, et nous voyons dans les monuments les plus anciens qu'ils étaient usités chez les rois, souverains et princes ; mais les véritables armoiries n'ont commencé à paraître en France que dans le onzième siècle, vers le temps des premières croisades, car on trouve des sceaux de quelques princes et seigneurs avant la première croisade de Godefroi de Bouillon en 1096, où ils sont représentés à cheval avec leurs boucliers et tenant d'une main un guidon sur l'épaule. Il est donc constant que les croisades ont été le principe et le motif des armoiries, et qu'elles ont été introduites par la nécessité de se reconnaître et de pouvoir distinguer les chefs des nations parmi le grand nombre de peuples croisés. La plupart prirent pour armes des croix de différentes manières. Ils ornèrent de diverses figures non seulement leurs écus, mais aussi leurs bannières et cottes d'armes, pour pouvoir se reconnaître. Cet usage subsista depuis les croisades jusqu'en 1200, où les armoiries ont commencé à devenir héréditaires dans les maisons et les familles distinguées. Par la suite, les armoiries n'ont pas été suivies si régulièrement que les fils d'un seigneur, d'un prince ou d'un roi n'aient souvent abandonné les armes de leur père pour adopter celles d'une mère, d'un oncle, ou même d'une héritière qui leur avait laissé de grands biens, dont ils prenaient ainsi le nom en signe de reconnaissance. Avant l'an 1200, les personnes n'étaient connues que par leur nom de baptême et le lieu de leur naissance, ou par le nom des terres et domaines qu'elles possédaient.

Les anciennes chartes des rois de France ne parlent des seigneurs de leur cour et des grands officiers de la couronne que sous les noms des comtes Thibaud, Guillaume, Renault, Arnould, Albéric... qui, dans les souscriptions et seings, ne mettent pareillement que leur nom de baptême et celui de leur dignité.

L'établissement des surnoms de famille n'est

connu que depuis l'an 1200. Ils ont eu pour origine les terres, les dignités, les titres, comme ceux de ducs, comtes, vicomtes, barons, marquis.

Autrefois il n'y avait que la noblesse qui pût porter des armes ; mais à présent, chaque province, chaque ville, les nobles et les roturiers même ont des armes particulières.

L'origine de ces abus vient de la multiplication des charges et des privilèges accordés depuis Philippe-le-Bel aux bourgeois selon la nécessité des temps, ou en reconnaissance de services signalés rendus à l'État.

Par cet abus, les armoiries se sont tellement étendues, et elles sont composées de tant de façons que, pour éviter un nombre infini de termes bizarres propres au blason, et plus capables de fatiguer la mémoire que d'instruire, on se contente de recourir aux auteurs qui ont écrit sur cette matière. On peut avoir recours, pour ce détail, aux livres du Père Ménestrier et de Dangeau.

Les armes parlantes et les armes simples sont réputées les plus connues. Les armes parlantes sont celles qui désignent les noms des familles anciennes, en sorte qu'il est douteux si la famille a emprunté son nom de ces armes, ou si elle le leur a donné.

A l'égard des armes simples, ce sont des lions, des aigles, des oiseaux, des fleurs, des bandes, des fasces, des barres, des pals, des chevrons, des croix et des sautoirs.

Le temps où l'on a commencé à figurer des

armoiries sur les boucliers, cottes d'armes et bannières, a été aussi l'époque des sceaux établis sur les parchemins pour autoriser les actes, et c'est ce qui a rendu les sceaux si communs. Depuis 1200 jusqu'aux environs du règne de François Ier, en 1505, le sceau tenait lieu de signature, parce que la noblesse, ne sachant point écrire, ne pouvait autoriser ces actes et les rendre judiciaires que par les sceaux sur lesquels étaient figurées leurs armes.

Depuis l'an 1515, depuis que les nobles, les bourgeois et même le peuple ont cultivé les sciences et les arts sous la protection que les rois leur ont accordée, l'usage des sceaux a diminué, et il se cantonne à présent dans les provisions de charges et offices, lettres patentes, édits, déclarations, certificats et autres actes publics. Les lettres de cachet, les acquits de la guerre et autres actes qui étaient tous scellés, ne sont plus autorisés que d'une simple signature.

Les émaux ou armoiries sont les métaux, les couleurs et les fourrures.

Les métaux sont l'or qui est le jaune, et l'argent qui est le blanc.

Les couleurs sont au nombre de cinq, savoir : l'azur, qui est le bleu, le gueule, rouge, le sinople, vert, le sable, noir, et le pourpre, peu en usage.

Les fourrures sont l'hermine, dont le fond est blanc avec des mouchetures noires. C'est la peau d'un rat appelé *Mus Ponticus*, dont on doublait les robes des rois, princes et ducs.

Le vair est aussi composé de la peau d'un rat sarmatique, moins rare que l'hermine. Il est gris sur le dos et blanchâtre sous le ventre ; c'est ce qu'on appelle, en terme de blason, *vairé*, c'est-à-dire mi-partie des deux couleurs.

L'échiqueté ou le losangé est un échiquier posé sur les angles de l'écu, qui peut être regardé comme une espèce de fourrure faite en lambeaux échiquetés, ce qui prouvait anciennement l'habit de gentilhomme.

La division de l'écu se fait de plusieurs manières, savoir : par le parti, coupé, tranché, taillé, qu'on exprime ordinairement par parti en pal, en fasce, en bande, en barre, etc.

Les différents signes servent à former les pièces qui composent les armoiries, comme le pal, la fasce, la bande, la croix, le sautoir et le chevron, dont le Père Ménestrier parle dans son *Traité du Blason*, ainsi que les autres qui ont écrit sur l'art héraldique.

Les couronnes qui surmontent l'écu sont des marques de dignité qui n'étaient anciennement en usage que pour les têtes couronnées. Elles étaient même en usage sur leurs monnaies et sur leurs sceaux. Depuis, la noblesse les mit au-dessus du casque qui surmonte leur écu ; de là vient que par la suite les hérauts d'armes établis pour juger des titres de noblesse ont donné pour règle que nul ne pourrait porter la couronne d'or sans être noble de nom, d'armes et de cri.

En 1500, les ducs et les comtes ont mis des

couronnes directement sur leur écu ou sur leurs armes ; en 1600, cet usage a été usurpé par bien des personnes, et aujourd'hui cet abus est devenu si général qu'il n'y a plus de distinction.

La couronne ducale a été prise par nombre de gens qui ne sont ni marquis, ni comtes, et celle de marquis est souvent portée par ceux qui n'y ont aucun droit. La couronne de baron n'est plus en usage, quoiqu'elle fût anciennement la marque de la plus grande noblesse.

La couronne ou tiare du pape est faite comme un grand bonnet, ceint de trois couronnes d'or étoffées de pierreries, au sommet de laquelle est une croix pommelée.

L'empereur a une couronne fermée, surmontée d'un globe portant une croix. L'usage de ce globe a été commun avec celui de plusieurs rois de France.

Les rois de l'Europe portent maintenant des couronnes fermées, et l'usage en est venu du roi Charles VIII, qui fut couronné empereur d'Orient. Cependant Léon XII, successeur de Charles VIII, la porta ouverte avec différents ornements au-dessus du cercle, mais plus souvent fleurdelisée. François Ier la porta fermée dès le commencement de son règne, et depuis 1536 elle a toujours été fermée.

Les princes du sang la portaient autrefois comme les ducs aujourd'hui. Depuis, ils mêlèrent dans leurs couronnes moitié fleurs de lys et moitié feuilles d'ache.

Les électeurs de l'empire portent un bonnet d'écarlate rebrassé d'hermine, diadémé d'un demi-cercle sommé d'un globe surmonté d'une croix d'or ; on l'appelle bonnet électoral.

Les ducs mettent au-dessus du cercle des feuilles d'ache ; les marquis, des feuilles d'ache et des perles par moitié ; les comtes, des perles au lieu de feuilles d'ache ; les vicomtes ne placent que quatre perles sur le cercle, et les barons brodent seulement le cercle ou le tortillent de filets de perles.

Les cardinaux fixent sur leurs armes le chapeau rouge à large bord dont les cordons ont quinze houppes de gueule flanquées de chaque côté. Lorsqu'ils sont patriarches, archevêques. primats ou légats, ils ajoutent sous le chapeau et derrière leur écu une croix qui est tréflée.

Les archevêques portent sur leurs armes un chapeau de sinople à dix houppes de chaque côté ; derrière leur écu est une croix à une ou deux traverses selon leur dignité ou primatie.

Les évêques portent aussi un chapeau de sinople avec six houppes de chaque côté, une mitre qui est posée de front au côté droit, et une crosse au côté gauche tournée en dehors.

Les abbés commendataires placent sur l'écu de leurs armes un chapeau de sable, dont les cordons entrelacés et pendants se terminent en deux houppes aussi de sable.

Les abbés mitrés timbrent leurs écus d'une mitre en profil à droite et d'une crosse tournée en dedans. Les non mitrés mettent seulement la crosse. Les abbés religieux ont quelquefois un petit linge attaché à leur crosse comme marque de dépendance du Saint-Siège.

Les abbesses portent leurs armes sur un losange et mettent derrière une crosse contournée à gauche, quand elles sont crossées, et autour un chapelet de sable. Elles ont souvent un petit linge autour de leur crosse en signe de dépendance du Saint-Siège.

Les demoiselles et filles nobles d'extraction renferment aussi leurs armes dans un losange.

Les chevaliers de Malte ont autour de leur écu le chapelet d'or entrelacé dans les pointes de la grande croix d'argent, qui sont les armes de l'Ordre de Saint-Jean de Jérusalem. Les chevaliers commandeurs ajoutent derrière leur écu une épée dont la pointe paraît au-dessus de la garde en bas. Les Grands-Maîtres de l'Ordre timbrent leur écu d'une couronne de prince.

On appelle timbre ce qui surmonte l'écu, comme le casque, les lambrequins, les cimiers et les cris de guerre.

Ce n'est que depuis l'an 1300 environ que l'on a commencé à mettre des ornements au-dessus des écus.

On représente les casques des rois et des souverains ouverts et de front. Ceux des princes et des ducs n'ont pas tout à fait la visière levée ; ceux qui ont une dignité inférieure ont la visière abaissée, et l'on y met moins de grilles.

Les lambrequins ou banderoles sont des lambeaux qui descendent du casque et qui embrassent l'écu pour lui servir d'ornements. On leur donnait ordinairement la couleur des émaux de l'écu.

Le cimier est élevé au-dessus du casque et de pure fantaisie. Il est ordinairement formé de quelques pièces des dignités de ceux qui en sont revêtus. La maison royale a souvent mis une double fleur de lys ; d'autres ont pris des aigles, des lions, des tigres ; mais cet usage est plus connu en Allemagne qu'en France.

Les cris de guerre étaient autrefois en usage pour les rois, les princes et les seigneurs qui menaient leurs vassaux à la guerre. On inscrivait quelquefois des cris sur les bannières qui servaient à se reconnaître dans la mêlée, et à rassembler les guerriers dans un moment pressant. Outre le cri particulier de chaque bannière, il y avait encore le cri général et dont toute l'armée se servait au commencement d'une bataille.

Le cri de guerre des rois de France était : *Mont-Joye Saint-Denis Dieu aide*, cri qui fut pris par le roi Clovis à la bataille de Tolbiac en voyant que la victoire penchait du côté des Allemands.

Le cri de Bourbon était : *Bourbon Notre-Dame*, ou *Espérance*. Souvent les cris de guerre des seigneurs, barons et comtes, étaient le nom de famille auquel ils joignaient celui de la Vierge ou de leur patron. Concernant les cris qui étaient admis dans les joutes ou tournois, c'étaient des devises qui souvent roulaient sur des intrigues d'amour.

Les supports sont tout ce qui supporte et soutient l'écu des armoiries. L'usage des supports est aussi ancien que les cimiers. Les rois de France en ont changé plusieurs fois et se sont servis de lions, de cerfs, comme Charles VI, de porcs-épics, comme fit Louis XII, et depuis ce sont des anges. L'usage des supports est plus connu en France qu'en nul autre État.

Les manteaux sont des marques de dignité qui enveloppent et embrassent l'écu des armoiries.

Les rois de France ont droit à l'honneur du pavillon, qui est d'azur semé de fleurs de lys d'or et doublé d'hermine. Il est fait de deux parties : du comble qui est son chapeau, et des courtines qui sont le manteau ou le mantelet.

Les armes de France sont sous le dais ou pavillon, et soutenues de deux anges vêtus de dalmatiques tenant chacun une bannière aux armes de France ; et au-dessus du pavillon ou dais se voit une banderole sur laquelle est écrit : *Mont-joye Saint-Denis*, le cri de guerre.

Les princes de la maison royale et les ducs portent aussi, derrière l'écu de leurs armes, un manteau qu'on appelle ducal. Ce manteau est ordinairement brodé des armes de celui qui le porte et doublé d'hermine.

Depuis quelque temps les princes étrangers et ceux qui prétendent au rang de prince et qui ne sont pas ducs, ont aussi décoré leurs armes d'un manteau semblable.

Les Présidents à mortier du Parlement de Paris et des autres Parlements du royaume portent également le manteau doublé d'hermine derrière l'écu de leurs armes, les extrémités du manteau repliées en dedans, avec un bonnet ou mortier de forme ovale qui est de velours noir orné d'un galon d'or et qui surmonte l'écu. Les princes présidents portent un bonnet à deux galons comme marque de la prééminence de leur dignité. Le chancelier, comme chef de la justice, porte un bonnet à trois galons d'or avec le bâton et la main de justice passés en sautoir derrière l'écu de ses armes.

Les ordres monastiques, ces grandes familles religieuses, eurent généralement leurs armoiries. Citons l'ordre de Saint-Benoît, de Saint-Augustin, des Carmes, des Prémontrés, de Saint-Dominique, de Saint-François, etc. Le blason des Prémontrés est un écusson d'azur semé de France à deux crosses d'or en sautoir. Nous trouvons ce blason, à une certaine époque, surmonté de la crosse tournée en dehors en signe de juridiction extérieure, ou hors du monastère, par exemple sur une maison filiale, et de la mitre, et coiffé d'un chapeau épiscopal.

UTREFOIS la ville de Paris ne comprenait qu'une île qui avait des bornes fort étroites. Elle doit son agrandissement à Philippe-Auguste ; c'est l'époque des Normands. Après avoir parcouru les mers, ces peuples arrivèrent à l'embouchure de la Seine. Charmés de la fécondité des contrées que ce fleuve arrose, ils firent tous leurs efforts pour s'y établir. Ils remontèrent le fleuve et vinrent assiéger Paris. C'est pendant ce siège qu'on vit la valeur des Parisiens contre ces guerriers septentrionaux. Eudes et son frère Robert avec l'abbé Eble et Goslin, évêque de Paris, défendirent courageusement la Tour du grand pont, appelé plus tard le pont au Change, et taillèrent en pièces les Normands dans de vigoureuses sorties.

L'église de Notre-Dame, connue depuis sous le nom de cathédrale, et à présent sous le nom de métropole, bâtie sous Childebert Ier, fut rebâtie en 1165, sous Louis VII, surnommé le Juste, par Maurice de Sully, évêque de Paris, sur les débris de l'ancienne église.

Les juifs furent chassés de Paris sous le règne de Philippe-Auguste ; leurs fraudes et les usures énormes qu'ils commettaient, furent la cause de leur expulsion.

Ce fut vers ce temps que ce prince fit donner plus de largeur aux rues, les fit paver, ordonna la restauration de l'abbaye de Sainte-Geneviève, établit des écoles et fonda l'Université.

Sous Louis IX on vit l'établissement des Cordeliers et des Carmes, la fondation des hôpitaux et d'un grand nombre de couvents des deux sexes. C'est à ce prince que l'on doit aussi l'érection de la Sainte Chapelle de Paris et de Vincennes, du collège des Bernardins, de celui de la Sorbonne et des Grands Augustins. C'est lui qui toléra des lieux publics dans certaines rues. Depuis, saint Louis ordonna que toutes les femmes perdues de mœurs, que toutes les ribaudes communes, fussent chassées des maisons des particuliers, et défendit à ses sujets de les loger. On leur permit seulement de passer les jours et non les nuits dans des maisons petites et basses, situées dans des rues étroites. Dès lors ces rues furent décriées, et, comme les débauchés n'y étaient attirés que durant le jour, ils étaient l'objet des risées et des mépris, parce qu'on huait ceux qui y entraient ; l'on criait aux enfants : *Hues-les*, d'où sont dérivés les noms de grand et petit *Heuleur*, qui étaient alors les quartiers affectés à ces viles créatures.

Ce fut sous le règne de saint Louis que s'éleva la querelle des docteurs de l'Université contre les Dominicains. Guillaume de Saint-Amour, docteur célèbre, publia un livre contre les religieux mendiants, dans lequel il soutint qu'ils devaient employer leurs bras et leurs mains pour vivre et ne pas priver les pauvres des secours qu'ils pouvaient attendre des gens riches.

Il s'éleva encore un autre différend entre l'Université de Paris et le prévôt de la ville, au sujet d'un écolier qui avait commis un délit qui ne méritait pas la mort. Cependant le prévôt de Paris le fit pendre. L'Université prit le parti de l'écolier et attaqua le prévôt, qui fut condamné à aller détacher lui-même le pendu et à le baiser comme marque de repentir. Sous ce même règne arriva l'affaire des Templiers, dont le grand-maître, Jean de la Mole, souffrait injustement un infâme et cruel supplice à l'endroit où est aujourd'hui la statue équestre d'Henri IV.

Sous le règne de Louis-le-Hutin, en 1320, Tappel, prévôt de Paris, fut condamné par arrêt du Parlement à être pendu pour avoir fait évader des prisons un homme fort riche, accusé et convaincu d'assassinat, et destiné au dernier supplice. Tappel fit mettre à sa place un innocent qui fut conduit à la potence.

Guillaume de Champaux, théologien du douzième siècle, fut archidiacre de la ville de Paris, et fonda l'abbaye des Chanoines réguliers de Saint-Victor-lez-Paris, dont il fut le premier abbé. Il eut des démêlés considérables avec Abailard, son disciple, sur des matières de controverse.

Paris, cette ville immense et une des plus belles du monde, doit être un théâtre de curiosités pour un voyageur. Il est le temple des sciences et des arts, l'asile des savants, le lieu de réunion de toutes les langues et de toutes les nations. Il est le foyer de la piété et de l'irréligion, de la sagesse et du libertinage, du faste et de la simplicité, de la folie et de la gravité ; en un mot, c'est Jérusalem la ville sainte et Babylone la ville de corruption. Paris renferme dans son enceinte des jardins et des palais, chefs-d'œuvre de l'art. Tout à Paris mérite attention : le Parlement dans ses fonctions, ce tribunal auguste, jadis toujours fidèle à ses rois ; la Sorbonne, dont les docteurs traitaient naguère avec dignité les questions les plus importantes de la théologie ; l'Université, les collèges, l'Observatoire, les académies, les bibliothèques publiques, les musées et surtout le Louvre, sa cathédrale et une foule de monuments publics. Ce sont là autant de moyens de s'instruire d'une manière aussi utile qu'agréable. Parcourir Paris, c'est pour ainsi dire faire son *tour de France*, voyage qu'on jugeait autrefois si important pour l'éducation du jeune homme.

Paris, capitale de la Prévôté et Vicomté de l'Ile de France, compte sept lieues de circonférence y compris ses seize faubourgs.

Cette ville, une des plus anciennes de l'Europe, a été bâtie par Lucus, roi des Gaules. Elle avait dans son enceinte et aux environs cinq temples, dédiés aux faux dieux, qui étaient Mercure, Jupiter, Cérès et Isis.

On comptait à Paris, au dix-huitième siècle, 50.000 maisons, environ 980 rues, 52 paroisses, un grand nombre de couvents et de collèges, 26 hôpitaux, 118 corps d'arts et métiers, 50 pla-

ces publiques, 56 fontaines et 8 jardins publics.
Ces jardins étaient : le jardin des Tuileries, le
jardin de l'Infante, le Palais-Royal, le Luxembourg, l'Arsenal, l'hôtel de Soubise, le jardin
Royal et celui du Temple, qui cessa d'être ouvert
au public lorsque le prince de Conti devint grand
prieur de France.

Trente pompes étaient réparties également
dans tous les quartiers de la ville pour obvier
aux incendies.

La consommation de cette ville était prodigieuse vu le nombre d'habitants. Elle était par
semaine de 1200 bœufs, 900 moutons, et environ
600 veaux.

Son Université est la plus considérable de
l'Europe ; elle a été établie d'abord par Charlemagne. Six académies ont été fondées à Paris :
l'Académie française, celles de peinture et de
sculpture, des inscriptions et belles-lettres, des
sciences, d'architecture et de chirurgie en 1730.

Il y a sept bibliothèques dans lesquelles on
peut lire et travailler avec toute commodité. La
bibliothèque du Roi ouvre le mardi et le vendredi ; celle de Saint-Germain-des-Prés ouvre
les six jours de la semaine , celle de Saint-Victor,
les lundis, mercredis et samedis ; celle du cardinal de Mazarin au collège de ce nom, les lundis
et jeudis ; celle des avocats dans le cloître Notre-
Dame; celle de la Doctrine chrétienne, le mardi
et le vendredi ; et celle de M. Moriau, procureur

du roi et de la ville, le mercredi et le samedi,
rue Pavée au Marais, hôtel de Lamoignon.

Outre la maison du roi, qui est composée de
gardes du corps, de gendarmes, de chevau-légers,
de deux compagnies de mousquetaires et de
grenadiers à cheval, avec les cent suisses de la
garde, il y a 85 régiments d'infanterie, 66 régiments de cavalerie, 16 régiments de dragons et
de hussards, sans compter les troupes légères et
les gardes-côtes, qui sont nombreux.

CHAPITRE I.

L'ILE DE FRANCE.

LE gouvernement de l'Ile de France a, sous son autorité, plusieurs petites provinces citées ci-après :

L'Ile de France a 50 lieues de long sur autant de large. Les bornes sont la Picardie au nord, la Champagne à l'orient, la Beauce et l'Orléanais au midi, et la Normandie au couchant.

Elle est arrosée de plusieurs rivières qui sont la Seine, la Marne et l'Oise. La capitale de l'Ile de France est Paris, dont nous avons parlé.

Cette ville, appelée Lutèce du temps des premiers Gaulois, était fort petite, comme nous l'avons dit, et ne consistait que dans une île enfermée par deux bras de la Seine.

Jupiter avait un temple dans la ville, les vestiges en ont été découverts en creusant une sépulture pour les archevêques. Cérès en avait un à l'endroit où est à présent Saint-Germain-des-Prés, la première abbaye de France, aujourd'hui supprimée. Un autre existait dans le Faubourg Saint-Jacques, au lieu où a été bâti le couvent des Carmélites, et deux autres à Montmartre, dédiés à Mars et à Mercure.

Lorsque Jules César étendit ses conquêtes dans les Gaules, les Romains vinrent jusqu'à Lutèce, qui était la ville principale d'un peuple qu'on appelait les Parisiens. Cette capitale, connue depuis sous le nom de Paris, fut augmentée par les empereurs romains et surtout par Julien et Valentinien, qui firent élever au-delà de la Seine un palais avec des Thermes, des bains magnifiques, un amphithéâtre et d'autres bâtiments publics.

Les Francs s'étant établis dans les Gaules et ayant sous Clovis secoué la domination des Romains, ce prince choisit Paris pour la capitale de ses États, et y fit bâtir sa résidence. Childebert suivit son exemple, et ses successeurs, au nombre de sept, y fixèrent aussi leur séjour. Ce fut alors que Paris commença à s'agrandir. Sous les rois Pépin, Charlemagne et leurs descendants, cette ville ne fut guère augmentée, parce qu'ils n'en firent pas leur capitale; mais Hugues-Capet et ses successeurs, y ayant toujours demeuré, ont tellement étendu cette capitale, que d'une seule ville ils en ont fait trois, et même dans la suite ils lui ont imposé des bornes, dans la crainte que la grandeur de Paris ne fût la cause de sa ruine.

Nous avons mentionné ses musées, tels que le Louvre, Cluny ; ses bibliothèques d'un prix inestimable, telles que la bibliothèque Richelieu et la bibliothèque Mazarine ; ses palais et ses monuments somptueux. Nous avons eu à déplorer, en 1870, la destruction par la Commune, des Tuileries, de l'Hôtel-de-Ville, de la Cour des Comptes, etc.

CHAPITRE II.

LA PICARDIE.

L'ÉTYMOLOGIE de Picardie vient de picard, mot gaulois qui signifie vif, pétulant. Cette province s'étend sur les frontières des Pays-Bas. Elle est bornée au nord par le Hainaut et l'Artois, au levant par la Champagne, au midi par l'Ile de France, et au couchant par la Normandie et la Manche.

La Picardie fut conquise sur les Goths par Clodion, qui établit sa résidence à Amiens, aujourd'hui capitale de la province. Mérovée et Childéric son fils l'habitèrent après lui. Cette province passa ensuite à Carraric, qui prenait le titre de roi d'Amiens et qui fut défait par Clovis. Après cette victoire, ce prince se mit en possession de la Picardie et la garda jusqu'à sa mort ; puis elle échut en partage à Clotaire son fils, et elle fut sous la domination des rois de France jusqu'à Louis-le-Débonnaire, qui y établit des comtes en 823. Philippe d'Alsace, comte de Flandre, ayant perdu sa femme sans postérité, retint le comté d'Amiens qu'elle lui avait apporté en mariage et refusa de le rendre à Aliénor de

Vermandois, sœur de sa femme. Philippe-Auguste, roi de France, piqué de l'injustice du comte d'Alsace, lui déclara la guerre et, par un traité conclu entre eux, il fut arrêté que le comte d'Alsace et Aliénor, comtesse de Vermandois et d'Amiens, jouiraient de la Picardie leur vie durant, et qu'après leur mort elle retournerait à la couronne de France.

En 1435, Charles VII engagea toutes les villes situées sur la Somme au duc de Bourgogne pour quatre cent mille écus dont il avait besoin.

Louis XI les retira, et depuis ce temps cette province a été réunie au domaine de la couronne sans aliénation.

La Picardie est un pays plat et uni. Le climat y est tempéré et le commerce considérable. Si les vins y sont rares, elle abonde en grains, en fruits et en fourrages. Il y a fort peu de bois du côté d'Amiens, et avant l'introduction du charbon, les pauvres n'y brûlaient que des tourbes, qui abondent dans le pays.

<hr>

CHAPITRE III.

LA CHAMPAGNE.

LA Champagne a pris son nom de ses vastes plaines. Elle est bornée au nord par la Flandre, au levant par la Lorraine, au midi par la Bourgogne, et au couchant par l'Ile de France.

Les extrémités de cette province sont couvertes
de bois. Elles sont remplies de montagnes et de
collines qui produisent des vins et tout ce qui
est à l'usage de la vie. Le génie des Champenois
tient de la nature et de la douceur du climat. La
capitale de la Champagne est Châlons. Cette
province était habitée, du temps des Romains,
par les Rémois, les Trécanes et les Meldes. Elle
faisait partie, originairement, des Gaules celtique
et belgique, et elle eut sous les premiers Francs
des seigneurs pour la gouverner.

L'histoire fait mention de Loup qui en était
duc en 570, et Grimoald en fut le sixième et
dernier duc en 714. A ces ducs succédèrent les
comtes Palatins, héréditaires et pairs de France.
Le premier fut Robert, fils d'Herbert et d'Hil-
debrande. Puis Herbert II, et Thibaut, premier
du nom.

Thibaut II prit le titre de comte de Champagne, que ses successeurs ont retenu depuis.
Thibaut III, surnommé le Grand, joua un rôle
considérable dans l'histoire de France. Enfin la
Champagne a été gouvernée par 14 ou 15 comtes
successivement, sans y comprendre la comtesse
Jeanne, femme de Philippe-le-Bel, qui lui apporta
en dot ce comté, qui depuis a été réuni à la
couronne.

Les comtes de Champagne étaient pairs de
France, et portaient au sacre des rois la bannière
de France. Cet usage a toujours été conservé
par des princes ou seigneurs de la Cour.

CHAPITRE IV.

LA BOURGOGNE.

CETTE province comprend le duché de Bourgogne, la Bresse, le Bugey et le bailliage de Gex. Le duché de Bourgogne est borné à l'orient par la Franché-Comté, à l'occident par le Bourbonnais, au midi par le Lyonnais, et au nord par la Champagne. Sa capitale est Dijon. Cette province produit fruits et grains. Elle abonde en vins exquis, tels que ceux de Nuits, de Beaune, de Pomart, de Chambertin, de Coulange, de Chanaigne et de Volnay.

Les Bourguignons, du temps d'Auguste et de Tibère, étaient connus sous le nom de Vandales. Ces peuples quittèrent leur pays pour passer en Allemagne, et après avoir occupé le Palatinat, ils s'avancèrent sur les bords du Rhin, entrèrent dans les Gaules, et s'établirent en Suisse et en Franche-Comté, d'où ils s'étendirent vers le Rhône et sur la Saône qui arrosent actuellement leur pays. Cette province fut réunie à la couronne de France par Clotaire Ier, et possédée par ses descendants qui prirent le titre de ducs de Bourgogne.

Henri, frère de Robert, étant parvenu au trône de France, fut obligé de céder à son frère le duché de Bourgogne, et c'est ce Robert qui a fait la première branche des ducs de Bourgogne, qui descendent de la maison de France par Hugues Capet. Après la mort de Charles IV, dernier duc, dont la fille Marie épousa l'empereur Maximilien Ier, ce pays retourna à la couronne de France, et fut connu depuis sous le nom de province et de gouvernement de Bourgogne.

CHAPITRE V.

LE DAUPHINÉ.

LE Dauphiné est une province considérable qui a le Piémont et la Savoie à l'est, la Bresse et le Rhône au nord, ce même fleuve et la principauté d'Orange à l'ouest, le Comtat-Venaissin et la Provence au sud.

Le Dauphiné faisait autrefois partie de la Bourgogne et était sous la domination des Romains ; puis il passa sous celle des rois d'Arles ; ensuite les comtes d'Albon s'en rendirent maîtres sous Rodolphe le Fainéant. Leurs successeurs y ont régné sous le nom de Dauphins Viennois, d'où la première race. Leur maison est tombée deux fois en quenouille : la première en 1184, par la mort du comte d'Albon qui ne laissa qu'une fille nommée Béatrix, mariée à Hugues III, duc de Bourgogne, tige de la seconde race des Dauphins Viennois ; la troisième finit à Humbert II qui, ayant perdu son fils, céda le Dauphiné au roi de France, le 23 avril 1343. Il donna, en cas de mort sans enfants légitimes, ses États à Charles, duc de Normandie, petit-fils de Philippe de Valois, à condition que le fils aîné des rois de France en porterait le nom et les armes écartelées avec celles de France. Depuis ce traité, cette province a été réunie au domaine royal, dont elle n'a plus été disjointe. Le climat est tempéré. Le terroir produit vin, olives, chanvre, soie, vernis, cristal, fer, cuivre et plomb.

La capitale du Dauphiné est Grenoble, qui jadis avait Parlement et Chambre des Comptes.

CHAPITRE VI.

LA PROVENCE.

LA Provence a été autrefois sous la puissance des Romains qui, s'étant rendus maîtres du pays des Saliens, lui donnèrent le nom de Province, d'où par la suite lui est venu celui de Provence.

Elle a le Var et les Alpes au levant, la Méditerranée au midi, au couchant le Rhône qui la sépare du Languedoc, et au nord le Dauphiné.

La Provence se divise en Haute et Basse Provence. Le climat de la Haute-Provence est tempéré. Le pays est fertile en pâturages, en grains et en fruits ; mais il produit peu de vin ; celui de Riez est le meilleur. Dans la Basse-Provence, l'air est excessivement chaud, et le serait encore davantage sans un petit vent qu'on appelle la Brise, qui vient du nord-ouest, qui souffle tous les jours vers quatre heures et rafraîchit l'air. En hiver un vent violent se fait sentir quelquefois pendant des semaines entières. On l'appelle le Mistral. C'est un vent sec, très froid, plus froid que le vent du nord et qui s'annonce par un sifflement très aigu. C'est une des plaies de la Provence. Le proverbe connu du pays dit : « Sans le Mistral, sans la Durance (1), sans le Parlement, sans la médisance, la Provence serait le premier pays de France. » La Provence produit, outre son vin réputé pour le troisième cru de France, les muscats et les truffes en grande abondance, l'olivier et en général tous les fruits du Midi. Les Provençaux ont cultivé longtemps la garance pour la teinture en rouge. Cette plante ressemble assez bien à la petite luzerne. C'est la racine qui fournit la teinture. Aujourd'hui cette riche industrie est ruinée par l'invention d'un produit chimique inventé par les Allemands, qui donne le même effet. La Provence cultive aussi les vers à soie.

Je ne parle point des comtes de Provence, dont la généalogie est établie dans Moreri et les livres qui en traitent.

La capitale de la Provence est Aix, qui a un archevêché. Jadis elle possédait un Parlement et une Chambre des Comptes.

A une lieue près de Gorde, on voit la fontaine de Vaucluse qui y prend sa source. Elle jaillit

1. La Durance est une rivière qui déborde facilement parce qu'elle n'a guère de lit.

par intervalles seulement et sort en grande abondance d'un rocher. Elle est célèbre par le séjour du poète Pétrarque qui faisait retentir ses bords de son amour pour la belle Laure, sa future épouse.

Dans la Provence est située la ville de Toulon, exposée au midi, et couverte au nord par des montagnes escarpées qui rendent son port un des plus sûrs de l'Europe, et qu'on regarde comme le rempart et le bouclier de cette province.

Le lecteur nous pardonnera d'entrer ici dans quelques détails sur la ville d'Arles, à cause de sa haute antiquité.

La Provence, qui fait partie des Gaules, ayant été conquise par les Romains du temps de Jules César, les édiles embellirent cette ville, à qui les Romains avaient donné le surnom de *Gallula Romana*, de tout ce qu'il y avait à Rome de plus magnifique. On y bâtit un amphithéâtre, dont on voit encore une partie, un théâtre, un forum, des temples, un obélisque, un arc de triomphe, qui depuis a été abattu parce qu'il menaçait ruine. On déterra vers la fin du dix-huitième siècle, dans la partie méridionale du théâtre, une statue de marbre que les habitants d'Arles avaient cru être celle de Diane, prétendant que les restes de cet édifice annonçaient un temple dédié à cette déesse ; mais un conseiller de la sénéchaussée d'Arles, savant dans les choses de l'antiquité, fit voir que la ville d'Arles pouvait bien avoir eu un théâtre, puisqu'il y en avait existé un à Narbonne, suivant l'autorité de Sidonius ; et il montra que le théâtre d'Arles était confirmé par un manuscrit de la vie de saint Hilaire, où il en est parlé, et qu'il en était fait mention par Ammianus Marcellin. Cet auteur rapporte que Constantius donna à Arles les jeux du théâtre avec une grande magnificence.

L'auteur prouve ensuite que les théâtres étaient dédiés à Vénus, selon Sidonius, Salvien et Tertullien ; d'où il conclut avec assez de probabilité que la figure trouvée au milieu de la scène de ce théâtre ne pouvait être qu'une Vénus et non une Diane. Pour confirmer son opinion, il observe que les deux frises qui ornaient à l'extérieur l'enceinte de cet édifice, et les couronnements de chaque ordre de son architecture, représentent de petits amours ailés, dont plusieurs sont en l'air et badinent avec des rubans enlacés parmi des feuillages. De plus, on aperçoit dans les frises des oiseaux non perchés, qui peuvent être pris pour des pigeons, attributs de la déesse, et qui, selon la fable, s'attelaient à ses chars. La frise inférieure, au lieu de cornes de bœuf, qui indiquent l'ordre dorique, représente des demi-corps de bœufs qui ont un genou plié, figure sous laquelle les astronomes représentent le signe du taureau, qui est la maison de Vénus.

Arles est encore remarquable par son immense cimetière nommé les Aliscans. On y voit des galeries de tombeaux romains, gallo-romains et grecs.

Les églises d'Arles sont également antiques.
Dans l'une d'elles, un concile a été célébré. La
ville, arrosée par le Rhône, est magnifique (1).

CHAPITRE VII.

LE LANGUEDOC.

L E Languedoc prend son nom de la langue du
pays. Il a pour confins la mer Méditerranée
au midi, l'Auvergne, le Rouergue et le Quercy
au nord, la Gascogne au couchant. Le Rhône le
sépare de la Provence et du Dauphiné au levant.

Les Volsques, les Tectosages et les Arécomi-
ques habitèrent anciennement le Languedoc ; les
premiers occupaient les hauteurs et les derniers
les plaines et les vallées. Les Romains conquirent cette province sous le consulat de Fabius
Maximus, et elle fut soumise à leur domination
jusqu'au temps de l'empereur Honorius qui, pour
écarter les Vandales qui dévastaient les Gaules,
en fit donation aux Goths ainsi que de l'Espagne.

Par cette donation, les Goths possédèrent la
Gaule Narbonnaise, qui fut gouvernée pendant
plus de 300 ans par des rois, dont le dernier,
nommé Roderic, fut tué par les Sarrasins. Ces
peuples pénétrèrent jusque dans le Languedoc,

---

1. Selon la tradition, une église y avait été élevée en l'honneur
de la Sainte Vierge de son vivant. On en voit encore les ruines.
— *Deiparæ adhuc viventi*. La pierre rappelant ce fait historique
a été apportée à Rome par le cardinal Barberini.

envahirent la plus grande partie de cette province, et étendirent leurs conquêtes jusqu'à Lyon. Comme le projet des Sarrasins était de conquérir toute la France, ils s'avancèrent jusqu'à Tours, où ils furent défaits, en 726, par Charles-Martel ; ils perdirent en cette occasion 376,000 hommes. Après cette bataille, ce prince les poursuivit jusqu'en Languedoc, où il prit les villes de Nîmes et de Béziers. Pépin, son fils et son successeur, assiégea Narbonne, qu'il prit en 759. Depuis, il se rendit maître de Toulouse, du pays des Albigeois et du Gévaudan. C'est ainsi que le Languedoc fut soumis à la France. Charlemagne établit à Toulouse un gouverneur, à qui il donna le titre de comte, nom qui depuis a été possédé par des princes de la maison de France.

Raymond fut le premier comte de Toulouse sous Charlemagne. Par la suite Raymond, VIIIe du nom, fut dépossédé du comté de Toulouse par Simon, comte de Montfort, un des chefs des Croisés lors de la conquête de la Terre-Sainte, et à qui Philippe-Auguste en accorda l'investiture. Simon mourut en 1218, au siège de Toulouse, et Amauri, son fils, lui succéda. Amauri, n'étant pas assez fort pour résister à Raymond VIII, qui voulait rentrer en possession du bien qui lui avait été enlevé, fit cession à Louis VIII, roi de France, du comté de Toulouse.

Raymond le Jeune, VIIIe du nom, provoqua quelques mouvements sous la minorité du roi saint Louis pour rentrer dans le comté de Tou-

louse ; mais ayant été repoussé par les troupes
du roi, il demanda la paix, qui lui fut accordée.
Par le traité qui fut conclu alors, Jeanne, fille de
Raymond, épousa Alphonse de Poitiers, frère du
roi saint Louis, et il fut dit par ce même traité
que le comté de Toulouse, à défaut d'enfants
mâles, retournerait à la couronne.

Raymond mourut en 1260 ; Alphonse de Poitiers et Jeanne, sa femme, en 1270. Après leur
mort, Philippe-le-Hardi, roi de France, désigna
Cohardo, sénéchal de Carcassonne, pour prendre
possession du comté de Toulouse. Cependant le
Languedoc ne fut pas encore réuni à la couronne,
et ce ne fut qu'en 1361 que, par lettres patentes
du roi Jean, le duché de Bourgogne, le comté
de Toulouse et celui de Champagne furent réunis
au Domaine, dont ils n'ont plus été démembrés
depuis lors.

CHAPITRE VIII.

LE PAYS DE FOIX.

CE pays comprend le comté de Foix, le Don-
nerzan et Landorre. Il a les Pyrénées et
le Roussillon au midi, la Gascogne au couchant,
le Toulousain et le Lauragais au septentrion et
le pays de Narbonne au levant.

Cette petite province a eu des seigneurs particuliers qui prenaient le titre de comtes. Le

premier fut Bernard, fils de Roger II, comte de Carcassonne, qui vivait en 1062. Dans la suite, Gaston, comte de Foix, unit ce pays à la Navarre par son mariage avec Éléonore, fille unique de Jean de Navarre, et, depuis, leurs descendants ont possédé ce comté jusqu'à Henri IV, qui l'a réuni à la couronne de France. La capitale est Pamiers. Le pays produit froment, seigle et vins.

CHAPITRE IX.

LA NAVARRE.

CE gouvernement comprend la Basse-Navarre et le Béarn. Ses bornes sont à l'orient les Pyrénées qui le séparent de la Haute-Navarre, à l'occident le Béarn, au midi le pays de Soule, et au septentrion celui de Labour.

Ferdinand, roi d'Aragon et de Castille, usurpa, en 1512, cette province sous Jean d'Albret et Catherine de Foix, sa femme, qui ne put la recouvrer qu'en 1520. Depuis la Navarre passa à Henri d'Albret, leur fils, qui avait épousé Marguerite de France, sœur de François Ier. Henri ne laissa de son mariage qu'une fille unique, nommée Jeanne, laquelle épousa Antoine de Bourbon, père d'Henri IV, qui, étant parvenu à la couronne de France après la mort d'Henri III, laissa la Navarre et le Béarn à Louis XIII, son fils, qui les unit au Domaine en 1620. La capi-

tale de cette province est St-Jean-Pied-de-Port.
Ce pays est montueux et stérile, et ne produit
qu'à force de travail.

CHAPITRE X.

LE BÉARN.

L E Béarn est borné à l'orient par le Bigorre,
au couchant par le pays de Soule et la
Basse-Navarre, au midi par les montagnes
d'Aragon, et au nord par l'Armagnac et le Tur-
san. Cette province faisait autrefois partie de
l'Aquitaine qui fut conquise par les Romains.
Depuis, Evaric, roi des Goths, s'en empara.
Alaric, son fils, la posséda jusqu'à la bataille de
Vouillé, d'où Clovis, roi de France, après l'avoir
tué, envahit ses États. Après la mort de Clotaire,
le Béarn et la Gascogne se soulevèrent. Ces provinces ne rentrèrent sous la domination des
Français que sous le règne de Charlemagne.
Louis-le-Débonnaire, en 820, investit le fils de
Loup, Centule, duc des Gascons, du Vicomté de
Béarn, qui a été possédé depuis par des princes
de cette maison, dont les uns ont porté le nom
de Centule, et d'autres celui de Gaston.

Gaston VII étant mort sans enfants, Marie,
sa sœur, lui succéda et épousa Moncade, un puissant seigneur de Catalogne, Le Béarn passa
ensuite des Moncade dans la maison de Foix par

le mariage de Marguerite de Béarn avec Roger-Bernard III, comte de Foix. En 1400, la maison de Foix s'étant éteinte par la mort de Mathieu, comte de Foix, Isabelle, sa sœur, épousa Archambault, comte de Grailly, Captal de Buch, et lui apporta en dot le Béarn. Leurs enfants en ont joui jusqu'en 1482. Quand mourut François de Grailly, comte de Foix, Catherine de Foix, sœur de François, comte de Grailly, succéda à son frère, et posséda après lui les comtés de Foix, de Béarn et de Navarre, qui depuis ont été connus sous le nom de royaume de Navarre. Catherine fit passer ses États dans la maison d'Albret, et c'est par ce mariage, comme je l'ai dit ci-dessus à l'article de la Navarre, que le Béarn est retourné à Henri IV, roi de France, qui a réuni ces provinces à la couronne. Le Béarn est montagneux et aride. Il y a peu de froment et de seigle, mais beaucoup de manioc, qui est un blé des Indes. Les vins sont assez bons et, entre autres, ceux de Jurançon sont excellents. La capitale de cette province est Pau, où il y avait jadis un Parlement.

CHAPITRE XI.

LA GUYENNE.

CE pays comprend deux provinces considérables qui sont : la Guyenne et la Gascogne, dont les capitales sont Bordeaux et Montauban.

Il a au septentrion le Poitou, l'Angoumois et la la Marche, à l'orient l'Auvergne et le Languedoc, au midi les monts des Pyrénées, et à l'occident l'Océan.

La Guyenne est fertile en blés, vins, fruits, chanvre et tabac. Elle a été longtemps possédée par des seigneurs qui prenaient la qualité de ducs. Depuis, elle est rentrée dans la maison des comtes de Poitiers. Saint Guillaume, leur petit-fils, ne laissa que deux filles, Éléonore et Alix. La première fut mariée à Louis-le-Jeune, roi de France, qui la répudia. Elle épousa, en secondes noces, Henri, duc de Normandie, depuis roi d'Angleterre. Ainsi, par ce mariage, la Guyenne passa aux Anglais. Longtemps après, cette province fut réunie à la couronne de France par le mariage de Jeanne de Toulouse avec Alphonse, comte de Poitiers, frère du roi saint Louis. Mais depuis, Philippe-le-Bel céda la Guyenne, dont il s'était mis en possession, à Edouard II, roi d'Angleterre, en lui donnant sa fille en mariage. En 1451, cette province rentra sous l'obéissance de Charles VII, par le traité de Fronsac. En 1452, les Anglais reprirent la Guyenne, mais en 1453, elle repassa sous la domination des Français, et les rois de France en sont demeurés maîtres depuis ce temps.

CHAPITRE XII.

LA GASCOGNE.

L A Gascogne comprend le cap de Gascogne, le pays des Basques, le Bigorre et le Comminges. Elle est située entre le Béarn, l'Armagnac, la Guyenne et les Landes.

Elle a pour confins la Garonne, les Pyrénées, la mer Océanienne et la Guyenne. Cette province a pris son nom de certains peuples d'Espagne appelés Vascons ou Gascons, qui, ayant quitté leur pays, la Navarre, vinrent dans le septième siècle habiter cette contrée. Sa capitale est Montauban. Ce pays produit seigle, millet et fourrage. Les Gascons sont gens d'esprit, vifs, adroits et laborieux. Ils ont eu des ducs particuliers qui les ont gouvernés sur la fin du septième siècle. Depuis, cette province a passé à différentes maisons. Enfin elle a été réunie à la couronne de France, dont elle n'a plus été démembrée.

CHAPITRE XIII.

LA SAINTONGE.

C E gouvernement comprend la Saintonge et l'Angoumois. Les confins de la Saintonge à l'orient sont l'Angoumois et le Périgord ; au nord le Poitou et le pays d'Aunis, au couchant l'Océan, et au midi le Bordelais et la Garonne.

La Saintonge a été gouvernée par des comtes, sous les rois de la seconde race. Landri fut le premier, et vivait sous Charles-le-Chauve. Agnès, comtesse de Saintonge, apporta ce comté dans la maison d'Anjou par son mariage avec Geoffroy, comte d'Anjou. Guillaume VII, duc de Guyenne, s'étant rendu maître de cette province, Éléonore, sa fille, que Louis-le-Jeune répudia peu de temps après son mariage, l'apporta en dot à Henri, duc de Normandie et roi d'Angleterre. Retournée à la France, les Anglais la recouvrèrent par le traité de Brétigny ; mais sous le règne de Charles VII, roi de France, elle fut reconquise, réunie au Domaine, et érigée en comté-pairie, en 1428. La Saintonge produit du blé, des fruits et d'excellents vins. Sa capitale est Saintes, qui est située sur la Charente. On y voit un pont bâti. par les Romains, sur lequel est un arc de triomphe érigé sous Tibère. On aperçoit aussi aux environs de la ville des aqueducs ruinés, et les restes d'un amphithéâtre et d'un capitole.

CHAPITRE XIV.

L'ANGOUMOIS.

L'ANGOUMOIS a le Limousin à l'orient, la Saintonge au couchant, le Poitou au septentrion et le Périgord au midi.

Clovis, s'étant rendu maître de cette province par la défaite des Goths, qui en étaient en possession, y établit des comtes qui la régirent. Cette forme de gouvernement dura jusqu'à Charles-le-Chauve qui donna l'Angoumois à Vulgrain, son parent. Les descendants de Vulgrain possédèrent ce comté pendant quatorze générations. Aymard Taille-Fer, nommé ainsi pour avoir fendu d'un coup de sabre un roi des Normands jusqu'à la poitrine, quoiqu'armé de sa cuirasse, fut le quatorzième et dernier comte d'Angoulême. Il ne laissa de son mariage avec Alix de Courtenay qu'une fille nommée Élisabeth. Elle fut enlevée par Jean Sans-Terre, roi d'Angleterre, qui n'en eut point d'enfants. Elle épousa en secondes noces Hugues de Lusignan, à qui elle apporta en dot l'Angoumois, qui demeura dans cette maison jusqu'au décès de Gui de Lusignan, mort sans postérité ; celui-ci en fit don à Philippe-le-Bel, en 1370. L'Angoumois passa depuis à Jeanne de France, fille de Louis-le-Hutin, qui le donna en mariage à Philippe III, comte d'Evreux et roi de Navarre. Par la suite cette province fut possédée par les Anglais jusqu'à la rébellion de ses habitants qui, ayant secoué le joug étranger, se mirent sous l'obéissance de Charles V. Celui-ci en revêtit Louis, duc d'Orléans, son frère, dont les descendants l'ont possédée jusqu'à François, comte d'Angoulême, connu depuis sous le nom de François Ier, roi de France, qui l'érigea en duché-pairie en faveur de Louise de Savoie, sa mère. Depuis, Charles IX en donna la jouissance à Charles, son fils naturel, qui s'appelait le duc d'Angoulême. Son fils, Louis-Emmanuel, comte d'Alais, l'a possédée jusqu'à sa mort.

Marie de Valois, duchesse d'Angoulême, fille unique du comte d'Alais, porta ce duché en mariage à Louis de Lorraine, duc de Joyeuse, grand chambellan de France. De ce mariage naquit Louis-Joseph de Lorraine, duc de Guise et d'Angoulême, qui épousa Élisabeth d'Orléans. Ce Louis-Joseph étant décédé sans enfants, on accorda à sa veuve la jouissance du duché d'Angoulême, qui fut réuni à la couronne après sa mort.

Enfin Louis XIV le donna en apanage à Charles de France, duc de Berry, son petit-fils, qui l'a possédé jusqu'à son décès.

Le climat de cette province est plus chaud que celui de Paris. Ce pays est rempli de collines, et le terroir produit grains, vins et fruits de toute espèce. Angoulême, capitale de ce pays, est une ville ancienne et connue du temps de l'empereur Honorius, qui abandonna l'Aquitaine aux Goths. Elle signala sa fidélité sous le règne de Charles V, lorsqu'elle chassa la garnison anglaise et se soumit à l'obéissance de ce prince. Depuis, les Calvinistes s'en emparèrent deux fois. En 1658, l'amiral de Coligny l'ayant prise par composition, ses troupes y commirent des excès de cruautés et des profanations inouïes.

CHAPITRE XV.

LE PAYS D'AUNIS.

CETTE province renferme l'Aunis, le Brouage, les îles de Ré et d'Oléron. Elle est bornée au nord et à l'orient par le Poitou, au midi par la Saintonge, et au couchant par l'Océan Atlantique.

Le terrain, quoique sec et aride, produit blé et vin, et il y a des marais salins dont on tire le meilleur sel de l'Europe.

La Rochelle est la capitale du pays d'Aunis. Elle est située au bord de l'Océan Atlantique. C'est une place très forte et son commerce est considérable.

Éléonore, fille de Guillaume VII, duc de Guyenne, l'apporta en mariage à Henri, duc de Normandie et depuis roi d'Angleterre. Louis VIII, roi de France, sur le refus que fit Henri, roi d'Angleterre, de lui rendre le duché de Guyenne, assiégea cette ville, et la prit en 1224. Les rois de France l'ont possédée jusqu'au traité de Brétigny. C'est alors qu'elle fut cédée aux Anglais contre la volonté de ses habitants, qui, par suite, en ouvrirent les portes à Bertrand du Guesclin. En 1557, le calvinisme s'y introduisit et la ville fut livrée au prince de Condé. Henri, duc d'Anjou, frère de Charles IX, l'assiégea en 1573, et l'aurait emportée malgré la résistance de la Nouë, si Henri lui-même n'eût pas été déclaré roi de Pologne. Enfin le cardinal de Richelieu détermina Louis XIII à en faire le siège, qui dura treize mois à cause de l'expérience et de la valeur de Guitton qui la défendait. Ce siège ne fut pas le dernier, et la ville ne se rendit qu'en 1628.

Depuis cette époque, les Anglais firent plusieurs tentatives pour y rentrer, mais Louis XIV, voulant mettre cette ville hors d'atteinte, la fit fortifier par le maréchal de Vauban, et elle est devenue une des fortes places du royaume.

CHAPITRE XVI.

LE POITOU.

LE Poitou tire son nom des Pictons, peuples de la Gaule celtique qui l'occupaient autrefois. Cette contrée ayant passé de la domination des Romains sous celle des Francs, Charlemagne érigea le Poitou en comté, en faveur d'Albon, duc de Guyenne. Éléonore, dont j'ai déjà parlé, fille de Guillaume VII, duc de Guyenne, apporta le Poitou en mariage à Guillaume, duc de Normandie, puis roi d'Angleterre. Par la suite, Richard, roi d'Angleterre, ayant refusé de rendre foi et hommage à Philippe-Auguste, roi de France, le roi le réunit à la couronne. Depuis cette réunion, le Poitou a été donné plusieurs fois en apanage à différents princes de la maison de France.

Cette province est fort étendue. Elle a pour bornes à l'orient le Berry et le Limousin, au couchant la mer Océanienne et l'Aunis ; au midi l'Angoumois et la Saintonge, au nord l'Anjou et la Touraine.

Le terroir, plus ou moins fertile, est coupé par des plaines et des collines. La capitale de cette province est Poitiers, célèbre par l'amphithéâtre, l'arc de triomphe et le palais de Gallien.

CHAPITRE XVII.

LA BRETAGNE.

LA Bretagne est une des plus considérables provinces du royaume de France. Sa richesse, son commerce, son étendue et le nombre de ses habitants la rendent également puissante. Elle s'avance dans la mer et forme une péninsule. Elle est située de façon que l'Océan l'environne au nord, au sud et à l'ouest, et elle ne tient que par l'est à la terre ferme. Les provinces qui la touchent sont : la Normandie, le Maine, l'Anjou et le Poitou.

La Bretagne a sur la côte plusieurs ports qui servent d'entrepôts et d'abris aux vaisseaux. Elle est coupée par des plaines et des montagnes. Elle se divise en Haute et Basse-Bretagne. La Basse-Bretagne est traversée par une chaîne de montagnes qu'on nomme le Mont-Carré.

Le Nantois, qui est une contrée de cette province, renferme des marais salins, au Bourgneuf et au Croisic. Le Nantois et l'île de Rhuis produisent des vins dont une grande partie est convertie en eau-de-vie.

Cette province, connue du temps de Jules César et d'Auguste sous le nom de cités Armoriques, passa de la domination des Romains sous celle de Clovis et des Francs. Clovis y prit Rennes, Nantes et Vannes, et ne poussa pas plus loin ses victoires. Grégoire de Tours assure que depuis la mort de Clovis les Bretons restèrent sous l'autorité du roi de France, et que leurs souverains furent appelés comtes ou ducs.

Du temps de Charlemagne, les Bretons ayant refusé de payer le tribut ordinaire aux rois de France, ce prince les soumit par la force. Cet échec ne les empêcha pas de se soulever encore sous Louis-le-Débonnaire, qui, les ayant réduits, s'avança jusqu'à Vannes et y établit Nominoë, gouverneur de toute la Bretagne. Celui-ci est qualifié chef des Bretons. Ceux qui l'ont suivi prirent le nom de comtes et ducs de Bretagne. François II, le dernier duc, mort en septembre 1488, ne laissa que deux filles, dont l'aînée, nommée Anne, épousa Charles VIII, roi de France. Ce prince étant mort sans postérité, la reine Anne, sa veuve, conformément aux clauses et conditions du contrat de mariage, épousa Louis XII, en janvier 1499. De ce mariage naquirent la princesse Claude, qui donna sa main à François de Valois, duc d'Angoulême et depuis roi de France, et la princesse Renée, qui épousa le duc de Ferrare.

La reine Claude mourut jeune et laissa trois princes : François, qui porta le nom de Dauphin, duc de Bretagne, Henri et Charles. Cette princesse donna par son testament l'usufruit du duché de Bretagne au roi François, son mari, qui unit ce duché à la couronne de France en 1532, et depuis cette union la Bretagne a été mise au nombre des provinces de France.

L'air de la Bretagne est tempéré, mais gras et épais à cause du voisinage de la mer. Les Bretons sont gens vifs, ardents, en général de taille moyenne, mais très robustes. Leur attachement profond à la religion catholique est connu. Le Pape Léon XIII les félicitait un jour de leur piété en disant ; « Vous êtes les Français d'autrefois. » Dans certaines parties de la Bretagne, à Quimper par exemple, on parle encore le breton, l'ancienne langue celtique des Gaulois, langue originale, riche et harmonieuse.

La capitale de cette province est Rennes, magnifique ville dans laquelle passe la Vilaine, rivière considérable. Cette capitale est fort peuplée. Elle avait jadis un Parlement elle; possède un archevêché.

CHAPITRE XVIII.

LA NORMANDIE.

LA Normandie est la plus grande et la plus fertile province de France. Elle est bornée au midi par la Beauce, le Perche et le Maine, au couchant par la Bretagne, à l'orient par la Picardie et l'Ile de France, au septentrion par la Manche.

Cette province est celle qui jadis offrait le plus de ressources au roi. Le climat y est doux et tempéré. La terre y produit avec abondance grains, fruits, cidre, lin, chanvre et les herbes propres à la teinture, comme la garance, le pastel et la guesde.

Labiénus, lieutenant de César, s'étant rendu maître de ce pays, le soumit aux Romains. Depuis, il passa sous la domination des Goths, et par la suite Clovis en fit la conquête. Cette contrée, à laquelle on avait donné le nom de Neustrie ou France occidentale, échut après la mort de Clovis à Childebert, l'un de ses enfants. Les Normands, peuples inquiets et turbulents, ayant quitté les régions septentrionales et s'étant répandus en 820 dans la France, la ravagèrent et s'établirent si bien dans la Neustrie que les Français ne purent les en chasser. Ils s'approchèrent même de Paris, l'assiégèrent et répandirent partout l'épouvante au point que Charles-

le-Simple, pour arrêter leurs incursions, fut
obligé de leur abandonner une partie de la Neustrie, à condition qu'ils la tiendraient en plein fief
de la couronne de France.

La Neustrie, en changeant de mains, prit le
nom de Normandie, et Charles-le-Simple, en la
cédant aux Normands en 912, donna sa fille
Ghislette en mariage à Raoul, chef de ce peuple,
qui embrassa la religion chrétienne et prit le nom
de Robert. Depuis, ce pays passa sous la domination de différents princes qui portèrent le titre
de ducs de Normandie, jusqu'en 1200, où Jean-
Sans-Terre s'en empara, au préjudice d'Arthur,
duc de Bretagne, son neveu, à qui elle appartenait, et qu'il tua de sa propre main pour l'en
dépouiller.

Jean-Sans-Terre, qui par le meurtre joignait
le parricide au crime de félonie, fut ajourné en
la Cour des pairs, et privé par ses arrêts des
provinces qu'il possédait en France. Philippe-
Auguste fit exécuter ces arrêts par une puissante
armée et reprit toute la Normandie. Cette province fut ainsi réunie à la couronne et les rois de
France la possédèrent jusqu'à ce que les compé-
titions des maisons d'Orléans et de Bourgogne
donnèrent lieu aux Anglais non seulement de
réoccuper la Normandie, mais encore de s'emparer de presque tout le royaume. Ils restèrent
en possession de cette province jusqu'à ce que
Charles VII les en chassa. Depuis ce temps la
Normandie a été au pouvoir des Français. Elle

se divise en Haute et Basse-Normandie. La capitale de la Basse-Normandie est Caen, et celle de la Haute est Rouen, qui jadis avait Parlement et Chambre des Comptes et Aides réunies. Elle possède un archevêché.

CHAPITRE XIX.

LE MAINE.

CE pays comprend la province du Maine, le comté de Laval et la plus grande partie du Perche. Le Maine a le Perche au levant, la Normandie au nord, l'Anjou et la Bretagne au couchant, la Touraine et le Vendômois au midi. Les Romains conquirent le Maine l'an de Rome 697. Puis cette province passa sous la domination des Francs, qui y établirent des comtes, dont la dignité devint héréditaire. L'histoire des comtes du Maine, dont l'origine est fort obscure, ne commence à être suivie qu'à partir de Hugues Ier, qui mourut en 1010. A Hugues Ier succédèrent Robert, surnommé Éveille-Chien, et Hugues II, qui mourut sans postérité et laissa, par testament, son comté à Guillaume-le-Bâtard, duc de Normandie. Environ cent ans après, Geoffroy V, dit Plantagenet, comte d'Anjou, épousa Mahaud d'Angleterre, et fut père de Henri II, roi d'Angleterre, duc de Normandie et comte du Maine. Henri II eut de son mariage avec Éléonore de Guyenne, Richard Geoffroy, père d'Arthur, et Jean-Sans-Terre, qui, pour avoir fait mourir son neveu, fut condamné par arrêt de la cour à perdre ses États, confisqués au profit de Philippe-Auguste, qui réunit le Maine à la couronne de France. Par la suite cette province fut démembrée, et ce n'est qu'en 1481 qu'elle passa à Louis XI, par testament de Charles, comte de Provence et du Maine. Depuis ce temps, le Maine a fait partie du royaume de France et n'en est point sorti. Cette province est fertile en grains, vins et volailles. Sa capitale est le Mans.

CHAPITRE XX.

LE PERCHE.

L E Perche est la plus petite province du royaume de France. Il a au septentrion la Normandie, le Timerais à l'orient, le Maine au midi et la rivière la Sarthe à l'occident.

Le Perche a été sous la domination des Romains. Puis il a passé sous celle des Francs, de même que le Maine. Cette province était possédée anciennement par des comtes. Le premier dont on ait connaissance est Agambon ou Albert, qui vivait en 840, sous le règne de Louis-le-Débonnaire. A cet Albert succédèrent Hervé, Étienne, Rotron Ier, Godefroy et Rotron II, son fils, qui prit la qualité de comte de Mortagne, principale ville de son comté. Plusieurs siècles après, cette province passa à Hélisinde, fille d'Étienne II, comte du Perche, qui la donna avec rétention d'usufruit à Blanche de Castille, mère du roi saint Louis.

Après la mort d'Hélisinde, Jacques de Château-Gontier prétendit que le Perche lui appartenait ; mais par un accord fait avec le roi saint Louis, Château-Gontier lui céda les droits qu'il avait sur cette province qui, par cette cession, fut réunie à la couronne.

Le terroir produit grains, fruits et cidre. La capitale est Nogent-le-Rotrou.

CHAPITRE XXI.

L'ORLÉANAIS.

CETTE province renferme l'Orléanais, le pays de Sologne, la Beauce, le Dunois, le Vendômois, le Blaisois et une partie du Gatinois.

L'Orléanais et le Blaisois s'étendent des deux côtés de la Loire. Le terroir produit blé, vins, fruits. Orléans est la capitale de l'Orléanais, qui a titre de duché. L'an 701 de la fondation de Rome, Jules César s'en rendit maître. Attila, roi des Huns et des Goths, l'assiégea en 451. Depuis, les Normands l'ont prise en 855, et reprise en 865. Cette ville fut assiégée par les Anglais en

1429. Mais Jeanne d'Arc, surnommée la Pucelle d'Orléans, les força à en lever le siège. Cette ville souffrit beaucoup pendant la guerre des Calvinistes. Le prince de Condé la surprit le 2 avril 1562, et le duc de Guise, lieutenant-général de l'armée du roi, y mit le siège, le 5 février 1563. Il était sur le point de s'en rendre maître lorsque Poltrot l'assassina. La reine régente eut alors recours aux négociations, et la paix fut conclue ; mais elle ne dura pas, car de la Nouë surprit Orléans, et pour l'en faire sortir il fallut un édit de pacification.

Cette ville, après avoir été longtemps le théâtre de la guerre, fut donnée en apanage par Louis XIV à Philippe de France, son frère, d'où elle a passé à ses descendants.

La Beauce renferme le Dunois, le Vendômois et le pays Chartrain, fécond en blés et dont Chartres est la capitale. Le Vendômois a le Perche au nord, le Blaisois au levant, la Touraine au midi et le Maine à l'occident. Le Vendômois était autrefois un comté, et Bouchard en fut le premier comte. Ses descendants l'ont possédé jusqu'à Catherine, seule héritière de cette maison, qui le porta en dot à Jean de Bourbon, en 1362. Son fils puîné, nommé aussi Jean de Bourbon, fut comte de Vendôme. Après sa mort, son fils, François de Bourbon, l'a possédé. Il avait épousé Marie de Luxembourg, de laquelle il eut Charles de Bourbon, en faveur duquel François Ier érigea le comté de Vendôme en duché-pairie.

Ce prince fut père d'Antoine de Bourbon, roi de Navarre et duc de Vendôme, qui le fut d'Henri IV, roi de France. Ce prince, en 1598, donna ce duché à César, duc de Vendôme, son fils naturel, à cause de son mariage avec Françoise de Lorraine, fille unique et seule héritière du duc de Mercœur. Ce mariage fut arrêté et conclu pour mettre fin à la Ligue.

Le Vendômois se divise en Haut et Bas-Vendômois. La capitale du Haut-Vendômois est Vendôme. La Sologne s'étend depuis la Loire jusqu'au Cher. La terre y produit plus de seigle que de froment. Sa capitale est Romorantin.

CHAPITRE XXII.

LE NIVERNAIS.

LE Nivernais a le duché de Bourgogne au levant, le Puysage au septentrion, le Berry au couchant et le Bourbonnais au midi.

Cette province était habitée primitivement par les Vadicanes, peuples qui dépendaient des Éduens, avant qu'ils se fussent alliés aux Romains.

Le Nivernais était autrefois un comté considérable que François Ier, roi de France, érigea en duché-pairie. Il a été possédé par les seigneurs de Nevers, de Clèves et de Gonzague. Charles de Gonzague, duc de Mantoue, n'ayant laissé de son mariage avec Catherine de Lorraine, fille du duc de Mayenne, que deux filles, dont l'une fut mariée à Édouard, comte Palatin du Rhin, et l'autre à Casimir, roi de Pologne, celles-ci vendirent, en 1615, le duché de Nevers au cardinal Mazarin, qui le laissa par testament à Mancini, son neveu, mort le 8 mai 1707. Le duché fut éteint par la mort de Mancini, et ses descendants ne possédèrent dans la suite cette seigneurie qu'à titre de comté, le domaine en ayant été réuni à la couronne. La capitale de cette province est Nevers, qui prend son nom de la rivière de la Nièvre qui traverse la ville. Ce pays est fertile en vins, grains et fruits.

Le trésorier de la cathédrale de Nevers, qui est un dignitaire capitulaire, avait droit, jadis, d'assistance au chœur l'épée au côté, botté, éperonné, et l'oiseau sur le poing.

CHAPITRE XXIII.

LE BOURBONNAIS.

LE Bourbonnais est borné au septentrion par le Nivernais, à l'orient par la Bourgogne, au midi par l'Auvergne, et à l'occident par la Marche et le Berry. Cette province fut anciennement possédée par les seigneurs de Bourbon, qui prenaient la qualité de sires, de princes, de barons et de comtes. Aimard, sire de Bourbon, qui vivait en 921, est le plus ancien seigneur du

Bourbonnais dont on ait connnaissance, et Archambault, sire de Bourbon, IXe du nom, en fut le dernier. Il ne laissa qu'une fille qui épousa Jean, duc de Bourgogne. De ce mariage naquit Béatrix de Bourgogne, qui fut femme de Robert de France, comte de Clermont. Plusieurs siècles après, un Louis, duc de Bourbon, épousa Marie de Hainaut, qui eut deux enfants, Pierre et Jacques de Bourbon. Pierre continua la tige des ducs de Bourbon jusqu'à Charles, connétable de France, qui porta les armes contre François Ier, et qui fut tué au siège de Rome en 1627. Ses biens ayant été confisqués, le duché de Bourbonnais fut réuni à la couronne en 1651 ; mais depuis il fut cédé au prince, duc de Condé, qui donna en échange à Louis XIV le duché-pairie d'Albret et la baronnie de Durance.

Cette province abonde en blés, vins et pâturages. Sa capitale est Bourbon-l'Archambault, connue par ses eaux minérales et par ses bains.

CHAPITRE XXIV.

LE LYONNAIS.

CE pays comprend trois provinces, qui sont le Lyonnais, le Forez et le Beaujolais. Les confins du Lyonnais sont au levant le Dauphiné et la Bresse, au nord la Bourgogne, au couchant l'Auvergne et le Velay, et au midi le Vivarais.

Sa capitale est Lyon, située au confluent du Rhône et de la Saône. Cette ville, connue aujourd'hui par son commerce très florissant, faisait anciennement partie des Gaules qui furent conquises par les Romains. Du temps de Jules César, plusieurs peuples y firent bâtir un magnifique temple en l'honneur d'Auguste. Chaque peuple y donna aussi sa statue avec une inscription. Ce temple était situé dans l'endroit où fut construite l'abbaye d'Airnay. Caligula, devenu empereur, ayant exercé à Lyon son IIIe consulat, y introduisit toutes sortes de jeux, et y établit une célèbre académie, où les plus éminents orateurs allaient disputer le prix de l'éloquence. Sous le règne de Néron, cette grande ville fut consumée en une nuit par le feu du ciel, et Sénèque dit qu'il n'en resta rien. Néron y envoya de très grosses sommes pour la relever, et on y voit encore des vestiges précieux de la grandeur romaine : un amphithéâtre, des aqueducs et des bains publics.

Cette ville, après avoir été sous la domination des Romains, fut près d'un siècle sous celle des anciens rois de Bourgogne.

En 496, Clovis, roi de France, s'en rendit maître ainsi que du royaume de Bourgogne. Après sa mort, Lyon échut avec Orléans à Clodomir, un de ses fils. Plusieurs siècles après se fit l'établissement du second royaume de Bourgogne. Rodolphe II en fut le premier roi. Son fils Conrad lui succéda, et épousa Mathilde de

France, fille de Louis d'Outre-Mer et sœur du roi Lothaire, qui, en faveur de ce mariage, lui céda ses droits sur le Lyonnais. En 1173, Guy, comte de Forez, qui prenait aussi la qualité de comte de Lyon, fit un échange avec Guichard, archevêque de Lyon, qui lui céda tout ce qui lui appartenait dans le Lyonnais, pour les terres que Guy possédait dans le Forez et le Beaujolais. Mais par la suite le Lyonnais fut réuni à la couronne de France.

CHAPITRE XXV.

LE FOREZ.

LE Forez, appelé anciennement par les Romains le pays des Ségusiens, a le Bourbonnais au nord, le Velay au midi, le Beaujolais à l'orient et l'Auvergne à l'occident.

Cette province a eu ses comtes particuliers, dont la généalogie est rapportée dans Moreri. Observons seulement qu'après la révolte du Connétable de Bourbon, Louise de Savoie, mère de François Ier, se fit adjuger pour ses reprises le comté de Forez, qu'elle céda ensuite au roi son fils, sous certaines conditions, et que le roi a réuni à la couronne. Sa capitale est Saint-Étienne, renommée pour les armes et autres ouvrages de fer et d'acier.

CHAPITRE XXVI.

LE BEAUJOLAIS.

L E Beaujolais est borné au levant par la Saône, au nord par le Mâconnais, au midi par le Lyonnais, et au couchant par le Forez.

Le Beaujolais a été régi et gouverné par des barons jusqu'à Édouard III, baron de Beaujeu et du Beaujolais, qui, ayant enlevé une jeune fille de Villefranche, fit jeter par la fenêtre un huissier qui lui avait signifié un exploit pour rapt et séduction. Édouard fut arrêté pour ce crime et conduit prisonnier à Paris, où, ennuyé d'une longue détention, il donna le Beaujolais et la principauté de Dombres qui en fait partie, à Louis II, duc de Bourbon, qui le fit relâcher. Cette donation est du 23 juin 1400. Ce Louis de Bourbon fut père de François, qui le fut d'Henri. Ce dernier n'eut qu'une fille qui épousa Gaston, duc d'Orléans, frère de Louis XIII. De ce mariage naquit Anne-Marie-Louise d'Orléans, connue sous le nom de Mademoiselle de Montpensier. Cette princesse mourut en 1693, et, par son testament du 27 février 1685, elle institua Monsieur, frère de Louis XIV, son légataire universel ; et en cette qualité il eut le Beaujolais, qui a passé avec toutes ses dépendances au duc d'Orléans et à ses descendants.

CHAPITRE XXVII.

L'AUVERGNE.

L'AUVERGNE a le Forez au levant, le Bourbonnais au septentrion, le Haut-Limousin, le Quercy et la Marche au couchant, le Rouergue et les Cévennes au midi.

Les terres y sont si fertiles qu'on ne les laisse point reposer, ou tout au plus une fois tous les vingt ans.

Cette province faisait autrefois partie de l'ancienne Gaule, et était connue sous le nom de Royaume. L'histoire romaine nous a conservé le nom de ses rois, et entre autres celui de Vercingétorix, qui arma 400.000 hommes contre César. Ce prince, s'étant avancé jusqu'à Gergovie, força César à en lever le siège. Il défendit ensuite Alexia, où il fut fait prisonnier et conduit à Rome. Depuis cette conquête, l'Auvergne passa sous la domination des Romains. Elle fut réduite en province, fit partie de l'Aquitaine, et les Romains y établirent des gouverneurs. Par la suite, les Goths en chassèrent les Romains, s'en emparèrent, et la gardèrent jusqu'à la bataille de Vouillé, où ces peuples furent défaits par Clovis en 507. Depuis Clovis, les rois de la première et de la seconde race ont possédé l'Auvergne, qui a été gouvernée successivement par des comtes et des ducs, entre lesquels les plus célèbres ont été Guillaume, surnommé Tête d'étoupe, Raymond et Guy II, qui fut dépouillé par Philippe-Auguste, en 1209, pour avoir porté les armes contre ce prince, qui réunit dès lors le comté d'Auvergne à la couronne de France. Depuis la réunion, cette province a passé en différentes mains, au titre d'apanage, jusqu'à Suzanne de Bourbon, qui l'apporta en dot à Charles de Bourbon, Connétable de France. Cette princesse étant morte sans enfants, un procès surgit pour sa succession entre François Ier et Louise de Savoie. Il fut vidé en faveur de cette dernière. Depuis ce jugement, François Ier et Louise de Savoie transigèrent ensemble, et par cette transaction Louise de Savoie céda à son fils l'Auvergne qu'il réunit à la couronne. La réunion eut lieu en 1531.

Cette province est fertile en blés, vins, fruits, chanvre, pâturages. Sa capitale est Clermont-Ferrand.

La Basse-Auvergne, qu'on appelle la Limagne, est un pays fort beau et très abondant.

CHAPITRE XXVIII.

LE LIMOUSIN.

LES confins du Limousin sont l'Auvergne au levant, la Basse-Marche et le Poitou au nord, le Périgord et l'Angoumois au couchant, et le Quercy au midi.

Cette province faisait anciennement partie de
l'Aquitaine. Elle a été sous la puissance des
Romains, des Gaulois, des Goths et des Français.
Éléonore de Guyenne l'apporta en mariage à
Henri II, roi d'Angleterre; et depuis 1202 elle
fut réunie à la couronne de France. Cinquante
ans après, saint Louis la rendit aux Anglais, qui
l'ont possédée jusqu'à Charles VII. Ce roi les
en chassa. Limoges est la capitale de cette province. On voit dans les annales d'Aquitaine que
Géraud était comte de Limoges en 976, et que
ce comté fut possédé par ses successeurs jusqu'en
1275, où Marie, comtesse de Limoges, fille de
Guy IV, le porta en mariage à Arthur, duc de
Bretagne. Trois cents ans après, Françoise de
Bretagne, fille de Guillaume de Châtillon de Bretagne, le livra aussi en dot à Allain, sire de Bretagne, roi de Navarre. Ce comté passa à Jeanne
d'Albret, sa fille, reine de Navarre, qui épousa
Antoine de Bourbon, père d'Henri IV ; parvenu
à la couronne de France, Henri IV réunit cette
province au Domaine. Le terroir rapporte peu
de froment ; mais du seigle, du sarrasin et des
châtaignes dont on fait une espèce de pain. Le
climat du Haut-Limousin est froid, mais celui
du Bas-Limousin est tempéré.

CHAPITRE XXIX.

LA MARCHE.

LA Marche est bornée au nord par le Berry, à l'orient par l'Auvergne, au midi par le Limousin, et au couchant par le Poitou. Cette province, qui a été jadis sous la puissance des Romains, des Goths et des Français, fut érigée en 1040 en comté, et possédée par les seigneurs de Lusignan, qui étaient comtes d'Angoulême. Ensuite elle passa à Philippe-le-Bel, roi de France, qui la réunit au Domaine. Philippe la céda en apanage à Charles de France, son fils, qui, étant parvenu au trône en 1322, la donna également en apanage, en 1327, à Louis de Bourbon, duc de Bourbon et prince du nom, dont le fils cadet, nommé Jacques, fut comte de la Marche. Jacques II, son petit-fils, ne laissa qu'une fille nommée Éléonore de Bourbon, comtesse de la Marche, qui épousa Bernard d'Auvergne, comte de Pardine. Le comté de la Marche demeura dans la maison d'Armagnac jusqu'au règne de Louis XI, qui, ayant fait trancher la tête à Jacques d'Armagnac pour crime contre l'État, confisqua ses biens et les réunit à la couronne. Par la suite ce domaine fut aliéné par Louis XI en faveur d'Anne de France, sa fille, qui le remit en mariage à Pierre de Bourbon. Suzanne de Bourbon, leur fille unique, épousa Charles, Connétable de Bourbon,

qui perdit tous ses biens par sa révolte. Louise de
Savoie, mère de François Ier, prétendit avoir des
droits sur ce comté, et après bien des discussions,
il fut réuni en 1531 à la couronne, dont il n'a plus
été démembré depuis. Cette province est fertile
en vignobles et en blé. Sa capitale est Guéret.

CHAPITRE XXX.

LE BERRY.

L E Berry, province considérable du royaume
de France, a la Sologne au septentrion, la
Marche au midi, le Nivernais et le Bourbonnais
au levant, et la Touraine au couchant. Sa capitale
est Bourges, qui a été sous la domination des
Romains depuis Jules César jusqu'en 475, époque où cette ville passa sous la puissance des
Visigoths, qui furent défaits par Clovis à la
bataille de Vouillé, près de Civeaux. Le Berry
fut gouverné sous les Français, comme il l'avait
été sous les Romains, par des seigneurs qui portaient le titre de comtes de Bourges. Bollon est
le plus ancien dont le nom soit venu jusqu'à
nous. Il vivait sous le règne de Gontrand. Des
vicomtes succédèrent aux comtes. Leur autorité
dura pendant 170 ans, à compter de Geoffroy,
qui vivait en 917, jusqu'à Eudes Arpin, qui ven-
dit cette province au roi Philippe Ier, d'où réunion
à la couronne. Ensuite elle passa en différentes

mains par les donations que les rois de France en firent. La Sainte-Chapelle de Bourges, qui est un de ses principaux édifices, a été élevée par Jean de France, duc de Berry, en 1400. Une des belles prérogatives de son Chapitre consiste en ce que l'exercice de la Justice royale, cessant pendant sept jours, passe, durant ce temps, aux offices de ce Chapitre, qu'on nomme les Bonnets verts. Le climat de cette province est tempéré. Le terroir y produit du froment, du seigle, des vins, du chanvre et du lin. La bonté des pâturages contribue à l'engrais des terres et à la finesse des laines de ce pays.

CHAPITRE XXXI.

LA TOURAINE.

LA Touraine a pris son nom de ses anciens peuples appelés Touranges. Elle est située sur la Loire et entourée par la Beauce, le Berry, le Poitou, l'Anjou et le Maine. Elle a été longtemps sous la puissance des Romains, qui en furent dépossédés par les Visigoths en 480. Ceux-ci en furent chassés par les Francs en 609. Depuis, elle fut gouvernée par des comtes, amovibles jusqu'à Hugues Capet, qui les rendit héréditaires.

Cette province fut conquise en 1044 par Martel, comte d'Anjou. Elle passa ensuite à ses descendants, qui ont été comtes d'Anjou et rois d'Angle-

terre. Elle fut enfin réunie à la couronne en 1202,
par suite de la félonie de Jean-Sans-Terre, roi
d'Angleterre. Le roi Jean l'érigea en duché-pairie,
en 1356, en faveur de Philippe de France, depuis
duc de Bourgogne ; mais après avoir été donnée
plusieurs fois en apanage, elle fut réunie au
Domaine, dont elle n'a plus été aliénée. Sa capitale est Tours. Le climat de cette province est
tempéré. Son terroir est fertile et agréable, ce
qui fait qu'on le nomme le jardin de la France.
Le vin de Tours est aussi doux qu'exquis et le
pays est fécond en toutes sortes de produits.

CHAPITRE XXXII.

L'ANJOU.

L'ANJOU a la Touraine au levant, la Bretagne
au couchant, le Poitou au midi, et le Maine
au septentrion. Cette province, qui faisait partie
des Gaules, fut conquise par les Romains. Par
la suite Childéric, roi de France, les en chassa et
la réunit à ses États. Charles-le-Chauve la divisa
en deux comtés, dont l'un s'appelait le comté
d'Angers, et l'autre, le comté d'Outre-Mer. Ce
même roi donna l'Anjou en fief à Robert-le-Fort,
duc de France, pour lui et sa postérité. De Robert
elle passa à Eudes, à Hugues le-Grand, et à
Hugues Capet, roi de France. Ces princes ont
fait la première branche des comtes d'Anjou.

Tirculf est le chef de la seconde branche.
Charles-le-Chauve lui donna une partie de l'Anjou pour le récompenser d'avoir chassé les Normands et d'autres peuples du pays de France.
Celui-ci la laissa à Indulger, père de Foulque,
surnommé le Roux, qui réunit dans sa personne
les deux comtés d'Anjou.

Cette province passa depuis sous la domination de différents souverains jusqu'à Charles
d'Anjou. Celui-ci institua pour héritier universel
Louis XI, qui réunit l'Anjou à la couronne.

La capitale de cette province est Angers. Le
climat est tempéré. Le pays présente beaucoup
de collines et de plaines. La terre y produit du
vin blanc dont on fait les eaux-de-vie, et des
graines de toute espèce. Elle y nourrit aussi
bœufs, vaches et moutons qui font la richesse de
l'Anjou.

CHAPITRE XXXIII.

LA FLANDRE FRANÇAISE.

CE pays comprenait la Flandre aujourd'hui
belge, la Flandre française et le Cambrésis.
Ses confins étaient l'Océan au nord et à l'ouest,
le Brabant et le Hainaut à l'est, et l'Artois au sud.
Les Francs s'étant rendus maîtres des Gaules,
qui avaient été longtemps sous la domination des
Romains, s'emparèrent de la Flandre, qui était
aussi en leur pouvoir, et qui fit des siècles par-

tie du royaume de France. Clodion fut le premier qui y fit des conquêtes. Il prit Cambrai et Tournai, et y établit pour gouverneur Frandeberg, son neveu. En 475, toute la Flandre passa sous l'autorité des Français, et les Romains ne possédaient plus que Gand, qui se révolta en 489 pour se donner à la France. Ce pays fut quelque temps gouverné par de petits souverains qui devinrent si puissants que Clovis, ne pouvant se faire obéir, les fit tous massacrer. Puis les rois de France y envoyèrent des gouverneurs à qui ils donnèrent le titre de grands-forestiers. Par la suite, Charlemagne rendit la Flandre héréditaire en faveur de Lidéric de Harlebeke, et comme le pays manquait d'habitants, il y fit passer soixante mille Saxons. En 863, Charles-le-Chauve érigea la Flandre en comté-pairie et en revêtit, à titre de vassal, Baudoin, surnommé Bras-de-Fer. Marguerite, fille de Baudoin IX, comte de Flandre, et depuis empereur de Constantinople, l'apporta en dot à Guillaume de Bourbon, sire de Dampierre, en 1244. Une autre Marguerite, fille de Louis de Mâle, comte de Flandre, la transmit en mariage à Charles, duc de Bourgogne, dit le Téméraire, tué devant Nancy, dont la fille Marie fit passer la Bourgogne et la Flandre dans la maison d'Autriche, par son alliance, en 1488, avec Maximilien Ier, devenu ensuite empereur. Depuis que la Flandre eut passé dans la maison d'Autriche, et malgré la renonciation de François Ier à la Flandre par le traité de Madrid du 14 février 1525, les rois de France, à qui toujours a appartenu la suzeraineté de ce pays, avaient réclamé, mais inutilement, la restitution d'un bien qui n'avait pu être aliéné de la couronne. En 1667, Louis XIV, joignant à son ancien droit celui qui lui était dévolu par son mariage avec Marie-Thérèse d'Autriche, se mit par la voie des armes en possession de ce bien. Depuis cette conquête, il fit partie des provinces et gouvernements de la France. L'air de la Flandre française est rude et lourd. Le voisinage de la mer, les canaux et les watergans où les eaux croupissent en sont la cause. Ce pays produit toute espèce de grains. Les fourrages, les trèfles et les lins y sont en abondance. Les vignes y sont inconnues et la boisson est la bière. Ce pays est riche par ses mines de charbon et par sa métallurgie.

La capitale de la Flandre est Lille. A cette province est joint le Cambrésis, comme jadis le Hainaut, qui composaient le gouvernement de la Flandre française.

La Flandre française, théâtre militaire, où la guerre a été longtemps allumée jusqu'en 1748, est célèbre par ses remparts et ses fortifications. Ce savant travail est de M. de Vauban, qui a montré son génie militaire dans plus de trois cents places ou forteresses.

CHAPITRE XXXIV.

LE PAYS MESSIN.

L E gouvernement de Metz était composé autrefois du pays Messin, du Verdunois, du Toullois, et du Barrois français. Il a au nord le Luxembourg et le pays de Trèves, au midi la Franche-Comté, au levant l'Alsace, et au couchant la Champagne. Sa capitale est Metz. Son climat est assez tempéré, mais il est plus chaud que froid du côté des Ardennes, et le terroir rapporte peu. Ce pays a été sous la domination romaine, puis Clovis le conquit. Sous la première et la seconde race des rois de France, on l'appelait royaume d'Austrasie. Après le partage fait entre les enfants de Charlemagne et de Louis-le-Débonnaire, la Lorraine se forma des débris du royaume d'Austrasie; et sur la fin de la seconde race, le pays Messin secoua le joug de la monarchie française pour jouir de la liberté sous les empereurs d'Autriche. Au commencement du règne de Henri II, roi de France, l'Allemagne craignant la puissance de Charles V, la plupart des princes des cercles, mécontents ou jaloux de cet empereur, demandèrent des secours à Henri II, qui leur en accorda avec des sûretés ; et par un traité conclu à Chambord, en 1551, on convint que les villes de Metz, Toul et Verdun seraient livrées au roi de France pour lui servir de caution, et pour faciliter le passage des armées que Henri II devait envoyer à ces princes. Le connétable de Montmorency, qui commandait l'armée du roi, demanda donc passage à Metz, ce qui lui fut accordé ; mais à peine fut-il entré dans la ville que sa garde parut plus nombreuse qu'il ne l'avait dit. La surprise et les intelligences que les princes confédérés avaient dans cette place, obligèrent les habitants de Metz à se mettre sous la protection de la France. Les villes de Verdun et de Toul suivirent leur exemple, se rendirent aux généraux français, et leur ouvrirent leurs portes.

Depuis cette époque, la France posséda ces trois villes jusqu'à ce que l'empire, ayant perdu toute espérance de rentrer dans ce domaine, le céda à la France par le traité de Munster, en 1648. Ainsi ce pays fit retour à la couronne de France, dont il avait été démembré. Le lecteur sait que par suite de la guerre Franco-Allemande, en 1870, Metz et ses environs ont été réannexés à l'Allemagne.

CHAPITRE XXXV.

L'ALSACE.

L'ALSACE est située entre le Rhin et la Lorraine. Elle a au levant le Brisgau, l'Ortnau et le marquisat de Bade, au septentrion le Bas-

Palatinat et l'évêché de Spire, au midi le Sunt-
gau, et la Lorraine au couchant.

On prétend que les Germains, ou Allemands,
possédèrent l'Alsace après les Romains, et que
les Français en devinrent les maîtres sous Clovis
après la bataille de Tolbiac, où les Allemands
furent défaits. Par le partage que les enfants de
Clovis firent entre eux, l'Alsace échut à Thierri,
et fit partie du royaume d'Austrasie. Ensuite,
elle passa à Childebert, qui établit sa résidence
à Strasbourg. Louis IV est le dernier des rois
de France qui ait possédé l'Alsace, car après sa
mort, cette province retourna sous la domination
des rois et empereurs d'Allemagne. La maison
de Habsbourg ou d'Autriche l'a possédée en
toute souveraineté jusqu'en 1648, où l'empereur
alors régnant la céda à la France, par le traité
de Munster, moyennant trois millions que le roi
Louis XIV paya à l'archiduc Ferdinand-Charles,
fils de l'archiduc Léopold, qui était alors land-
grave d'Alsace. Cette province produit grains,
vins et bois. Le climat est assez tempéré et sa
capitale est Strasbourg, remarquable par son
admirable cathédrale.

L'Alsace a été enlevée à la France et cédée à
l'Allemagne par suite de la guerre de 1870.

CHAPITRE XXXVI.

LA FRANCHE-COMTÉ.

LES confins de cette province sont la Suisse au levant, la Lorraine au septentrion, le duché de Bourgogne au couchant, la Bresse et le Dauphiné au midi.

La Franche-Comté, ou Haute-Bourgogne, était anciennement habitée par les Helvétiens. Ces peuples, agités par les guerres fréquentes de leurs voisins, implorèrent le secours de César qui, après avoir défait leurs ennemis, les soumit eux-mêmes à la domination des Romains. Depuis, les Bourguignons s'emparèrent de ce pays, sous l'empereur Honorius, et l'unirent au royaume de Bourgogne. Par la suite Clovis, roi de France, ayant conquis la Franche-Comté ou Haute-Bourgogne, cette contrée passa à Thierri, roi d'Austrasie, qui avait épousé la fille de Sigismond, roi de Bourgogne. Thibaut, petit-fils de Thierri, étant mort sans postérité, Clothaire réunit ce pays à la couronne de France. Le climat de ce pays est tempéré. La province produit des grains en abondance. Sa capitale est Besançon.

CHAPITRE XXXVII.

LE ROUSSILLON.

LE comté de Roussillon a la Méditerranée à l'orient, la Cerdagne à l'occident, le Bas-Languedoc au septentrion et la Catalogne au midi, de laquelle il est séparé par une partie des monts Pyrénées.

Anciennement, le Roussillon faisait partie de la Gaule Narbonnaise, qui avait été sous la domination des Romains et qui avait passé sous celle des Goths et des Sarrasins. Narbonne ayant secoué le joug des Sarrasins, en 755, pour se donner à Pépin-le-Bref, ce prince leur fit repasser les Pyrénées, et Charlemagne les chassa entièrement de la Catalogne. Armengot, qui vivait du temps de ce prince, était alors comte de Roussillon et d'Ampurias ; et depuis Armengot, ce pays a été gouverné par des comtes, jusqu'en 1172, où Guinart ou Guitart, comte de Roussillon, le laissa à Alphonse, roi d'Aragon. Les rois d'Aragon ont possédé cette province jusqu'à ce que le roi Jean II l'engagea, avec le comté de Cerdagne, au roi Louis XI, pour trois cent mille écus d'or, à condition que si dans neuf ans le roi Jean n'avait pas remboursé le principal et les intérêts de cette somme à Louis XI, la propriété de la province demeurerait à la France. Le roi d'Aragon n'ayant pas rempli la condition,

Louis XI réunit le Roussillon à la couronne. Par la suite, Charles IX remit à Ferdinand, roi d'Aragon, ces deux comtés, à condition qu'il ne donnerait point de secours aux Napolitains. Ferdinand reprit les deux comtés sans tenir la parole qu'il avait donnée au roi de France. Enfin Louis XIII, se trouvant en état de faire valoir ses droits, se remit en possession de cette province, qui fut réunie à la couronne par le traité des Pyrénées, en 1659. La chaleur est grande dans le Roussillon, ce qui fait que la plupart des habitants ont le teint noir et basané. Le terroir produit grains, oliviers et vins. Le vin de ce pays est quelquefois roussi par l'ardeur du soleil. La capitale de ce comté est Perpignan.

Royaume d'Angleterre.

INTRODUCTION.

L'ANGLETERRE, royaume au nord-ouest de
l'Europe, comprenait, à l'origine, la partie méridionale des îles de la Grande-Bretagne. Les principales de ces îles sont très étendues ; ce sont
l'Angleterre et l'Écosse d'une part, et au couchant l'Irlande. La position de l'Angleterre est
entre le 16ᵉ et le 21ᵉ degré de longitude, et entre
le 50ᵉ et le 57ᵉ de latitude septentrionale, vis-à-vis
de la Hollande, de la Zélande, de la Frise et du
Danemark. Sa forme est triangulaire, et sa côte
est irrégulière, à cause des différents caps et des
baies qu'elle renferme.

L'Angleterre a cinq cités ou grandes villes :
Londres, la capitale, York, Bristol, Glocester et
Cornouailles ; deux Universités : Oxford et Cambridge. Ses cours d'eau principaux sont la Tamise,
le Severn et le Trent. Le pays est fertile et l'air
y est tempéré. La noblesse y est sympathique et
courtoise envers les étrangers ; elle est jalouse de
la gloire de sa patrie. Cependant le peuple en
général est peu sympathique pour les étrangers ;
il les regarde d'un œil indifférent ou défiant. Son
aversion pour la France est séculaire. Il passe
pour avoir une bonne dose de raideur dans le
caractère et un grand penchant vers l'égoïsme.
Néanmoins, une fois qu'on est accueilli par l'Anglais, il sait ouvrir les trésors de sa charité et se
montrer bon et généreux. Ses relations multiples

avec le continent ont opéré un heureux changement dans le caractère de ce peuple depuis quelques années.

Son gouvernement est aristo-démocratique, c'est-à-dire partagé entre le roi, le Parlement et le peuple. La religion catholique fut toujours la religion dominante du pays jusqu'à l'apostasie d'Henri VIII. Londres montre encore avec un légitime orgueil ses deux belles cathédrales de Wèstminster-Abbey et de St-Paul. Ce sont deux monuments antiques élevés par les catholiques, et qui contrastent par leur âge avec la naissance récente du protestantisme. Aujourd'hui règnent en Angleterre différentes sectes protestantes où les croyances sont variées à l'infini, comme Bossuet l'a démontré dans son Histoire des variations dans le protestantisme. *Pour satisfaire au culte de toutes ces sectes, on a élevé à Londres autant d'églises ou chapelles qu'il y a de jours dans l'année. Toutes les anciennes églises des catholiques sont entre les mains des protestants avec leurs biens et revenus. Le protestantisme est la religion officielle de l'État, et la seule qui soit rétribuée par les deniers publics.*

Jules César fit autrefois la conquête des îles de la Grande-Bretagne, dont l'Angleterre fait partie, et cette terre, après avoir été longtemps sous la domination romaine, a été gouvernée depuis par des Gaulois, Bretons, Saxons, Danois et Anglais jusqu'à Egbert, qui réduisit, en 801, tout le pays d'Angleterre sous sa loi.

Les successeurs de ce prince, dont l'histoire ne rapporte aucun fait mémorable, régnèrent jusqu'en 1017. Canut, roi de Danemark, étant entré en Angleterre avec des troupes, tua Édouard II, dit Cotte-de-fer, qui régnait alors, et se mit sur le trône. Son règne fut de 18 ans, pendant lesquels il ne se passa rien de remarquable. Harold, son fils, lui succéda jusqu'en 1040. Canut II, autre fils de Canut Ier, monta sur le trône. Son règne fut court. Il mourut d'apoplexie deux ans après, au milieu d'un festin qu'il donnait à sa cour. Après la mort de Canut II, Alfred fut appelé à la couronne, qu'il laissa à son frère saint Édouard, en 1044. Ce prince, qui vivait dans une haute piété, préféra la continence au mariage et mourut sans postérité. Ses États passèrent après lui, en 1066, à Guillaume Ier, dit le Conquérant, fils naturel de Robert, duc de Normandie. Guillaume Ier fut le premier grand roi de l'Angleterre. L'étude de son règne fournira plus loin matière à notre première esquisse historique.

L E gouvernement de l'Angleterre est un gouvernement aristo-démocratique, dont le pouvoir réside dans trois ordres, qui sont : la chambre basse, la chambre haute, qui est celle des pairs, et le roi. Le consentement de ces trois ordres est nécessaire et doit être unanime pour passer un bill, qui, après cette formalité, a force de loi. Les bills sont d'abord proposés à la chambre basse, d'où ils sont portés à celle des pairs, et puis devant le roi. Après cette opération, le roi, dont l'autorité est limitée, ne peut agir contrairement à l'avis des deux chambres. Le roi ne peut rien changer aux levées des deniers ou impôts, qui se font ordinairement dans les besoins pressants de l'État, et surtout en cas de guerre. Encore faut-il que ces levées soient demandées par le roi, et qu'elles servent à l'exécution de ses projets. C'est la chambre basse qui les accorde à la réquisition du roi. C'est la règle ordinaire.

La chambre basse est composée de cinq cent cinquante-huit membres tirés du corps de la nation. Ils sont électifs, et leur pouvoir cesse à la fin de chaque Parlement, dont la durée est de sept ans. Les membres députés par les provinces doivent avoir quatorze mille livres de rente en fonds de terre, et ceux des villes, la moitié.

On compte à présent, en Angleterre, 204 pairs; mais il n'en entre que cent soixante-neuf dans la chambre haute ; les autres sont catholiques ou mineurs et par conséquent exclus. Cette chambre est la cour souveraine et elle juge en dernier ressort tous les procès qui sont portés devant elle par appel. Le roi a seul le droit de convoquer le Parlement, de le proroger ou de le dissoudre, suivant sa volonté. Il dispose des évêchés et autres grands bénéfices, de tous les emplois et charges civils et militaires de son royaume. Il est le maître de faire la paix aux clauses et conditions qu'il veut. Il a aussi le privilège de faire grâce aux criminels condamnés à mort, excepté dans les cas où les parents d'un homme tué ou assassiné réclament la vengeance publique. Il est l'administrateur né des deniers de l'État, dès que le Parlement en a ordonné la levée et indiqué la destination. Il fait battre monnaie, et confère les titres de pairs, baronnets et chevaliers.

Le titre de baronnet est seul héréditaire, et l'on en compte environ sept cents. Pour obtenir ce titre, il faut être gentilhomme et jouir au moins de vingt-quatre mille livres de rentes en fonds de terre. Un nouveau baronnet est obligé de fournir au trésor royal un contingent fixe pour entretenir, pendant trois ans, trente fantassins, ce qui monte à plus de vingt-cinq mille francs pour les trois ans.

Le titre de chevalier est à vie ; le nombre des chevaliers est d'environ quatorze cents. Ils doivent avoir au moins treize à quatorze mille livres de rentes. Le roi gratifie de cet honneur les marchands, les échevins et ceux qui se distinguent tant dans l'industrie que dans les arts libéraux.

Le roi est le chef suprême de l'Église et le dispensateur des grâces. Il a toute l'autorité nécessaire pour faire le bien, mais il a les mains liées pour le mal : il ne peut ni imposer des taxes, ni asseoir des impôts, ni même déclarer la guerre sans le consentement du Parlement. S'il fait arrêter un de ses sujets, ce n'est que pour vingt-quatre heures, après lesquelles il doit le relâcher, ou le faire juger dans les six semaines qui suivent l'arrestation.

Les revenus que le Parlement accorde au roi ne sont que de vingt-six à vingt-sept millions, qui servent à l'entretien de sa maison, au paiement des grands officiers de l'État, des juges et de ses ministres dans les Cours étrangères.

La maison du roi est composée de neuf grands officiers qui sont : le grand-maître et le grand-chambellan, dont les fonctions ressemblent assez à celles de France. Le grand-chancelier est le premier personnage du royaume ; il juge seul toutes les affaires portées devant lui par appel, et il peut adoucir les jugements prononcés suivant la rigueur des lois. Il est le Président de la Chambre des seigneurs, il dispose de tous les bénéfices qui, dans le pouillé du roi, ne sont que de quatre cents livres et au-dessous. Le grand-trésorier administre les revenus de l'État ; mais depuis plusieurs années cette charge est vacante,

et elle est remplie aujourd'hui par cinq commissaires de la Trésorerie et le chancelier de l'Échiquier, qui est assimilé à un contrôleur-général
des finances. L'office d'amiral est vacant; il est
exercé par sept commissaires de l'Amirauté. Le
grand-sénéchal ne l'est plus qu'au couronnement
des rois et au jugement des pairs accusés de
crimes capitaux. Le grand-maréchal juge des
armoiries et points d'honneur ; il a également la
surintendance des cérémonies publiques. Le Président du Conseil privé instruit le roi des affaires
dont le Parlement lui a confié l'exécution. Le
Garde du sceau privé expédie toutes les chartes,
concessions et pardons accordés par le roi. Tous
ces grands officiers sont amovibles à la volonté
du roi, à l'exception du seul grand-maréchal, dont
l'office est héréditaire dans la maison des Ho-
wards. Le roi a encore plusieurs grands officiers :
un grand-écuyer, un grand-maître de la garde-
robe, 12 gentilshommes de la chambre, et plus
de six cents officiers subalternes, qui tous ont
leurs fonctions particulières dans la maison du
roi.

Il y a trois ordres de chevaliers en Angleterre,
que le roi confère à sa volonté, et dont il revêt
ordinairement les seigneurs de sa cour et ceux
qui se sont distingués par quelque action d'éclat.

Les chevaliers de la Jarretière, qui composent
le premier ordre, sont au nombre de vingt-six ;
ils portent le cordon bleu de droite à gauche, et
une jarretière brodée sur leur habit, qui forme

une espèce de cercle ou de rond, avec une boucle
au milieu, qui est aussi brodée, où sont tracés ces
mots : *Honni soit qui mal y pense.* Il y a treize
chevaliers du Chardon vert qui portent sur leur
habit un chardon vert. Trente-six chevaliers du
Bain qui portent le cordon rouge.

Les trois cordons sont incompatibles, excepté
dans la personne du roi, qui porte les deux premiers comme grand-maître, et dans celle du duc
de Cumberland, qui est grand-maître de l'ordre
du Bain. On ne fait point de preuve de noblesse
pour entrer dans ces trois ordres, parce qu'ils
sont composés de seigneurs et de personnes de
la plus haute noblesse.

La Garde du roi est composée de près de huit
mille personnes, savoir : de quarante gentilshommes, de trois cent cinquante hallebardiers,
de quatre compagnies de gardes du corps, de
deux compagnies de grenadiers à cheval, d'un
régiment de cavalerie et de trois régiments d'infanterie. Les forces de terre sont ordinairement
en temps de paix de douze mille hommes, et
quelquefois de dix-huit mille. Le maximum de
l'armée était, il y a de longues années, de qua-
rante-six mille hommes, qui coûtaient à l'État
vingt-huit millions. Aujourd'hui l'armée est bien
plus nombreuse.

Les forces de mer sont beaucoup plus considérables que celles de terre. La marine était
composée autrefois de deux cent quatre-vingts
vaisseaux armés en guerre. Il y avait des vais-

seaux qui portaient jusqu'à cent canons et au-
delà. L'entretien de cette marine coûtait trente
millions en temps de paix, non comprise la paie
des matelots. Ceux-ci étaient au nombre de quarante mille et plus, parce que le commerce est le
nerf de cette nation. Aujourd'hui les forces navales de l'Angleterre sont décuplées et sa flotte est
la plus considérable et la première du monde.

Il y a trois tribunaux de justice en Angleterre,
où se plaident et se jugent toutes les causes
civiles du royaume. Le premier est la cour du
Banc du roi, qui connaît de toutes les discussions
entre le prince et ses sujets. Le second s'appelle
la cour des Plaids communs, et juge les contestations qui surviennent entre particuliers. Le
troisième est celui de l'Échiquier, qui connaît de
tous les revenus de l'État. Ces tribunaux ont
chacun quatre juges, appelés les douze grands
juges d'Angleterre. Ils sont obligés de faire deux
fois par an le tour du royaume pour y juger toutes
les affaires, et chacun suivant le département qui
lui est dévolu.

Dans les affaires criminelles, où le délit se
décide toujours par le fait, les coupables ne peuvent être jugés que par douze jurés de la même
condition que l'accusé. Si les coupables sont
des bourgeois, on en tire douze au sort entre les
habitants du lieu. Un des grands juges les instruit seulement des circonstances du crime, et
après leur avoir exposé les lois du pays relatives
à ce crime, il les laisse décider. Comme il faut

que le jugement soit unanime, on enferme les douze jurés dans une chambre sans nourriture, suivant une loi qui prescrit d'être à jeun pour juger les criminels, et ils n'en sortent point qu'ils ne soient tous d'accord. Si l'un d'eux vient à mourir pendant le huis-clos, le criminel est absous *ipso facto*, par le fait même. '

Il y avait jadis deux sortes de supplices en Angleterre : la potence pour les hommes dans tous les cas graves, et le feu pour les femmes coupables du meurtre de leur mari. Ce dernier supplice est aboli aujourd'hui (1).

Les pairs criminels sont eux-mêmes condamnés à la potence , mais il est au pouvoir du roi de les faire décapiter, et c'est ce qui se pratique ordinairement.

Il n'y a qu'un cas en Angleterre où l'on emploie la question, c'est quand les accusés refusent de répondre aux interrogations du juge, et dans le but de les obliger à parler. On les étend sur le plancher et on leur met sur le corps une grosse pièce de bois chargée de différends poids, qu'on accumule jusqu'à ce qu'ils parlent ou qu'ils expirent. Par ce moyen, le coupable muet meurt avant le jugement, et ses biens ne sont pas confisqués ; les enfants ne sont donc point alors privés de la succession de leurs pères.

Les revenus de l'État montent à cent cinquante

---

1. La peine de la flagellation existait aussi pour les cas moins graves ; abolie pendant 13 ans, elle a été rétablie à cause de la multiplication des crimes.

millions de francs. On compte dans les trois royaumes unis un nombre considérable d'habitants. Il y a en Angleterre plus de six mille gentilshommes qui jouissent au moins de neuf mille livres de rentes. Le nombre des laboureurs qui ont depuis douze cents livres de rentes jusqu'à quatre ou cinq mille, est incroyable. On ne rencontre pas dans l'Angleterre un seul homme en sabot. On connaît peu les mendiants dans ce pays, car les lois sur la mendicité sont très rigoureuses. Le paupérisme est une de ses plus grandes plaies. L'étranger qui a visité Paris, où il a pu admirer mille œuvres de charité qui sont toutes florissantes, est frappé de voir qu'à Londres les quêtes de charité et bien d'autres œuvres de bienfaisance sont inconnues. Cependant il y a, dans les trois royaumes, des écoles de charité où l'on instruit plus de trente-six mille enfants, garçons et filles ; aussi les enfants du peuple savent-ils tous lire et écrire. Les enfants dont les pères sont inconnus ou disgraciés de la fortune, y sont nourris, habillés et dressés à quelque métier.

On ne présume pas qu'il y ait dans les trois royaumes plus de treize millions d'or et d'argent monnayés. On y compte plus de soixante-dix millions de livres sterling, de papiers et de dettes nationales qui ont cours.

Le roi ne prélève point de droit sur la monnaie. L'argent est sujet à la marque, l'or ne l'est pas.

Personne ne peut obtenir, en Angleterre,

d'emplois civils, militaires ou ecclésiastiques, sans avoir prêté le serment du *Test*. Par ce serment, on déclare qu'aucun prince, prélat ou potentat étranger, ne peut avoir de juridiction ni de pouvoir spirituel dans le royaume, ce qui exclut formellement l'autorité du pape.

Parmi d'autres lois en usage dans la Grande-Bretagne, il en est une qui permet à tout homme qui jouit de quatre cent soixante livres de rentes en fonds de terre, de chasser partout avec le fusil, par la raison que la terre qui lui appartient offre la réciproque à autrui.

C'est un crime de haute trahison d'attenter à l'honneur de la reine et des princes de la maison royale, même de leur consentement ; mais cette défense peut être regardée comme purement comminatoire et illusoire, vu les exemples contraires qui se sont produits.

Le prince de Galles, dès qu'il est majeur, devient le premier pair d'Angleterre, et n'est plus sujet à l'autorité paternelle.

Une veuve de qualité qui se marie avec un homme de rang inférieur, conserve ses titres et privilèges ; c'est ce qu'on appelle la courtoisie française. Les maris sont responsables en Angleterre des querelles et des dettes de leurs femmes, et s'ils déclinent cette responsabilité, on les incarcère.

Londres, capitale de l'Angleterre, est située sur les bords de la Tamise. C'est le séjour des rois et la principale ville de commerce. Elle est séparée d'un faubourg par le fleuve, et reliée à ce faubourg par un fort beau pont de pierre qui a dix-neuf arches, et qui est garni de boutiques des deux côtés. Le château qui le commande s'appelle la Tour de Londres. Elle renferme le trésor, l'arsenal, la monnaie et la prison d'État. Withal, le palais des rois, est un bâtiment ancien, mais riche en meubles et en peintures. Près de ce palais est le grand parc de Saint-James. C'est à Westminster que l'on couronne les rois et que s'assemble le Parlement. Dans la chambre des seigneurs et pairs se trouve le siège du roi. La seconde est celle des Communes ; la troisième est la chambre de justice où l'on juge les criminels ; la quatrième est la chambre des juges des assises, que le roi envoie dans ses provinces pour y exercer la justice. Le jardin commun est Lincoln. Jusfields, Morfields et Mitfields sont les places de Londres qui renferment le Bedelaut ou la maison des fous, la bourse et la maison de ville.

La capitale du royaume d'Angleterre présente en quelque sorte deux villes : celle du matin où tout est bourgeois, et celle du soir où tout est milord. Ce contraste, qu'on juge ridicule au premier abord, a son utilité. Il signifie qu'on commence la journée en vaquant à ses affaires ; et que le soir on se livre au plaisir et au délassement. L'Anglais est né philosophe, et cette philosophie pratique a beaucoup de disciples en Angleterre ; mais un grand nombre la poussent trop loin. La liberté chez ce peuple dégénère souvent en une licence effrénée. Le commerce et la marine y sont en honneur. Une discipline stricte règne dans les services publics, et tout officier qui manque à son devoir est puni sévèrement.

Quant au gouvernement particulier de la ville de Londres, le lord-maire en est le premier magistrat. C'est ici comme le prévôt des marchands ; son pouvoir dure un an ; il a juridiction souveraine sur la ville, les faubourgs, la Tamise. Sa cour est composée de plusieurs officiers, et l'on porte devant lui l'épée de justice. Le roi ne peut entrer dans la salle sans sa permission, et dans ce cas il faut qu'il la traverse sans suite.

Il y a, à Londres, vingt-six aldermens et deux chérifs. Les premiers sont les échevins. Leurs fonctions sont à vie, et c'est de leur compagnie que l'on tire, par élection, le lord-maire, qui doit être membre d'un des douze corps de métiers de la ville.

Les chérifs sont élus tous les ans. Leurs fonctions sont de remplir les ordres du roi et de faire mettre à exécution les sentences capitales. Les chérifs sont gardiens-nés des prisons, et ils sont responsables envers les créanciers des sommes dues par les prisonniers qui s'évadent. On ne peut se dispenser d'accepter cette charge qu'en payant une amende de quatorze mille francs au trésor de la ville, ou en prouvant qu'on n'a pas trente-quatre mille livres de bien ; on ne peut devenir lord-maire qu'en passant par le chérifat.

L'ANGLETERRE a inscrit dans ses annales un grand nombre de savants et de poètes.

Wilkiur, évêque de Chester, et Wallis ont été de grands mathématiciens.

Loke est célèbre par ses observations microscopiques.

Denham est regardé comme le restaurateur de la véritable médecine en Angleterre.

C'est de son temps et au commencement du règne de Charles II que fleurirent Bayle et Newton.

Bayle perfectionna la machine pneumatique inventée par Otto Guerike. Elle servait comme elle sert de nos jours à faire des expériences sur l'air et sur les corps gazeux et élastiques. Son traité de chimie est fort recherché par ceux qui s'appliquent à cette science, et l'on trouve dans son hydrostatique de l'invention appuyée de raisonnements solides, qui font le mérite de ses ouvrages.

Newton s'est acquis une gloire immortelle par ses découvertes admirables en physique ; bien plus, tandis qu'il levait le voile qui cachait les mystères de la nature, il montrait les défauts et les imperfections de la philosophie mécanique en bien des points.

Le duc de Buckingham, lord Bolingbroke et le comte d'Hamilton, se sont aussi distingués dans les sciences.

Vicharlay était capable de briller dans la poésie didactique et la comédie ; mais ses défauts de bel esprit et de libertin gâtèrent sa réputation et ses œuvres.

Les ouvrages des comtes de Mulgrave, de Dorset et de Roscormont sont marqués au coin du bon goût, mais faibles et négligés, parce qu'éblouis de leur talent et de leur facilité, ils ont accordé davantage à leur vaine gloire qu'au désir de se créer une réputation solide.

Le marquis de Halifax avait un génie délicat, et il ne lui a manqué que des loisirs et une position moins haute pour se faire un grand nom dans les Lettres.

Geoffroy Chauer, au XIVᵉ siècle, fut le Marot de l'Angleterre. Ses *Contes de Cantorbéry* sont parfois licencieux.

Edmond Spencer, plus idéal, a écrit des pastorales et la *Reine des Fées*, grand poème en 64 chants. La reine Élisabeth lui fut favorable.

Benjamin Jonson fut un Juvénal sur la scène et un Balzac dans le drame. Il aimait beaucoup les abstractions et les grands classiques.

Hetcher et Beaumont, du XVIᵉ siècle comme Jonson, ont mis sur pied surtout des comédies.

William Shakespeare, un des grands noms de la littérature anglaise, naquit en 1564, de parents pauvres. On a de lui beaucoup de tragédies et de comédies qui révèlent une imagination riche et ardente, mais où l'élévation des sentiments et la noblesse des idées sont parfois agrémentées de

bouffonneries ridicules et de plaisanteries gros-
sières.

John Milton, le poète du sublime, né à Londres en 1608, est surtont connu par son *Paradis
perdu*, qui a pris place parmi les chefs-d'œuvre
du genre épique.

Cowley, sous Charles II, a fait des odes superbes et quelques tragédies.

Samuel Butler, au XVIIᵉ siècle, a travesti les
révolutionnaires de son temps dans son poème
burlesque d'*Hudibras*, sorte de Don Quichotte.

Edmond Waller, élevé, délicat, harmonieux,
fit un poème sur la mort de Cromwell. Il était
très lié avec La Fontaine et Voiture.

Thomas Ottway, né pour le tragique, mourut
de misère et d'inconduite.

Walsh, correct, dégagé, gracieux, fit quelques
odes supérieures.

Alexandre Pope, l'Horace anglais, naquit à
Londres en 1688 d'une famille noble, et se fit
remarquer dès l'âge de douze ans. Ses principales
œuvres furent son *Messie*, poème sacré, ses
grandes traductions de l'*Iliade* et de l'*Odyssée* et
ses *Principes de morale* ou *Essais sur l'Homme*.

Garth, le poète-médecin, a couvert ses détrac-
teurs de confusion dans son poème le *Dispensaris*.

John Dryden, né en 1631, est le troisième
poète de l'Angleterre et un grand critique. Pauvre
et catholique, il eut à souffrir bien des persécutions, et la nécessité de travailler pour vivre a
gêné souvent l'essor de son génie.

J. Denham, joueur et libertin, revint vite de ses erreurs. Sa tragédie *Le Sophi* fut une œuvre maîtresse et la *Montagne des Cooper* un chef-d'œuvre.

L'Irlandais Gongrève fut le Molière anglais ; il sut s'élever à des emplois lucratifs et honorables.

William Cooper (1731-1800), pauvre paysan calviniste et sans culture, ne commença à écrire qu'à cinquante ans. Maladif, mélancolique et fort sensible, il créa à son insu une poésie nouvelle, tranchant sur toute la poésie artistique antérieure par la vérité profonde mais simple et naturelle de l'expression, sur ces deux grands thèmes : la Nature et la Famille, sources éternelles des inspirations les plus pures et les plus fécondes.

Au même temps l'Écossais Robert Burns, campagnard pauvre, étudia et chanta aussi la nature avec succès. Ses dérèglements le perdirent à 36 ans.

George Crabbe, fils d'un petit instituteur, fut de l'école de Cooper, mais avec plus d'envergure. Dans les *Contes du Château*, son principal ouvrage, il passe en revue les poètes et émet des critiques très judicieuses sur la manière de ses devanciers.

Wordsworth, Coleridge, Southey et Campbell, pressentant une rénovation littéraire, l'entreprennent méthodiquement. Établis sur les bords des lacs du nord de l'Angleterre, les *Lakistes* s'inspirent aussi au grand livre de la nature. Wordsworth, leur chef, trouve la forme de la poésie aussi vicieuse que son fonds depuis un siècle, à cause du manque de simplicité et de réalité. On a de lui des sonnets et des poèmes admirables. Son collaborateur Coleridge est plus pur, plus imagé et plus riche d'expression et d'harmonie, et Southey, leur parent, cherche plutôt la poésie dans la nature humaine et les vastes champs de l'histoire.

Walter Scott, né à Édimbourg en 1771, fils d'avocat et boiteux comme Byron, fouille aussi l'histoire, mais avec un regard d'aigle. Il exhume l'antique littérature nationale et rajeunit chroniques, légendes, contes, traditions, par les plus vives couleurs. L'Écosse, cette Suisse du Nord, l'inspire à son tour. Poète et romancier de premier ordre, il fut aussi moral que religieux et charitable.

Lord Byron (1788-1824), innovateur, a l'art de scruter l'infini et de réaliser l'idéal ; son ardente nature veut réformer tout ce qui l'entoure ; il crée l'école romantique comme Gœthe en Allemagne. Grâce à une étonnante facilité, ses œuvres sont innombrables. *Don Juan, Manfred* et *Childe-Harold* ont des pages incomparables. Byron admire Pope dont les inspirations sont puisées dans la Bible, la nature et son âme ; il s'élève au-delà du créé et le fait dans une forme classique et impeccable.

Schelley est le poète du vague et de la rêverie. Son style est châtié et ses œuvres nombreuses. Mort à 29 ans, il n'a pu tenir toutes ses promesses.

Thomas Macaulay, né en 1800, créé baron et lord, a laissé cinq volumes d'œuvres de valeur, mais parfois licencieuses (1).

1. Voir une étude plus détaillée des poètes anglais dans l'*Histoire abrégée de la poésie et des poètes anciens et modernes les plus célèbres*, par l'auteur du présent ouvrage, pages 216 et suivantes.

CHAPITRE I.

RÈGNE DE GUILLAUME Ier.

Nous nous sommes arrêtés, dans le court aperçu historique et final de l'Introduction, à l'avènement de Guillaume Ier. Guillaume Ier, dit le Conquérant et le Bâtard, duc de Normandie et d'Angleterre, l'un des plus grands capitaines du XIe siècle, naquit à Falaise, en 1027. Fils naturel de Robert, duc de Normandie, comme nous l'avons dit, et d'Harlette, fille d'un bourgeois de Falaise, il succéda quoique bâtard à son père. Les parents de Robert lui disputèrent la succession au patrimoine paternel et au trône, mais, secondé par Henri Ier, roi de France, il triompha de ses ennemis et battit leur chef. Il s'empara de la province du Maine, et porta la guerre jusque dans l'Anjou, dont il se rendit maître. Tandis que Guillaume poursuivait ses conquêtes, Edouard III, proche parent de saint Edouard, à qui la nation avait déféré la couronne, et qui régnait alors en Angleterre, mourut sans postérité. Il avait institué pour son héritier, par testament, Guillaume le Bâtard, qui passa aussitôt en Angleterre à la tête d'une puissante armée, livra bataille à Harold son concurrent, et remporta sur lui une victoire complète, le 14 octobre 1066. Harold fut tué dans la mêlée avec ses deux frères. Markand et Edouin proposèrent de mettre sur le trône Edgard, parent d'Edouard, ancien roi d'Angleterre ; mais la consternation était si grande à Londres que les magistrats de la ville et les grands, portés en faveur du Bâtard, à qui Edouard avait déféré la couronne, lui présentèrent les clefs de la ville, et le proclamèrent roi d'Angleterre. Ce prince, monté sur le trône, eut d'autres luttes à soutenir contre les Anglais, qui se révoltèrent et qu'il soumit. A peine fut-il en possession du royaume, qu'il fit bâtir la Tour de Londres, en 1078, et d'autres forteresses, pour tenir en respect le peuple rebelle et séditieux, et pour adoucir les mœurs farouches de cette nation. Guillaume y fit fleurir les arts, les sciences et le commerce.

Après avoir reçu la foi et l'hommage du roi d'Écosse, il repassa en France, porta la guerre en Bretagne, et soumit Robert, son fils, qui s'était fait déclarer duc de Normandie, et qui avait pris les armes contre lui. Peu de temps après, oubliant ce qu'il devait à la France, qui lui avait prêté du secours pour se faire reconnaître roi d'Angleterre, il déclara la guerre à Philippe, roi de France, désola le Vexin français, brûla Mantes, et porta le fer et le feu jusqu'aux portes de Paris. Mais dans cette expédition il tomba de cheval à Mantes, et s'étant fait porter à Rouen, il y mourut de sa chute le 10 septembre 1087. Ce prince fut regretté de ses peuples. Il laissa plusieurs enfants de Mathilde, fille du comte de Flandre, savoir : Robert, Guillaume et Henri, ainsi que plusieurs filles, qui épousèrent différents princes.

CHAPITRE II.

RÈGNE DE GUILLAUME II.

APRÈS la mort de Guillaume le Conquérant, Robert devait succéder à son père en qualité d'aîné. Il joignait à la science militaire la bravoure. Il était humain et généreux, mais son indolence et sa mollesse firent oublier ses vertus, et le trône d'Angleterre passa à Guillaume II, dit le Roux, son frère. Si ce prince avait quelques vertus, il n'était pas sans défauts. Né avec un tempérament fort et robuste, il était brave, actif, mais trop complaisant pour ses favoris, et cruel et implacable envers ses ennemis. On le voyait rigide observateur de la justice, des lois, mais quoique sobre, il était voluptueux. Il aimait la guerre et s'y entendait. Il voulut enlever la Normandie à son frère ; mais Robert fit échouer son projet. Il tourna alors ses armes contre le roi d'Écosse, qui fut vaincu et tué avec Edouard son fils ; puis il repassa en France et courut au secours du château du Mans assiégé par le comte de la Flèche, qu'il fit prisonnier. Une fois affermi sur le trône, il voulut assurer la couronne à un fils qu'il avait toujours aimé tendrement ; mais la

mort le lui enleva dans un trajet de Normandie
en Angleterre. Guillaume n'apprit cette triste
nouvelle que trois jours après ; il tomba évanoui,
puis il resta jusqu'à sa mort livré à la plus noire
mélancolie. Peu de temps après, étant à la chasse,
il fut tué d'un coup de flèche, dont un gentilhomme de sa suite voulait percer un cerf.

CHAPITRE III.

RÈGNE D'HENRI Ier.

HENRI Ier, duc de Normandie, surnommé
Beauclerc, succéda à Guillaume son frère.
N'ayant point d'enfants du premier lit, il convola
en secondes noces avec Adélaïde, fille de Godefroi, duc de Louvain. A peine Henri fut-il monté
sur le trône que son frère Robert, dit Courte-
cuisse, fut reconnu duc de Normandie, et débarqua à Portsmouth avec une puissante armée
pour se faire reconnaître roi d'Angleterre. Mais
Henri transigea avec lui en s'obligeant à lui
payer un tribut annuel de 300 marcs d'or. Par la
suite, cette somme étant mal payée, ils recommencèrent les hostilités. Henri passa avec son
armée en Normandie, et se rendit maître de
Tinchebray, le 27 septembre 1106 ; Robert y fut
fait prisonnier. Henri, depuis son mariage avec
Adélaïde de Louvain, désespérant d'avoir des
enfants, voulut faire passer sa succession à l'im-

pératrice Mathilde sa fille, qui était revenue en
Angleterre depuis la mort de l'empereur son
mari. Henri crut lui assurer la couronne d'Angleterre en lui faisant épouser Godefroy Plantagenet, fils de Foulque, comte d'Anjou. Mathilde
passa avec peine du trône impérial à la condition
de comtesse ; et pour comble de malheur, les
mesures que son père avait prises en sa faveur
restèrent sans résultat. Ce prince en conçut un
vif chagrin, et après de grands démêles d'autre
part avec saint Anselme au sujet des investitures,
il mourut en 1135, à l'âge de 68 ans. Son neveu
Étienne lui succéda.

CHAPITRE IV.

RÈGNE D'ÉTIENNE.

H ENRI Ier avait mal à propos attiré à sa cour
Étienne, fils du comte de Blois et d'Adèle,
fille de Guillaume le Conquérant ; il l'avait même
comblé de faveurs dans l'espérance qu'il sou-
tiendrait les intérêts de la princesse Mathilde sa
fille. Mais Étienne, ne songeant qu'à ses propres
intérêts, et s'étant formé un parti considérable du
vivant même de son oncle, s'en servit utilement
après sa mort. En effet il fut couronné roi d'Angleterre, et se maintint sur le trône tant qu'il
vécut. Étienne, non content d'avoir ravi la couronne d'Angleterre à Mathilde, à qui elle reve-

nait de droit, lui disputa encore la Normandie, et fut sur le point de l'en déposséder. Vers le même temps, il eut un autre ennemi à combattre en la personne de David, roi d'Écosse, qui voulait usurper la couronne d'Angleterre. David échoua dans son projet. Mais ensuite Étienne fut battu dans un combat le 2 février 1140, et fait prisonnier par Robert, comte de Glocester, qui soutenait les droits de l'impératrice Mathilde. Malheureusement Mathilde, qui tenait Étienne prisonnier, perdit une bataille le 14 septembre suivant. Guillaume d'Ypres, qui commandait les troupes du roi, y fit prisonnier le comte de Glocester. Mathilde, pour délivrer Glocester, son frère, remit Étienne en liberté. Celui-ci remonta sur le trône à condition que s'il mourait sans enfants légitimes, il reconnaîtrait Henri, fils de Mathilde, pour son héritier présomptif. Grâce à cet arrangement, que toute l'Angleterre désirait, Étienne régna en paix le reste de sa vie. La justice était administrée en son nom, mais aucune affaire importante n'était réglée que sur l'avis et du consentement d'Henri. Étienne mourut l'année suivante, le 25 octobre 1154, après un règne de 18 ans.

CHAPITRE V.

RÈGNE D'HENRI II.

Henri II succéda à Étienne le 30 octobre 1154. Il ajouta à ses États l'Anjou, la Touraine, le Maine, le Poitou, la Saintonge, la Guyenne et la Gascogne. Comme fils de Plantagenet et mari d'Éléonore de Guyenne, il conquit la Bretagne sur Conan IV, et s'empara de l'Irlande, qu'il annexa au royaume d'Angleterre. Henri II eut de grands démêlés avec saint Thomas de Cantorbéry, qui avait été son chancelier, au sujet des investitures. Ces démêlés amenèrent la mort de ce prélat. Le roi le fit massacrer pendant qu'il disait la messe le jour de Noël 1170. Le pape se déclara vivement contre Henri, qui dut expier ce crime par une longue pénitence. Peu de temps après, ses fils se révoltèrent contre lui; mais il apaisa les troubles, et fit rentrer ses enfants dans l'obéissance. Il fit aussi la guerre à Philippe-Auguste, roi de France; ses troupes étaient même sur le point de livrer bataille lorsqu'Henri, qui sentait approcher sa fin, demanda la paix. Ce prince mourut peu après à Chinon, l'an 1189. Son règne fut de trente-quatre ans et sept mois. Il eut d'Éléonore de Guyenne, son épouse, Henri-le-Jeune, dit Continental, qui fut couronné roi d'Angleterre du vivant de son père, et mourut avant lui sans laisser de postérité de sa femme, Marguerite de France, fille du roi Louis-le-Jeune.

Henri II montra pendant sa vie l'habileté d'un vrai politique, la sagacité d'un bon législateur et la grandeur d'un héros. Il fut le plus respecté des princes de son temps, car il travailla toujours au bonheur et à la tranquillité de ses sujets. Comprenant qu'un royaume ne peut se soutenir et s'affermir que sur de solides bases, il publia un code de lois sages et veilla à leur exécution. Il punit sévèrement le crime sans aucun égard pour le criminel. Ce prince était de moyenne taille, mais fort et vigoureux, sobre et simple dans ses vêtements. Il ne s'asseyait jamais pour prendre ses repas. Il tenait son corps dans un exercice continuel. Il était éloquent, gracieux, compatissant pour les malheureux, et sa charité le portait à donner le dixième des provisions de sa maison aux pauvres. Pendant une famine qui se fit sentir dans l'Anjou et le Maine, il soutint dix mille personnes indigentes. Il aimait les savants et se plaisait dans leur commerce. Sa mémoire était surprenante et son jugement juste ; il savait reconnaître et récompenser ceux qui se distinguaient. Quoique supérieur en force et en courage à ses contemporains, il ne fit jamais la guerre qu'avec répugnance ; il avait une si grande aversion pour le sang répandu, qu'il paraissait affligé de la perte d'un seul de ses soldats. Cependant avec ces grandes qualités il ne fut pas exempt de passions. Il fut enclin à la colère et licencieux à l'excès. Ce roi, élevé dans les sentiments et les principes d'un souverain qui a conscience de sa mission et qui comprend son devoir de veiller sans cesse à la sécurité de ses États, sut les défendre avec courage contre toute attaque de ses voisins, et conserva avec fermeté les droits de la royauté. Dans l'exercice de sa puissance, sauf ses tristes démêlés avec saint Thomas Becket, il n'attaqua jamais les libertés de l'Église, ni celles de ses sujets, qu'il affermit au contraire par de sages règlements, en sorte que ses peuples vivaient heureux et paisibles. Ils jouissaient de leurs biens sans trouble et ne connaissaient de taxes et d'impositions que celles qui étaient strictement nécessaires à l'administration et à la défense de l'État. Il fut enfin vraiment roi, protecteur et père de la patrie, et l'un des plus puissants et des plus illustres monarques qui aient régné sur l'Angleterre ; il eut pour successeur son fils Richard Ier.

CHAPITRE VI.

RÈGNE DE RICHARD Ier.

RICHARD Ier, surnommé Cœur-de-Lion, duc de Normandie et comte de Poitou, succéda à Henri II, son père, le 6 juillet 1189. Un an après son avènement, il s'embarqua pour aller au secours de la Terre sainte, et s'empara de l'île de Chypre. Il alla ensuite assiéger la ville d'Acré, qui se rendit le 13 juillet 1192. C'est après cette expédition qu'il donna à Guy de Lusignan l'île de Chypre, en échange du titre de roi de Jérusalem. Richard remporta l'année suivante une victoire complète sur Saladin, et s'empara de plusieurs places ; mais l'union des princes chrétiens qui s'étaient croisés avec lui, ayant été rompue, la retraite du roi de France et des ducs de Bourgogne et d'Autriche empêcha Richard de poursuivre le cours de ses conquêtes. Il conclut une trêve de 3 ans avec Saladin, et s'embarqua à Ptolémaïde pour faire voile vers l'Angleterre; mais il fit naufrage près d'Aquilée, et fut arrêté par Léopold, duc d'Autriche, qui le livra à l'empereur Henri VI. Celui-ci ne lui rendit la liberté qu'après avoir touché une rançon de cent mille marcs d'argent. Richard, de retour dans ses États, dompta la faction que Jean son frère y avait soulevée pendant son absence. Il fit ensuite la guerre à Philippe-Auguste, roi de France, mais sans grand succès. Ayant cru dans la suite qu'il y avait un trésor dans le Limousin, il fit attaquer la place où on le disait enfermé, et mit le siège devant le château de Chalus. C'est là qu'il reçut une blessure mortelle, dont il mourut le 6 avril 1199. Son corps fut réuni à celui de son père en l'église de Fontevrault. C'était un prince très religieux. Il fonda un monastère de l'Ordre des Prémontrés dans la vallée d'Andelle à l'Isle-Dieu, dans la Seine-Inférieure, en mémoire de ses soldats morts sur les champs de bataille (1). N'ayant pas laissé de progéniture, le royaume passa à Jean Sans-Terre, son frère.

CHAPITRE VII.

RÈGNE DE JEAN SANS-TERRE.

JEAN SANS-TERRE, quatrième fils du roi Henri II, s'empara de la couronne en 1199, après la mort de Richard Ier. Arthur de Bretagne, son neveu, à qui elle revenait en qualité de fils de Geoffroi, son frère aîné, aidé du secours de Philippe-Auguste et d'autres princes, la lui disputa. Jean le surprit dans Mirebeau en 1202, se rendit maître de sa personne, et le fit mourir dans les fers. Constance, mère de Jean Sans-Terre, implora le secours de Philippe-Auguste contre son fils, qui avait commis ce crime dans ses terres et sur la personne de son vassal. Jean fut cité à la cour des pairs, où, ne comparaissant pas, il fut condamné à perdre tous les fiefs qu'il possédait en France. Ce ne fut pas là son seul malheur. Ce prince s'attira la haine des Anglais par des impôts exorbitants et par des actions tyranniques. Bien plus, il vexa le clergé, chassa les prélats, confisqua leurs biens, et fut frappé par Innocent III d'excommunica-

1. Ce monastère est aujourd'hui la demeure de la famille Pouyer-Quertier.

tion. Il fut insensible à cette censure; mais lorsqu'il apprit que le pape avait délié ses sujets du serment de fidélité et que son royaume était menacé par des princes étrangers, il se soumit, en 1213, avec promesse de payer un tribut annuel à l'Église. Ce prince, méprisé et détesté de ses peuples, fit la guerre à Philippe-Auguste, parce qu'il avait prêté main forte à Arthur de Bretagne; mais il fut battu en plusieurs rencontres, et après la bataille de Bouvines que Philippe-Auguste gagna en 1214, les Anglais appelèrent Louis, fils du roi de France, et le couronnèrent à Londres, en mai 1216. Jean Sans-Terre en conçut un si grand désespoir, qu'après avoir formé le projet de se faire mahométan, il mourut le 20 octobre de la même année.

CHAPITRE VIII.

RÈGNE D'HENRI III.

HENRI III, que Jean Sans-Terre avait eu de son troisième mariage avec Isabelle, fille du comte d'Angoulême, n'avait que dix ans lorsqu'il succéda à son père. Il fut couronné le 28 octobre 1216, à Glocester. Louis, dauphin de France, que les Anglais avaient appelé en Angleterre contre Jean Sans-Terre qui les opprimait, reçut une grosse somme d'argent pour quitter l'Angleterre et repasser en France. A peine Henri était-il sur le trône qu'il envoya demander au roi de France sa réintégration dans les terres qui avaient été possédées ou acquises par son père. On lui répondit qu'elles avaient été confisquées en vertu du jugement des pairs et que, loin de les lui rendre, on allait le dépouiller plus encore. En effet Louis, dauphin de France, entra dans le Poitou et la Guyenne, et aurait soumis ces provinces si Richard, frère du roi, ne fût descendu à Bordeaux avec une puissante armée. Sur ces entrefaites Henri, qui voulait recouvrer la Normandie, dont ses ancêtres mêmes avaient été en possession, en fit la demande au roi Louis VIII, qui régnait alors en France. Toutes ses tentatives à ce sujet furent sans succès ; il fut même obligé par la suite de signer un traité avec saint Louis, qui ne lui laissa que la partie de la Guyenne qui est au delà de la Garonne. Peu de temps après les Anglais, mé-, contents de leur roi, ayant à leur tête Simon de Montfort, comte de Leicester, se soulevèrent contre Henri et gagnèrent contre lui la fameuse bataille de Lewes, en 1264, dans laquelle il fut fait prisonnier avec Richard son frère. Edouard son fils, qui avait battu les milices de Londres dans une révolte, fut aussi fait prisonnier dans un second combat. Ce fut alors que les barons dressèrent un nouveau plan de gouvernement qu'ils firent signer au roi et approuver par le Parlement. Ce fut là l'origine des Communes et de la puissance du Parlement d'Angleterre. Ce

plan de gouvernement fut appelé aristo-démocratique ; l'autorité était partagée entre le roi, le
Parlement et la Chambre des Communes. Le
comte de Glocester, jaloux de l'autorité du comte
de Leicester, forma un parti contre ce dernier, et
fit évader de prison le prince Edouard, qui prit
les armes. Le comte de Leicester fut défait et
périt avec son fils le 4 août 1265, à la bataille
d'Evesham. Ce fut alors qu'Henri III recouvra
la liberté, et que les rebelles se soumirent. Depuis ce temps Henri régna paisiblement, et
après avoir rétabli la hiérarchie et la discipline
dans le royaume, il mourut le 15 novembre 1272,
après avoir régné cinquante-six ans.

CHAPITRE IX.

RÈGNE D'ÉDOUARD Ier.

ÉDOUARD Ier, fils d'Henri III et d'Éléonore
de Provence, naquit à Winchester. Étant
fort jeune, il se croisa avec saint Louis contre les
infidèles. Au cours de cette expédition, ayant
appris la mort de son père, il revint prendre
possession de ses États et fut couronné en 1275.
Après son sacre, il se croisa encore, et après
avoir donné maintes preuves de sa valeur contre
les infidèles, il débarqua en Sicile et vint en
France, où il rendit hommage au roi Philippe III,
pour les terres que les Anglais possédaient dans la

Guyenne ; il mit fin aussi à quelques désordres qu'avaient excités Gaston, comte de Béarn. Ensuite il revint en Angleterre et fit la guerre à Léolin, prince de Galles, qui se regardait comme souverain et indépendant de la couronne. Édouard le battit en plusieurs rencontres, et le contraignit enfin à demander la paix. Depuis il reprit bientôt les armes contre Léolin, qui fut tué dans un combat, et il fit prisonnier son frère David, qui eut la tête tranchée à Londres. Il soumit de nouveau les rebelles dans la principauté de Galles en 1286. Dans la suite il fit un traité avec Philippe-le-Bel, pour régler quelques différends qui s'étaient élevés au sujet des provinces de Saintonge, du Quercy, du Limousin et du Périgord. L'année d'après, il se rendit à Amiens pour y faire hommage au roi des terres qu'il possédait en France. Vers la même époque, il chassa les Juifs de la Gascogne, puis il se croisa une troisième fois contre les infidèles ; il passa en Sicile pour y mettre d'accord les prétentions des maisons d'Anjou et d'Aragon sur cette ile. L'an 1298, une querelle entre deux mariniers, l'un Français et l'autre Anglais, alluma une guerre sanglante entre les deux couronnes. Édouard entra en France avec deux armées dont l'une devait attaquer La Rochelle et l'autre la Normandie ; mais ces armées n'opérèrent aucun grand mouvement. Sur ces entrefaites, Raoul de Nesle, connétable de France, battit deux fois les Anglais en Guyenne, et prit Bordeaux. Cette guerre arma plusieurs princes, dont quelques-uns en furent la victime, et ceux qui avaient des intérêts à ménager, la finirent par une double alliance, en 1298, d'Édouard avec Marguerite de France, et de son fils avec Isabelle de France, l'une sœur et l'autre fille du roi Philippe-le-Bel. Avant cette guerre, Alexandre III, qui régnait en Écosse, vint à mourir. Jean Bailleul et Robert Bruce prétendaient tous les deux à la couronne, en vertu des alliances qu'ils avaient contractées ; mais Édouard, instruit de leurs visées, parut avec une armée formidable en Écosse, et se rendit maître de ce royaume. Ce fut en achevant cette conquête qu'Édouard, prince belliqueux, mourut le 13 juillet 1307, après un règne de 34 ans et 7 mois.

CHAPITRE X.

RÈGNE D'ÉDOUARD II

ÉDOUARD II monta sur le trône après la mort de son père. Il avait pour favori un certain Gaveston Pierre, fils d'un gentilhomme gascon. Ce favori insolent, fort de l'amitié du roi, maltraita tellement les barons et les grands du royaume, qu'ils prirent les armes contre Édouard, et ne désarmèrent qu'après la mort de Gaveston, qui eut la tête tranchée. Les Écossais profitèrent de ces troubles pour secouer le joug des Anglais. Édouard, livré à de nouveaux favoris, les Spen-

ser, s'abandonna, sur leurs conseils, à de nouvelles infamies et se jeta dans de nouveaux malheurs. Il fit couper la tête à 226 barons, et éloigna
de sa cour la reine Isabelle, sa femme, et Édouard,
comte de Kent, son frère. La reine se retira à la
cour du roi Charles-le-Bel, son frère, puis, secon-
dée du comte de Hainaut, repassa en Angleterre
où, appuyée des grands du royaume, elle assiégea le roi avec ses favoris dans Bristol. Les
Spenser périrent par la main du bourreau. Le
roi fut enfermé dans une prison, et son fils fut
élevé sur le trône. Comme on craignait une
évasion du roi déchu, on lui plongea un fer rouge
dans le corps par un tuyau de corne, et il mourut
de ce cruel supplice le 29 janvier 1327, après
avoir régné 20 ans. Il eut d'Isabelle, sa femme,
un fils qui lui succéda.

CHAPITRE XI.

RÈGNE D'ÉDOUARD III.

ÉDOUARD III, parvenu à la couronne, fit la
conquête du royaume d'Écosse sur Robert
Bruce. Après la mort de Charles-le-Bel, frère de
sa mère, il prétendit à la régence du royaume de
France, et après que la reine eut mis au monde
une fille, il demanda la couronne de France. Ses
propositions furent rejetées, et Philippe de Valois,
qui avait obtenu la régence, monta sur le trône

en vertu de la loi salique. Édouard, irrité du refus qu'on lui avait opposé, et encore plus de la sommation à lui faite par le roi de France de venir lui rendre hommage comme vassal de la couronne, devoir dont il s'acquitta à Amiens du reste en 1329, forma le projet de détrôner Philippe, qui s'était croisé pour porter la guerre dans le Levant. L'empereur, le comte de Flandre et plusieurs princes embrassèrent sa cause. Il envoya d'abord un cartel provocateur à Philippe, qui y répondit sagement. Puis il marcha avec une armée contre lui et le défit à la sanglante journée de Crécy, en 1346, où 30.000 Français restèrent sur le terrain. Les Anglais prirent ensuite, en 1347, Calais et plusieurs autres places considérables. Après la mort de Philippe, qui arriva dans ces conjonctures, les Anglais continuèrent la guerre contre Jean, son fils, et gagnèrent en 1356 la mémorable bataille de Poitiers ; Jean y fut fait prisonnier par le prince de Galles et conduit en Angleterre, où il fut détenu pendant quatre ans. Charles V, monté sur le trône de France après la mort du roi Jean, continua les hostilités contre Édouard, remporta sur lui de grands avantages, et finit par lui confisquer toutes les terres que ce prince possédait en France. Ces revers causèrent à Édouard un chagrin si violent qu'il en mourut, le 23 juin 1377, après avoir régné 50 ans. On accuse ce prince de ne s'être pas opposé aux erreurs de Wiclef, et d'avoir négligé de purger la terre d'un tel monstre. C'est lui qui institua l'ordre de la Jarretière, qui est le premier de ce royaume. Sur la fin de ses jours, il se laissa mener par des favoris intéressés, surtout par une certaine Alice. Sa femme légitime était la fille du comte de Flandre, dont il eut plusieurs enfants.

CHAPITRE XII.

RÈGNE DE RICHARD II.

R ICHARD II, fils du fameux prince Noir et de Jeanne de Rem, succéda, à l'âge de onze ans, à Édouard III, son aïeul, le 23 juin 1377. Son règne fut rempli de troubles et de séditions. Ce jeune prince avait trois oncles paternels, les ducs de Lancaster, d'York et de Glocester, qui, poussés par l'ambition, se formèrent des partis et tramèrent des conspirations. Le roi, averti des menées sourdes du duc de Glocester contre sa personne, le fit condamner à mort ; puis, ayant fait saisir les biens du duc de Lancaster, il se mit en marche pour aller soumettre l'Irlande qui s'était révoltée, et laissa le duc d'York régent du royaume. Mais, pendant son absence, les mécontents appelèrent le duc d'Herfort, devenu duc de Lancaster après la mort de son père. Ce duc, qui comptait un parti considérable à Londres, s'empara du pouvoir, fit signer au roi un écrit d'abdication pour cause d'incapacité, et le fit ensuite enfermer dans la tour de Londres. Peu de temps après, il fut transféré à Pont Prack, où il fut mis à mort en 1400, à l'âge de 33 ans, après en avoir régné 22. Il avait épousé en premières noces Anne de Luxembourg, et après elle Isabelle de France, fille du roi Charles VI, dont il ne laissa point de postérité.

CHAPITRE XIII.

RÈGNE D'HENRI IV.

HENRI IV monta sur le trône le 30 décembre 1400, après la déposition de Richard II. Il était fils du duc de Lancaster, troisième fils d'Édouard III. Suivant les lois du royaume, la couronne ne lui appartenait pas, et devait être déférée au duc d'York, qui descendait de Lomel, duc de Clarence, second fils d'Édouard III. C'est cette préférence des pairs du royaume qui causa la fameuse et longue querelle entre les maisons d'York et de Lancaster, connue sous les devises de la *Rose Blanche* et de la *Rose Rouge*. Tout le règne d'Henri se passa à réprimer les révoltes qui s'élevaient sans cesse dans son royaume, et à faire la guerre aux Écossais et contre la France, qui lui refusa deux fois une princesse pour son fils. Après avoir soutenu une longue guerre et essuyé de grandes traverses, il mourut à Londres le 20 mars 1413, à 46 ans, et la treizième année de son règne. Pendant sa maladie, qui dura près de deux mois, il gardait précieusement sa couronne au chevet de son lit, de crainte qu'on ne la lui enlevât. Ce prince eut de sa première femme, fille du comte d'Herfort, Henri, son successeur, et les ducs de Clarence, de Bedford et de Glocester. Il ne laissa point de postérité de Jeanne de Navarre, sa seconde femme.

CHAPITRE XIV.

RÈGNE D'HENRI V.

HENRI V fut couronné à Londres le 9 avril 1413. Au commencement de son règne, il parut souhaiter la paix avec la France, et pour mieux couvrir ses desseins, il demanda au roi Charles VI, Catherine, sa fille, en mariage. Cependant, profitant des divisions qui régnaient en France, il y descendit avec une puissante armée, fondit sur la Picardie et gagna la célèbre bataille d'Azincourt, le 25 octobre 1415. Puis il se rendit maître de la Normandie, après avoir fait le siège et s'être emparé de Rouen, en 1419. Il fut redevable de ses succès à la mésintelligence qui existait alors entre les maisons d'Armagnac et de Bourgogne et entre la reine Isabeau de Bavière et le Dauphin, connu depuis sous le nom de Charles VII. Henri V embrassa les intérêts du duc de Bourgogne et de la reine Isabeau. Il conclut en conséquence un traité à Troyes, le 20 juin

1420, par lequel il fut arrêté qu'Henri épouserait Catherine de France et recevrait la couronne de France après la mort de Charles VI, et que dès lors il prendrait le titre de régent et d'héritier du royaume. Malgré ce traité, qui paraissait aplanir toutes les difficultés, la guerre continua entre les deux pays, et pour la soutenir Henri retourna en Angleterre, d'où il ramena un puissant renfort et prit Dreux. Pendant le siège, un ermite lui prédit qu'il serait puni de son ambition. A quelques mois de là, il fut attaqué d'un mal imprévu dont il mourut à Vincennes, en 1422, âgé de 36 ans, après un règne de neuf ans. Il ne laissa qu'un fils, dont il confia le soin au cardinal de Winchester, son oncle. Le gouvernement du royaume fut confié au duc de Glocester, et celui de la France au duc de Bedfort.

CHAPITRE XV.

RÈGNE D'HENRI VI.

Henri VI fut proclamé roi à huit mois, en 1422, et régna en Angleterre sous la tutelle du duc de Glocester, son oncle. Les Anglais et les Bourguignons possédaient alors les meilleures provinces de France, la Normandie, et tout le pays qui s'étend depuis l'Océan jusqu'à la Loire. Les Anglais continuèrent la guerre en

France avec succès ; ils gagnèrent les batailles de Crévant, en Anjou, de Verneuil et de Rocroi. Ils allaient devenir les maîtres de la France entière lorsque parut Jeanne d'Arc. C'était une jeune fille du village de Domrémy, en Lorraine, providentiellement suscitée par Dieu pour sauver la France. Elle eut plusieurs visions célestes. Elle entendait des voix de saintes qui lui disaient d'aller trouver le roi Charles VII et de lui offrir ses services dans l'armée pour la délivrance du royaume. La timide vierge obéit et parvint à se faire recevoir et écouter à la cour. Tout céda devant elle. En 1429, les Anglais furent chassés d'Orléans qu'ils assiégeaient depuis sept mois, et elle conduisit ensuite Charles VII à Reims pour le faire sacrer roi. L'indomptable guerrière assista au sacre avec son étendard, puis déclara que sa mission était terminée ; mais le roi la conjura de lui continuer ses services. Une année après, l'héroïque pucelle d'Orléans tomba entre les mains des Anglais qui la firent brûler, comme sorcière et hérétique, à Rouen, sur la place du Marché, où se dresse aujourd'hui sa statue. C'est là le fait le plus considérable et le plus extraordinaire de l'histoire de France, fait qui ne peut s'expliquer que par une mission directement divine. Tout y est miraculeux, quoi qu'en disent l'historien anglais Lingard et d'autres auteurs. Depuis lors, les affaires des Anglais changèrent de face, et leurs tentatives furent sans succès ; malgré cela ils firent venir à Paris leur jeune roi, et le couronnèrent en 1431,

dans l'église Notre-Dame, d'une double couronne.
Cependant, frappés des revers qu'ils continuaient
à essuyer, ils conclurent avec Charles VII, en
1444, une trêve de 18 mois, qui ne dura pas
longtemps. Ayant recommencé les hostilités en
Bretagne et en Écosse, ils furent malheureux
partout. En 1449, ils furent défaits à la bataille
de Fourmigny, entre Carentan et Bayeux, et en
1450, on les chassa entièrement de la Normandie et de la Guyenne. En 1451, ils n'avaient plus
en France que Calais et le comté de Guines. Ces
pertes successives furent suivies de guerres civiles, qui s'étaient déjà élevées entre les maisons
d'York et de Lancaster. Henri VI, victime malheureuse de ces démêlés, fut battu et fait prisonnier à Saint-Alban, par le duc d'York, le 30 mai
1455. Ses troupes furent battues encore à la
bataille de Northampton, le 19 juillet 1460. Cependant le Parlement, favorable au roi légitime,
le maintint en possession de la couronne, et institua le duc d'York pour son successeur ; mais la
reine Marguerite d'Anjou, femme du roi, sup-
porta impatiemment la détention de son mari, se
mit à la tête des troupes, enflamma le courage
de ses soldats, et gagna la bataille de Watefield,
où le duc d'York fut tué. Henri fut délivré, mais
sa liberté devint la cause de sa mort. Le comte
de la Marche, fils du duc d'York, ayant été proclamé roi d'Angleterre sous le nom d'Édouard
IV, grâce aux intrigues du comte de Warwik,
Henri fut enfermé dans la tour de Londres, où

il fut égorgé par ordre du comte de Glocester, son oncle, en 1471.

CHAPITRE XVI.

RÈGNE D'ÉDOUARD IV.

LES enfants d'Édouard III, qui étaient la gloire et l'appui de ce prince pendant sa vie, causèrent la ruine de l'Angleterre après sa mort, par les divisions que nous avons déjà signalées et qui subsistèrent longtemps encore entre les maisons rivales d'York et de Lancaster, prétendant toutes deux à la couronne. Ce fut le germe fatal des guerres intestines qui ont désolé ce royaume.

C'est dans ces conjonctures qu'Édouard IV, fils de Richard, duc d'York, ravit le trône d'Angleterre à Henri VI. Ce Richard prétendait que la couronne lui revenait plutôt qu'à Henri, parce qu'il descendait du troisième fils d'Édouard III, Jean de Lancaster, son bisaïeul paternel, tandis qu'Henri descendait du côté maternel de Léon de Clarence, second fils d'Édouard III. Il se livra plusieurs batailles entre les deux princes avec des alternatives de succès et de revers. Enfin, Édouard IV, soutenu par les troupes du duc de Bourgogne, remporta, en 1471, deux célèbres victoires dans lesquelles Richard, comte de Warwik, et Henri VI furent mis à mort. Édouard,

ne trouvant plus d'obstacle à son ambition, monta
sur le trône d'Angleterre, et s'y maintint sa vie
durant. Il déclara aussitôt la guerre à Louis XI,
roi de France, mais le succès ne répondit point
à son attente. Une trêve de neuf années qu'il fut
forcé de conclure, déconcerta tous les plans du
duc de Bourgogne, son allié, qui se retourna
contre lui. Sur ces entrefaites, Édouard conçut
contre son frère George, duc de Clarence, des
soupçons qui furent cause de sa mort. Enfin, bien
affaibli déjà, il mourut le 9 avril 1483, après un
règne de plus de vingt ans. Ce prince eut plusieurs enfants de Riverie, sa femme, entr'autres
Édouard, prince de Galles, et Richard, duc
d'York.

CHAPITRE XVII.

RÈGNES D'ÉDOUARD V, PRINCE DE GALLES, ET DE RICHARD III.

ÉDOUARD V, prince de Galles, succéda à son
père et ne régna que trois mois. Son oncle
Richard, duc de Glocester, le fit arrêter au
moment où on l'amenait de la principauté de
Galles, et le fit incarcérer dans la tour de Londres. Non content de cet acte de violence, l'ambition de régner le porta à conspirer contre la vie
de Richard, un deuxième neveu, et il les fit
assassiner tous les deux en bas âge. Il se défit
pareillement de ses autres neveux qui formaient

un obstacle à ses projets. Enfin, n'ayant plus
d'ennemis à craindre, il accusa leur mère de
magie, et usurpa la couronne en 1483.

Richard III, fils du duc de Glocester et frère
d'Édouard IV, se fit proclamer roi d'Angleterre,
le 22 juin 1483. Au commencement de son règne,
il déjoua une conspiration tramée contre lui par
le duc de Bukington et plusieurs mécontents. Il
fit arrêter et décapiter le chef des séditieux. Mais
Henri, comte de Richmont, qui avait des vues
sur le trône, ne laissa pas jouir longtemps Richard
de son titre de roi. Il vint en France, obtint du
roi Charles VIII de grands secours en hommes
et en argent, repassa en Angleterre et conquit
tout le pays de Galles à sa cause. Richard marcha contre son ennemi, mais il fut tué à la bataille
de Bosworth, le 22 août 1485. Ce prince, qui ne
régna que deux ans, fut le dernier roi de la race
des ducs d'York ou Plantagenets, dont Henri II
fut le chef.

CHAPITRE XVIII.

RÈGNE D'HENRI VII.

APRÈS la mort de Richard III, Henri VII,
fils du comte de Richmont et de Marguerite de Sommerset de la maison de Lancaster,
monta sur le trône, et se fit couronner à Londres,
le 30 septembre 1485. Le peuple regarda son
élévation comme la fin des démêlés qui avaient

divisé jusqu'alors les maisons d'York et de Lancaster, grâce au mariage d'Henri avec Élisabeth, fille d'Édouard IV, qui fut célébré le 18 janvier 1486. En effet, par ce mariage, les droits des deux maisons se trouvèrent réunis. Cependant les troubles recommencèrent avec plus d'acuité, et les ennemis d'Henri tentèrent deux fois de le détrôner en lui opposant successivement deux imposteurs, dont le premier était Lambert Finnel, qui prit le nom de comte de Warwik, et l'autre était un aventurier nommé Perkin, fils d'un juif converti. Ce dernier se disait issu des ducs d'York. Mais Henri mit fin à ces impostures par la mort des deux rebelles. Après avoir calmé les troubles suscités par ces faux prétendants dans son royaume, il y ramena la paix et l'abondance. Il ne devait pas les faire régner longtemps. Après avoir prêté du secours à Maximilien Ier contre Charles VIII, roi de France, il descendit en Écosse avec une puissante armée, et après plusieurs victoires, il soumit les rebelles. De retour à Londres, il fonda plusieurs collèges et bâtit des églises, ce qui lui valut les surnoms de Pieux et d'Ami des Lettres. Enfin, après un règne de 24 ans, tourmenté par des guerres et des dissensions de tout genre, il mourut en 1509, âgé de 52 ans, regretté pour sa douceur et sa justice.

CHAPITRE XIX.

RÈGNE D'HENRI VIII.

HENRI VIII succéda à son père et fut couronné à Londres, le 24 juin, avec Cathetine d'Aragon, sa femme. Il signala le commencement de son règne par la guerre qu'il entreprit contre le roi Louis XII, à la sollicitation du pape Jules II. Il attaqua Thérouanne, ville du comté d'Artois, en 1513. Les Français y jetèrent des vivres et des munitions ; mais alors qu'ils s'y attendaient le moins, ils furent chargés et mis en déroute le 18 août 1513, et la ville fut prise. On nomma cette affaire la journée des Éperons, dont les Français se servirent plutôt que de leurs épées. L'empereur Charles-Quint s'empara aussi de Tournai dans la même année, et repassa ensuite la mer. Henri, de retour en Angleterre, marcha contre les Écossais et les défit à la bataille de Flodden, où Jacques, leur roi, fut tué. Cependant Henri, qui s'était déclaré auparavant contre Louis XII, fit la paix avec ce prince et lui donna Marie, sa sœur, en mariage, en 1514. C'était vers ce temps-là que Luther répandait sa doctrine en France. Henri VIII, qui avait un grand fond de religion et une intelligence fort cultivée, réfuta les erreurs de Luther et écrivit contre lui. Léon X, qui estimait beaucoup ses ouvrages, les communiqua aux cardinaux et

donna à ce prince le titre de Défenseur de la foi.
Sur ces entrefaites, la guerre étant allumée en
Italie entre François Ier et Charles-Quint, Henri
prit d'abord en main les intérêts de l'empereur ;
mais peu après, s'étant lié d'une étroite amitié
avec François Ier, il abandonna le parti de l'empereur pour embrasser celui de ce prince, et à la
sollicitation du cardinal de Wolsey, travailla
puissamment à la délivrance du pape Clément
VII, que les impériaux tenaient captif depuis la
prise de Rome. Malheureusement, ce même cardinal persuada à Henri VIII que son mariage
avec Catherine d'Aragon était nul, parce qu'il
était défendu par les Canons à une personne
d'épouser successivement deux frères. Le roi,
épris alors d'Anne de Boleyn, femme d'honneur
de la reine, écouta cette proposition et demanda
au pape la dissolution de son mariage. Mais les
juges que le pape avait nommés ne se pressant
pas de prononcer, il fit dissoudre son mariage par
Thomas Cranmer, archevêque de Cantorbéry, et
épousa Anne de Boleyn en présence de quatre
témoins. Le pape fulmina aussitôt l'excommunication contre Henri et la fit afficher à Rome. Le
roi, irrité contre le pape, saisit cette occasion
pour se soustraire à son obéissance. Il se déclara
chef et protecteur de l'Église anglicane. Tous
ceux qui ne voulurent point reconnaître cette
suprématie du roi furent chassés ou mis à mort,
et c'est pour ce motif que le cardinal Fisher et le
savant Thomas Morus furent décapités. Henri

porta encore plus loin sa fureur en faisant alliance avec les hérétiques. Les portes de son royaume leur furent ouvertes ; il détruisit les maisons religieuses d'Angleterre, confisqua leurs biens, abolit l'ordre de Malte et fit brûler les ossements de S. Thomas de Cantorbéry. Quelque temps après, il fit trancher la tête à Anne de Boleyn sur des soupçons d'infidélité et de trahison, pour épouser Jeanne Seymour. Cette princesse étant morte peu après en devenant mère, il épousa Anne de Clèves, qu'il répudia bientôt à cause de sa laideur pour épouser Catherine Howard, fille du duc de Norfolk. Catherine fut aussi mise à mort sous prétexte de fautes antérieures au mariage, mais plutôt dans le but de satisfaire sa passion pour Catherine Parr, veuve d'une grande beauté, qu'il épousa en 1545. La guerre s'étant rallumée alors avec la France et l'Écosse, Henri se mit à la tête de son armée, prit Boulogne sur les Français, et brûla Leth et Édimbourg en Écosse. De retour en Angleterre, il érigea en évêchés les villes d'Oxford, de Westminster, de Bristol, de Chester et de Glocester, réunit le pays de Galles à l'Angleterre, et fit de l'Irlande un royaume. Ce prince, après avoir causé beaucoup de maux à l'Église en Angleterre, mourut dans l'apostasie comme il avait vécu, en 1547, âgé de 57 ans, après en avoir régné trente-huit. Il déclara par son testament qu'Édouard, fils de Jeanne Seymour, serait son successeur ; en cas de mort d'Édouard, il lui substituait Marie, fille de Catherine d'Aragon, et à défaut de celle-ci Élisabeth, fille d'Anne de Boleyn.

CHAPITRE XX.

RÈGNE D'ÉDOUARD VI.

ÉDOUARD VI, fils d'Henri VIII et de Jeanne Seymour de la maison de Sommerset, monta donc sur le trône après la mort de son père, en 1547. Comme il n'avait alors que dix ans, le royaume fut mis sous la régence du duc de Sommerset, son oncle. Ce duc et Cranmer, archevêque de Cantorbéry, tous deux entrés dans la religion protestante, achevèrent de l'introduire dans le royaume et de la faire accepter par un peuple porté à la nouveauté. Le règne d'Édouard fut court, mais non exempt de graves événements causés par le chagement de religion. Ce jeune prince, élevé dans la doctrine de Calvin par le duc de Sommerset, en adopta les principes, et cette nouvelle doctrine, jetant de jour en jour de plus profondes racines grâce à l'appui du gouvernement, causa la ruine de la religion catholique en Angleterre. La messe y fut abolie, les églises pillées et les statues des saints brisées. Seuls les ministres protestants avaient le droit de prêcher leurs erreurs. Les désordres que causa un changement si subit furent suivis de la guerre contre les Écossais, qui avaient alors les

Français pour défenseurs. Ce fut dans cette conjoncture qu'arriva, en 1553, la mort d'Édouard VI, après un règne de six ans.

CHAPITRE XXI.

RÈGNE DE MARIE D'ANGLETERRE.

MARIE d'Angleterre succéda à Édouard en 1553. Elle était, nous l'avons vu, fille d'Henri VIII et de Catherine d'Aragon. Le roi, qui était alors sans enfants mâles, la fit élever comme l'héritière présomptive de la couronne ; mais ayant épousé ensuite Anne de Boleyn, et se flattant d'avoir bientôt un prince, il enleva à Marie la principauté de Galles, et la renvoya chez sa mère qu'il avait répudiée. Cependant, après la mort d'Édouard VI, les Anglais la rappelèrent et la placèrent sur le trône. Jeanne Grey, duchesse de Suffolk, petite nièce d'Henri VIII, lui disputa la couronne. Elle fut soutenue par les ducs de Northumberland et de Suffolk, qui s'emparèrent de la tour de Londres, et excitèrent des mouvements de révolte dans la ville. Mais le parti de la reine était le plus fort et prévalut, et Jeanne, duchesse de Suffolk, eut la tête tranchée avec son mari. Les ducs de Northumberland et de Suffolk, victimes malheureuses de leur ambition, périrent aussi. La reine Marie, élevée dans le sein de la religion catholique, tâcha de la rétablir dans son royaume ; informée bientôt des brigues et des trames qu'ourdissait contre elle la princesse Élisabeth, elle la fit enfermer dans la tour de Londres. Peu après Marie épousa Philippe, fils de l'empereur Charles-Quint. Par ce mariage, elle s'assurait le repos et la tranquillité, dont elle ne jouit pas longtemps. Elle mourut sans enfants en 1558, après un règne de cinq ans.

CHAPITRE XXII.

RÈGNE D'ÉLISABETH.

ÉLISABETH, reine d'Angleterre, et l'une des plus célèbres princesses dont l'histoire fasse mention, était fille d'Henri VIII et d'Anne de Boleyn. Elle naquit le 8 septembre 1533. Elle apprit dans sa jeunesse la géographie, les mathématiques et l'histoire, qui lui servirent de consolation dans la prison où la retint pendant sa vie la reine Marie, sa sœur. Cette princesse, qui se défiait de l'esprit d'Élisabeth, et encore plus de sa politique, voulut la faire mourir plus d'une fois. Elle pressentit tous les maux qu'elle causerait un jour à la religion catholique et au royaume ; mais incertaine dans ses résolutions, et hésitant sans cesse sur le parti qu'elle devait prendre, elle mourut le 17 novembre 1558 et Élisabeth lui succéda.

Cette princesse redoutait la puissance d'Henri

II, roi de France, qui avait fait déclarer le Dauphin, son fils, roi d'Angleterre, à cause de son mariage avec Marie Stuart, reine d'Écosse. Elle se défiait aussi de Philippe II, roi d'Espagne, qui s'intéressait particulièrement à Catherine d'Aragon, veuve d'Henri VIII, qui avait été répudiée par ce prince. Dans ces circonstances, elle se hâta de se rendre à Londres, se fit couronner par l'archevêque d'York, le 15 janvier 1559, et promit qu'elle défendrait la religion catholique, et qu'elle conserverait le privilège des Églises. Mais peu après son couronnement, elle oublia la promesse solennelle qu'elle avait faite. Elle favorisa le calvinisme dans son royaume, se fit déclarer chef de la religion anglicane, et prit ouvertement le nom de protectrice de la religion protestante avec le titre de souveraine gouvernante de l'Église tant au spirituel qu'au temporel. Cependant, pour satisfaire quelques esprits inquiets et remuants dont elle se défiait, elle laissa subsister plusieurs usages qui lui parurent indifférents, comme les ornements d'églises, les titres d'évêque, de chanoine, de prêtre, l'abstinence en carême et même les vendredis et samedis. Malgré ces prétendues facilités, les prélats qui s'opposèrent à l'établissement de la religion protestante, devinrent les victimes de sa colère. Ils furent chassés ignominieusement de leurs églises, et les plus ardents à la résistance finirent leur vie, ou dans une cruelle prison, ou dans les tourments. Elle témoigna aussi une grande haine pour les jésuites, et elle en fit mourir plusieurs qui, malgré ses défenses réitérées, prêchaient hautement la foi en Angleterre, entre autres Edmond Campian, un des plus célèbres par son zèle et par son savoir. Les États de son royaume la prièrent de n'épouser aucun prince étranger, dans la crainte que la religion ne devînt le prétexte de la guerre. Elle se rendit à leurs désirs et tint parole. Le chancelier Bacon tâcha de la persuader de se marier, mais vainement ; Hirch, son médecin, l'avait assurée qu'elle ne pouvait devenir mère sans risquer sa vie. Quelques historiens prétendent que son médecin avait été gagné par les mécontents pour lui tenir ce langage. Quoi qu'il en soit, le pape Pie V, outré de voir la religion abolie et le triomphe du calvinisme, l'excommmunia en 1569, et mit son royaume en interdit. Mais les censures ecclésiastiques, loin de l'effrayer, ne servirent qu'à multiplier les édits contre les catholiques, et elles les contraignit même presque tous à quitter le royaume. Ceux qui voulurent secouer son joug odieux périrent avec leurs chefs, les comtes de Northumberland et de Vertmor. Sur ces entrefaites Élisabeth, instruite des mauvais traitements que Marie Stuart, reine d'Écosse et veuve de François II, avait essuyés dans ses États, d'où elle avait été chassée un jour même par ses sujets, touchée des malheurs de cette princesse, la reçut avec bonté. Mais peu après la reine la fit arrêter sous de vains prétextes et la tint dix-huit ans en prison, puis elle nomma des juges pour lui faire son procès. Le plus grave des crimes qu'on lui imputait était d'avoir fomenté des troubles à Londres, et d'avoir fait tous ses efforts pour sortir de captivité et renverser la reine. Belieure, que le roi Henri III avait envoyé pour la défendre, parla inutilement. La politique d'Élisabeth éluda les raisons de cet ambassadeur, et elle fit trancher la tête à Marie Stuart, le 8 février 1587.

Ce fut dans ces circonstances que les Pays-Bas, révoltés alors contre Philippe II, roi d'Espagne, briguèrent l'alliance d'Élisabeth, qui leur envoya du secours. Ce prince, de son côté, mit en mer une puissante flotte, l'*invincible armada*, pour conquérir l'Angleterre. Mais les vents et les écueils combattirent pour cette princesse, qui remporta plusieurs avantages sur Philippe II. Peu après elle répondit aux ambassadeurs de Hollande, qui voulaient la reconnaitre pour leur souveraine, qu'il n'était ni bon ni honnête de s'emparer du bien d'autrui, et qu'elle était contente du royaume qu'elle possédait. Pour répondre aux marques d'amitié que lui donnaient les États-Généraux, elle leur envoya de puissants secours contre les ennemis qu'ils avaient à combattre. Elle aida également de ses troupes Henri IV, roi de France, et fit alliance avec lui. Cette princesse s'était rendue si redoutable qu'elle se faisait craindre de toutes les puissances de l'Europe, étonnées de sa politique. Désireuse d'étendre les bornes de son royaume, elle fit la conquête de l'Irlande. Le capitaine Drak et quelques autres partisans anglais soumirent plusieurs pays en Amérique, connus sous le nom de Virginie, où il se faisait un très grand commerce. Enfin cette princesse, après avoir employé toute son habileté à étendre sa domination jusque dans les pays les plus reculés, et s'être universellement fait craindre et respecter, mourut le 3 avril 1603, âgée de 70 ans, après en avoir régné 44. Le chagrin d'avoir fait mourir sur de faux soupçons le comte d'Essex, le plus cher de ses favoris, précipita sa fin.

Son règne a été fécond en projets et heureux dans leur exécution. Ses cruautés et ses injustices contre la religion catholique sont inoubliables et forment une grande tache dans sa vie. La mort de l'infortunée Marie Stuart et celle du comte d'Essex entachent également et à tout jamais sa mémoire. Cependant l'histoire lui reconnaît quelques grandes qualités. Elle avait beaucoup de sagacité et un caractère énergique et entreprenant. Les circonstances du temps favorisèrent singulièrement ses entreprises, et elle obtint sans cesse la victoire au dehors et la paix à l'intérieur de ses États. Aux yeux des historiens anglais, son règne fut des plus glorieux. L'Angleterre possédait alors beaucoup de grands hommes d'État et de guerre qui ne contribuèrent pas peu à rendre l'Angleterre florissante.

Si nous mettons de côté les cruautés qu'exerça Élisabeth et sa persécution contre l'Église catholique, elle mérita l'éloge que voici :

Élisabeth, reine d'Angleterre, n'avait que 20 ans quand elle monta sur le trône. Avec de la grandeur et de la fierté, elle avait une douceur naturelle qui retenait les peuples et les grands dans le devoir. La conduite qu'elle tint pendant quelque temps dans le gouvernement peut servir de modèle aux plus grands princes et aux plus sages politiques. A l'âge de 17 ans, elle savait le latin et le grec. Elle traduisit du grec en latin deux discours d'Isocrate. Outre sa langue maternelle elle parlait l'italien, le français, l'allemand, le latin et le grec même. La force de son esprit et de son caractère, sa prudence et la finesse de sa politique la mirent en état de résister à deux grands rois : Henri II, roi de France, qui avait fait déclarer le dauphin, son fils, roi d'Angleterre, et lui avait fait épouser Marie Stuart ; et Philippe II, roi d'Espagne, qui voulait venger l'honneur de Catherine d'Aragon, sa sœur, qu'Henri VIII, père d'Élisabeth, avait répudiée. Les ducs d'Anjou et d'Alençon, et l'archiduc d'Autriche firent ce qu'ils purent pour mériter ses bonnes grâces ; mais elle sut se servir d'eux à propos sans leur donner sa main. Ses armes, comme nous l'avons dit, furent toujours heureuses contre ses sujets révoltés et contre les princes étrangers, et, par une politique adroite, elle sut se rendre redoutable à tous les ennemis de l'État.

CHAPITRE XXIII.

RÈGNE DE JACQUES Ier.

JACQUES Ier était fils d'Henri Stuart, duc de
Levox, et de Marie Stuart, reine d'Écosse.
Il naquit en 1566, et devint roi d'Angleterre
en 1603, après la mort de la reine Élisabeth, qui
l'avait désigné pour son successeur comme étant
son plus proche parent. Ce prince réunit à son
couronnement les royaumes d'Écosse, d'Angleterre et d'Irlande, et prit le nom de roi de la
Grande-Bretagne. Livré aux erreurs du schisme
qui régnait alors en Angleterre, et ennemi
déclaré de la religion catholique, il ordonna, en
1604, à tous les prêtres catholiques de sortir de
ses États. Jamais prince n'a été plus zélé protecteur de l'Église anglicane. Comme le changement
de religion avait fait bien des mécontents, on
conspira contre le roi et les pairs, et l'événement
le plus mémorable et le plus singulier de son
règne fut la conspiration des poudres en 1605.
Les conspirés avaient loué une maison attenante
à la salle du Parlement, et avaient formé le noir
projet de creuser une mine sous cette salle, afin
de la faire sauter lorsque le roi, la famille royale,
les pairs et les Communes y seraient assemblés.
Ils placèrent trente-six barils de poudre dans la
mine et les couvrirent de fagots et de bois. Le
jour de l'assemblée approchait. Aucun des con-

jurés n'avait parlé. Une lettre ambiguë écrite par
un des conjurés fut remise au roi, qui en saisit le
sens. La conjuration fut découverte et punie. On
sut que le vrai motif de cette conspiration était
la persécution religieuse ; mais le roi, dans un
discours qu'il fit au Parlement, dit hautement que
si des vues de religion avaient poussé les conjurés, tous les catholiques romains n'avaient pas,
par cela même, trempé dans la conspiration, et
ne méritaient pas le même reproche.

Jacques Iᵉʳ, échappé à cette catastrophe immi-
nente, fit dresser, en 1606, la formule du fameux
serment concernant l'indépendance du roi d'Angleterre, serment qui a été toujours exigé depuis.
Dans un voyage en Irlande, il donna des lois
aux habitants de ce royaume, qui vivaient depuis
longtemps sans code et sans discipline. De retour
à Londres, il convoqua un Parlement dans lequel
se formèrent les partis connus sous les noms de
Tories et de Whigs, dont le premier est pour le
roi, et le second pour le peuple. Enfin Jacques Iᵉʳ,
après avoir régné pendant vingt-deux ans, mourut le 6 août 1625, dans l'erreur et le schisme,
âgé de 60 ans. Sa vie fut une suite de malheurs
et de craintes pour sa personne, par suite des
troubles religieux qu'il avait entretenus. Ce prince
avait eu pour maître le célèbre Buchanan, qui le
forma dans la connaissance des belles-lettres. Il
apprit aussi la théologie et composa même quelques ouvrages de controverse. Plus versé dans
les ouvrages de théologie que dans l'art de régner,

il ne sut pas profiter, en montant sur le trône, de
l'état où se trouvait l'Angleterre, et encore moins
du zèle et de l'affection que ses peuples lui témoi-
gnèrent tout d'abord. Au lieu de se livrer en
prince prudent et habile aux affaires de son
royaume, les premiers soins qui l'occupèrent
furent de donner des lois à une assemblée de
théologiens concernant des points de foi et de
discipline, matière dans laquelle il fit paraître la
supériorité de son savoir et l'étendue de ses
lumières. Il eût été bien plus heureux s'il eût su
faire revivre le christianisme. Ce prince avait eu
deux protégés. Le premier fut Robert Carr,
vicomte de Rochester, et l'autre, le duc de Bukingham. Il prit soin de l'éducation du premier, et
trouvant dans Robert Carr des dispositions favorables, il le forma aux sciences propres à un
ministre d'État. Parvenu à un certain âge, il
l'admit dans son conseil privé, et plaça entre ses
mains la direction de toutes les affaires et même
des intérêts politiques. Mais Rochester ne sut
pas se maintenir longtemps dans les bonnes
grâces de son maître. S'étant rendu coupable
d'un empoisonnement pour plaire à sa femme, il
fut enfermé avec elle dans la tour de Londres.
Après quelques années de prison, le roi lui rendit
la liberté et lui accorda même une pension avec
laquelle il chercha une retraite éloignée de la
cour, où il traîna une vie longue dans l'obscurité
et l'infamie. La chute de Rochester et son ban-
nissement ouvrirent le chemin de la fortune à

George de Villiers, jeune homme de vingt ans
et cadet d'une illustre maison. Il se fit remarquer
à la cour par une belle physionomie, un air fin,
de l'esprit et des talents. Le roi, prévenu en sa
faveur, le fit d'abord son grand échanson. Il le
créa ensuite comte, marquis et duc de Bukingham ; et ayant acquis de grandes connaissances
dans le gouvernement politique, il le fit son premier ministre. Ce favori engagea le prince de
Galles, qui fut depuis Charles Ier, à demander
au roi en mariage l'infante d'Espagne, princesse
aussi aimable que vertueuse. Le roi, qui ne pouvait rien refuser à son favori, y consentit d'abord ;
mais des raisons politiques le détournèrent ensuite de ce mariage, et son fils finit par épouser
Henriette de France.

CHAPITRE XXIV.

RÈGNE DE CHARLES Ier.

CHARLES Ier naquit à Dumfermling, le 20 mars
1600. Il succéda à son père en 1625, et
fut roi d'Angleterre, d'Écosse et d'Irlande. Il
épousa la même année Henriette de France, fille
d'Henri IV et sœur de Louis XIII. Deux ans
après, la guerre s'alluma entre la France et l'Angleterre à cause du calvinisme. Charles, sollicité
vivement par les protestants qui lui demandaient
des secours contre la France, leur envoya des

troupes sous les ordres du duc de Bukingham à l'île de Ré ; mais cette entreprise échoua. Les Anglais furent défaits et leur flotte fut mise en déroute. Charles Ier envoya, en 1628, une seconde flotte devant La Rochelle ; elle ne fut pas plus heureuse que la première. Les protestants s'étaient réfugiés dans cette ville, mais les Français s'en emparèrent et un traité intervint. Quelque temps après, les Écossais, peuple remuant et séditieux, se révoltèrent et prirent les armes contre leur roi, qui envoya des troupes pour les soumettre ; puis il leur pardonna. Loin de les apaiser, cette marque de bonté les rendit plus insolents, et ils se révoltèrent de nouveau. Sur ces entrefaites les parlementaires, mécontents du gouvernement et de l'autorité que le roi donnait à ses ministres, levèrent aussi l'étendard de la rébellion. Charles fut obligé, après en avoir puni quelques-uns des plus mutins, de prendre les armes, en 1644, pour maintenir son autorité contre ses sujets, qui lui firent une guerre si opiniâtre, qu'après plusieurs sièges et combats malheureux pour ses troupes, ils le dépouillèrent de ses États. Le roi, abandonné de tous, se réfugia en Écosse, où le peuple, après avoir été l'objet de sa clémence, le livra indignement aux Anglais. Il fut donc ramené à Londres et enfermé étroitement dans le palais de Saint-James. Le 20 janvier 1649, le Parlement s'étant assemblé à Westminster, et ayant choisi pour président Bradsham, qui était un petit avocat et l'un des

plus animés contre le roi, on conduisit ce prince
devant le peuple, et l'ayant fait asseoir, on lui lut
l'ordonnance de la Chambre des Communes, qui
donnait pouvoir aux président et commissaires
de lui faire son procès. Ensuite Couk dit à haute
voix qu'il accusait Charles Stuart de trahison et
d'autres crimes, au nom de la nation, et qu'il re-
quérait lecture des charges et informations qui
l'accablaient. Les charges portaient que le roi, lié
par son serment de gouverner selon les lois du
royaume, les avait violées en exerçant une autorité tyrannique, en supprimant les États-Généraux, en faisant la guerre sans justice à son
peuple, et en étant ainsi la cause de tous les
meurtres et violences qui avaient été commis à
ce sujet. Cette lecture faite, on demanda au roi
de répondre à ces accusations ; mais il refusa,
disant hautement que la Chambre des Communes n'avait pas qualité pour le juger, qu'il ne
reconnaissait point l'autorité de cette nouvelle
Cour, et demandant de parler dans la Chambre
des pairs. Les juges, ayant rejeté sa demande,
prononcèrent l'arrêt qui condamnait Charles
Stuart, roi d'Angleterre, comme traître, meurtrier et ennemi de son peuple, à avoir la tête
tranchée. Ce prince fut conduit le lendemain à
l'échafaud, accompagné de l'évêque de Londres,
du colonel Tomlis et des grands-officiers de sa
maison, et, après avoir proclamé son innocence,
il mourut le 30 janvier 1649, de la main du bourreau. Son corps fut quelque temps exposé à la

vue du peuple, puis conduit à Windsor, où il fut
déposé dans la chapelle royale sans autre inscription que ces trois mots : *Charles, roi d'Angleterre.* Cromwell, dont l'autorité commençait à
s'affirmer à Londres, ne voulait pas allonger cette
inscription. Le lendemain de la mort de ce prince,
les Communes défendirent, sous peine de trahison, de proclamer roi le prince de Galles, son
fils, et ordonnèrent que la nation serait dorénavant gouvernée sans roi et sans Parlement, par
un conseil de 40 membres élus. Cependant Cromwell, dont les vues ambitieuses ne tendaient qu'à
la domination, s'empara de tous les pouvoirs et
devint le maître absolu. Charles Ier eut, pendant
son règne, deux favoris, dont l'un fut le duc de
Bukingham, ministre fier, insolent et odieux aux
Anglais, qui ne vécut pas longtemps. Il fut tué
par un nommé Felton, à qui ce duc avait refusé
une compagnie dans son régiment. A la première
nouvelle de cet assassinat, le roi ne parut pas
ému, ce qui fit croire qu'il ne regrettait point un
ministre détesté de la nation. Cependant il demanda que Felton fût appliqué à la torture pour
lui faire avouer les noms de ses complices ; mais
les juges firent remarquer que ce n'était pas la
loi, et Felton fut appelé devant les juges du pays
et condamné à mort. Le chevalier Weuwort,
que le roi avait créé baron, puis comte de Stafford, succéda à Bukingham comme favori et premier ministre ; mais il gouverna l'Angleterre
avec trop d'autorité, et son crédit le rendit aussi

odieux au peuple. Stafford, voyant les esprits
déchaînés contre lui et redoutant la haine des
Anglais, demanda instamment au roi sa retraite.
Le roi s'y opposa et le retint auprès de lui. Dans
ces circonstances, Stafford fut accusé en plein
Parlement de plusieurs crimes. La haine de ses
ennemis l'emporta et, sans avoir égard à sa
défense, le condamna à perdre la tête. Le roi,
persuadé de l'innocence de son ministre, mais
cédant à la crainte et aux importunités d'un
peuple insolent et furieux, signa l'arrêt de sa
mort. Mais il s'en repentit aussitôt et envoya sur-
le-champ un de ses officiers au comte de Stafford,
pour l'informer de ce que la nécessité lui avait
arraché. Le comte, frappé d'étonnement, pro-
nonça avec fermeté ces paroles de l'Écriture :
*Ne mettez pas votre confiance dans les princes et
dans les enfants des hommes, parce qu'il n'y a
point de salut à en attendre.* Le roi fit un nouvel
effort et remit entre les mains de son fils une
lettre adressée aux pairs à l'effet d'adoucir sa
peine. On n'en tint nul compte. Stafford monta
à l'échafaud la tête levée et avec un air de dignité
qui prouvait son innocence. Son discours avant
sa mort fut décent et courageux, et il finit par
ces mots : « Je vais reposer ma tête sur le banc
aussi volontiers que je l'aurais fait pour dormir. »
Charles Ier, pénétré de chagrin, conserva jusqu'au dernier moment de sa vie un vif regret de
la mort de son favori et de la faible complaisance
qu'il eut de signer l'arrêt de sa mort.

CHAPITRE XXV.

INTERRÈGNE DE CROMWELL.

OLIVIER Cromwell, fin politique et l'un des plus grands généraux de son siècle, naquit à Huntington, en 1603, d'une famille noble de ce comté. Il étudia à Cambridge et fit de grands progrès dans les Lettres. Il négligea la jurisprudence comme une science inutile à l'État, et ne s'attacha qu'à la politique et à l'histoire, où il puisa ses maximes qui l'ont rendu, depuis, le maître absolu de l'Angleterre. Après avoir fait ses études, il prit le parti des armes et se signala au siège de Kulh contre Charles Ier. Ce prince s'étant attiré la haine de son gouvernement, en 1641, ce corps lui déclara la guerre. Cromwell suivit le parti des rebelles, qui étaient soutenus par des chefs hardis et courageux. Il se mit à la tête de cent chevaux qu'il avait levés à ses dépens, et agit avec tant de bravoure qu'il fut créé lieutenant-général sous Manchester, généralissime des troupes du Parlement. Manchester l'envoya rejoindre Leslé qui s'approchait avec l'armée d'Écosse.

Cromwell, aussi intrépide qu'ambitieux, fut de toutes les batailles qui se livrèrent alors, et remporta même plusieurs avantages sur les troupes du roi. Comme il était insinuant et adroit, il se comporta avec tant d'habileté auprès du

peuple et de l'armée, qu'il acquit non seulement
une grande réputation parmi les chefs, mais
encore toute l'affection des soldats. Il fut ensuite
commissaire de l'armée sous Fairfax, qui avait
alors le commandement des troupes du Parlement. Il tailla en pièces, en 1644, l'armée royale,
battit le duc d'Hamilton, et tua de sa propre
main le colonel Legde, dans une sortie au siège
d'Oxford. Après la prise de cette ville, Cromwell,
enhardi par ses succès, se rendit au Parlement
escorté de ses amis, et entreprenant comme il
l'était, il fit prononcer la dégradation du roi pendant son absence. Dans ces conjonctures, les
Écossais, chez lesquels le roi s'était retiré, eurent
la lâcheté de le livrer à ses ennemis. Cromwell,
ne voyant plus d'obstacles à ses desseins, se fit
déclarer généralissime après la démission de
Fairfax ; il battit les troupes du roi, défit le duc
de Bukingham qui les commandait, en 1648, et
fit prisonnier le comte de Hollande. Après cette
victoire, il retourna à Londres, fit faire le procès
au roi, et lui fit trancher la tête. Enivré de sa
puissance, il abolit la monarchie, établit un conseil d'État, et donna à ceux qui le composaient
le titre de protecteurs du peuple et de défenseurs
des lois. Il passa ensuite en Irlande, où il fit lever
le siège de Dublin et défit le comte d'Ormond.
Il ne fut pas aussi heureux en Écosse, où les
États avaient pris les armes pour Charles II, fils
du roi, qu'ils voulaient rétablir sur le trône. A
son retour en Angleterre, Cromwell fut déclaré

Protecteur des trois royaumes avec un conseil de treize membres, dans lequel il avait voix prépondérante.

Les Hollandais étaient alors en guerre contre l'Angleterre. Cromwell marcha contre eux en 1653 ; mais, ayant perdu Tromp, leur général, les Hollandais songèrent à la paix, qui fut conclue en 1654. Cromwell déclara ensuite la guerre aux Espagnols, auxquels il enleva la Jamaïque et Dunkerque. Enfin, après avoir fait trembler plusieurs puissances, il mourut à Witheln, le 13 septembre 1658, et fut enterré avec grande pompe dans la chapelle d'Henri VII. Cromwell était sans religion, ou plutôt il ne suivait que celle qui s'accordait avec sa politique. Il avait de la bravoure et des talents ; il était hardi, dissimulé et capable des plus grandes choses. Il avait essayé de faire fleurir le commerce, d'étendre la domination de l'Angleterre, et fut un moment l'arbitre de l'Europe. Mais de si belles qualités furent obscurcies par l'abus qu'il en fit, par l'usurpation d'une autorité absolue qui ne pouvait lui appartenir, et par les moyens indignes et criminels qu'il employa à cette fin. Bossuet trace son portrait dans l'Oraison funèbre d'Henriette d'Angleterre et le dépeint comme une rare figure de fourbe et de misérable.

CHAPITRE XXVI.

INTERRÈGNE DE RICHARD CROMWELL.

RICHARD Cromwell, fils aîné d'Olivier, avait été désigné par son père pour lui succéder dans le protectorat de l'Angleterre, et même il fut nommé par le peuple protecteur de la république ; mais il manquait d'énergie et de diplomatie pour se maintenir dans un si haut rang. Des dissentiments s'étant élevés entre le peuple et les pairs au sujet des bornes à imposer au pouvoir des magistrats, qui, n'ayant plus de légitime souverain, étendaient trop leur autorité, Richard ne sut pas réprimer leur audace, ni cacher avec intelligence les mesures qu'il prenait pour mettre la flotte et la milice dans ses intérêts. Ses démarches ouvertes amenèrent la division entre lui et son armée. Fletwot et Desboroug, l'un beau-frère et l'autre oncle de Richard, attirèrent dans leur parti les principaux officiers de l'armée, et couvrant leurs vues ambitieuses du voile de la raison d'État ou d'une prudente politique, ils le déposèrent et prirent les rênes du gouvernement. Mais voyant que le peuple, favorable à Richard, se plaignait hautement de sa déposition, et redoutant pour eux-mêmes la haine des Anglais, ils envoyèrent une députation à Richard, le déchargèrent de ses dettes, qui étaient considérables, et lui accordèrent protection pour six mois. Richard, aussi incapable qu'insensible à l'honneur de régner, et préférant une vie tranquille au tumulte des affaires publiques, enleva les richesses qu'il trouva à Withal et se retira à la campagne, où il vécut dans la retraite, et mourut le 24 juillet 1702, âgé de 80 ans, après avoir exercé le protectorat pendant quelques années. Après lui la royauté fut rétablie en faveur de Charles II.

CHAPITRE XXVII.

RÈGNE DE CHARLES II.

CHARLES II, fils de Charles Ier, naquit à Londres, le 29 mai 1630. Henriette de France, sa mère, le fit élever avec soin, et choisit tous les maîtres capables de lui donner une haute éducation ; les voyages contribuèrent à le perfectionner. Ayant appris à La Haye la mort cruelle de son père, il passa en Écosse, où les Écossais le proclamèrent roi d'Écosse, d'Angleterre et d'Irlande. Mais Cromwell, qui s'était emparé de l'autorité, marcha contre lui à Dumber et à Worcester, et fit un sanglant carnage de ses troupes. Ce prince, après sa défaite, se sauva en bûcheron, puis en valet de chambre du colonel Lannes qui l'accompagnait, et arriva à Rouen ; de là, après avoir été informé que la France avait traité avec Cromwell, il se retira à Cologne. Ce fut alors

que les Espagnols déclarèrent la guerre à Cromwell, dont ils furent les victimes. Ils donnèrent
une pension à Charles, qui se retira en Flandre,
puis passa en Hollande jusqu'à la mort de Cromwell. Le protectorat d'Angleterre ayant été déféré,
après sa mort, à Richard, son fils, le général
Monk obligea celui-ci, homme faible et sans esprit, et, de plus, odieux à la nation, de se retirer.
Monk, s'étant rendu maître du Parlement et
ayant gagné les suffrages du peuple en faveur de
l'héritier présomptif de la couronne, rappela, en
1660, le roi et ses deux frères. Charles fut couronné l'année suivante, et, en 1662, il épousa
Catherine, infante de Portugal. Ce prince était
fort et robuste. Une taille majestueuse, un air
mâle, un ton poli, le rendaient sympathique. Si
ses malheurs passés avaient excité la pitié, sa
prospérité présente était un objet d'admiration
plutôt que d'envie. La révolution qui le rétablit
dans ses droits rendit aussi la paix, la liberté et
le bonheur à la nation. Jamais prince n'obtint la
couronne dans des circonstances plus favorables
et n'eut plus réellement d'empire sur le cœur de
ses sujets. A la vivacité et à la pénétration de
son intelligence, Charles joignait un jugement
solide. Il connaissait parfaitement le caractère des
hommes, et savait discerner la fausse politique
d'avec la bonne. L'habitude qu'il avait prise pendant son exil de vivre avec ses partisans plutôt
en ami qu'en monarque, lui fit conserver sur le
trône cet air d'affabilité et de douceur qui lui

concilia les plus fervents républicains. Il pardonna aux plus acharnés de ses ennemis, et prompt à oublier leurs haines anciennes, il se fit l'incarnation vivante de ses peuples et de la patrie. Monté sur le trône, son légitime et premier soin fut de faire juger et condamner ceux qui avaient été les auteurs de la mort de son père. Le général Harison fut exécuté avec six des plus coupables. Charles accorda la vie aux autres mais les fit emprisonner. Dans la septième année de son règne, arriva à Londres ce terrible incendie qui réduisit en cendres environ 600 rues et 13.000 maisons. Un boulanger fut la cause de ce malheur, et il fut le premier enveloppé par les flammes. La ville fut promptement rebâtie, et l'on donna aux rues plus de largeur et de régularité. Depuis cette résurrection, Londres est devenu un séjour plus sain et plus commode. Charles, occupé des affaires de son royaume et du gouvernement, ne négligea cependant rien de ce qui pouvait rendre sa cour agréable. Il était élégant sans affectation, ami des plaisirs sans bassesse, et l'idole de ses sujets. Il surpassait en réputation et en éclat ses contemporains. Son ambition, conduite par la prudence, réglait tout ce qui pouvait faciliter ses conquêtes, qu'il ne faisait que pour de justes motifs. Lorsqu'il se préparait à la guerre, il était, pour ainsi dire, assuré du succès. L'ordre régnait dans ses finances. Sa marine était puissante, ses armées nombreuses et bien disciplinées, ses magasins et arsenaux bien pourvus. Quoique sa cour fût brillante, une juste économie régnait dans ses dépenses. En 1664, ce prince eut à soutenir contre la France et la Hollande une guerre qui dura pendant trois ans. En 1667, il fit la paix avec la France, et en 1672 il s'unit avec elle contre les Hollandais, qui s'étaient rendus redoutables aux Anglais, et contre lesquels il lutta pendant deux ans. En 1679, on vit se relever en Angleterre les Whigs et les Tories, les uns tenant pour le peuple et les autres pour le roi. Ces deux partis firent de grands progrès en peu de temps et divisèrent l'Angleterre. En présence des factions qui désolaient son royaume, Charles travaillait à les calmer avec cette prudence et cette modération qu'il apporta toujours dans les conjonctures les plus délicates. Il fit fleurir le commerce, les sciences et les belles-lettres. Quoiqu'il parût plus porté à la douceur qu'à la vengeance, il punissait cependant sévèrement le crime, car il fallait des exemples dans un pays où les peuples étaient incessamment portés au murmure et à la sédition. Son règne, malgré ses grandes qualités, ne fut qu'une suite de conspirations et d'exécutions. Enfin, ce prince, après avoir subi bien des épreuves de la part des Grands plutôt que de ses sujets, mourut regretté le 16 février 1685, âgé de 65 ans, après en avoir régné 25. Le duc d'York, son frère, lui succéda sous le nom de Jacques II.

CHAPITRE XXVIII.

RÈGNE DE JACQUES II.

JACQUES II, fils de Charles Ier et d'Henriette, fille d'Henri IV, roi de France, naquit à Londres le 14 octobre 1633, et fut nommé duc d'York après la prise d'Oxford, en 1646. Les Parlementaires du parti rebelle, qui voulaient s'en défaire, le confièrent à la garde du comte de Northumberland, d'où il se sauva déguisé, et Damphiele, qui l'accompagnait, le mena en Hollande, chez sa sœur la princesse d'Orange. Après le régicide de son père, il quitta la Hollande et se rendit auprès de la reine sa mère, qui s'était réfugiée en France. Ce prince n'était alors âgé que de 20 ans. Il servit dans les troupes françaises sous M. de Turenne, et y donna des preuves d'une bravoure digne de sa naissance. Peu après il quitta la France et servit en Espagne avec le prince dé Condé, sous don Juan d'Autriche, en 1660. Ensuite il repassa en Angleterre avec le roi Charles II, son frère, qui fut rappelé par la nation et couronné l'année d'après. Celui-ci le fit amiral du royaume, et il commanda en chef l'armée navale que le roi envoya, en 1665, contre les Hollandais. La bataille fut rude et sanglante, mais il finit par l'emporter ; la flotte hollandaise était commandée par l'amiral Opdam, qui perdit 15 vaisseaux et périt dans la lutte. En 1672 il fut généralissime des deux armées navales de France et d'Angleterre. Il livra deux batailles contre les Hollandais. Dans la première, il changea trois fois de vaisseau et donna des marques éclatantes d'intrépidité. En 1681 il fut envoyé par le roi son frère en Écosse, où il apaisa les troubles excités par les presbytériens. Quatre ans après, ce prince fut proclamé roi à Londres, le 17 février 1685, sous le nom de Jacques II, quoiqu'il fût catholique romain. A peine monté sur le trône, le comte d'Argyle et le duc de Mommouth se soulevèrent contre lui ; la religion en fut le prétexte ; mais leurs troupes furent défaites, et ils eurent la tête tranchée.

Jacques II avait toutes les qualité requises pour fournir un bon règne et faire un grand citoyen dans la vie privée. Sa conduite était sans reproche. Économe, industrieux et appliqué aux affaires du gouvernement, il ne négligea point le commerce, qui est la principale ressource d'une nation, et en fit l'objet de toutes ses sollicitudes. Mais, comme catholique, il ne témoigna point de zèle pour l'Église réformée qui était la religion de l'État et qu'il avait promis tout au moins de respecter ; il était ainsi en opposition avec la majorité d'un peuple d'ailleurs toujours houleux, et il fut vite soupçonné de menées sourdes en faveur des *papistes.* Il paraît que son projet était de ne procurer à ses sujets catholiques que la tolérance et l'égalité des privilèges. Aux yeux des Anglais sa conduite prouva davantage, et ils se dirent qu'il était dangereux pour leur culte d'avoir un roi de la religion de Rome. Les membres du gouvernement persuadèrent donc sous main au prince d'Orange, qui avait épousé sa fille, de se rendre maître du royaume. Le stathouder de Hollande balança quelque temps sur le parti à prendre ; mais l'ambition et le désir de ceindre une belle courouronne le déterminèrent enfin. Secondé par la fortune, armé de courage et soutenu d'une flotte nombreuse, il tenta tout pour parvenir au trône. D'un côté le roi Jacques, exposé aux caprices d'une nation faiblement attachée à son souverain catholique et se croyant incapable de résister au torrent, prêta l'oreille au plus imprudent de tous les conseils : il abandonna le trône, et accorda à son ennemi ce qu'il n'aurait jamais pu espérer. D'un autre côté la reine, qui voyait un peuple toujours ameuté contre son roi, fut frappée, et redouta même une accusation parlementaire, dont on l'avertit que les reines n'étaient pas exemptes. Jacques II, prince faible et agité de toutes ces frayeurs, forma précipitamment le projet de passer en France. Il se hâta donc de faire partir d'avance la reine et le jeune prince son fils sous la conduite du comte de Laussun, qui était pour lors ambassadeur en Angleterre. Il choisit, lui, le temps de la nuit pour disparaître accompagné du chevalier Halles, un de ses favoris, et par des chemins détournés il se rendit à bord d'un vaisseau qui l'attendait à l'embouchure de la Tamise. Rien ne put égaler la surprise de la ville, de la cour et de tout le royaume, au premier bruit de cette fugue. On voyait le gouvernement sans chef et personne pour se mettre légitimement à sa tête. Tandis que le roi abandonnait ainsi ses États à l'ambition du prince d'Orange, on apprit à Londres qu'il avait été reconnu à Fervesham quoique déguisé, arrêté et maltraité même par la populace ; mais que les nobles de l'endroit l'avaient défendu et mis à couvert des insultes du peuple, sans consentir toutefois à son évasion.

Cette nouvelle jeta à Londres les factions dans le plus grand trouble. Le prince d'Orange, qui s'était déjà emparé du gouvernement, ne voulait pas que le roi s'avançât plus loin que Rochester ; mais le roi Jacques était déjà dans sa capitale et le peuple, ému de revoir son souverain, l'avait reçu avec de grandes acclamations de joie. Cependant, ce prince, privé de secours suffisants, ne pouvant compter sur l'Église protestante ni sur une grande partie de la noblesse et des Grands, craignant d'autre part un sort semblable à celui de Charles Ier, céda enfin à son malheureux destin. Pressé par les lettres de la reine sa femme, il s'embarqua de nuit sur une frégate qui le porta heureusement au port d'Ambleteuse, d'où il se rendit à Saint-Germain-en-Laye. Louis XIV y était alors avec sa cour. Ce monarque le reçut avec de grands sentiments de générosité, de respect et d'amitié. Il lui donna même des vaisseaux et des troupes avec lesquelles il passa en Irlande pour tenter de rentrer dans ses États. Malheureusement, battu sur terre à La Boyne et sur mer à La Hogue, il fut obligé de retourner en France. Louis XIV lui abandonna Saint-Germain-en-Laye, où il résida jusqu'à sa mort, arrivée le 16 septembre 1701, à l'âge de 68 ans. Son gendre lui succéda.

CHAPITRE XXIX.

RÈGNE DE GUILLAUME III.

GUILLAUME DE NASSAU, prince d'Orange, aussi habile politique que grand guerrier, naquit à La Haye le 14 novembre 1650, de Guillaume II de Nassau et d'Henriette-Marie, fille de Charles Ier, roi d'Angleterre. Il avait à peine 22 ans lorsqu'il se fit élire stathouder, c'est-à-dire gouverneur des Province-Unies, en 1672, et la même année il fut proclamé généralissime des armées de Hollande pour opposer une barrière à la rapidité des conquêtes de Louis XIV. Quoique malheureux et souvent vaincu, il fit fermement face à sa mauvaise fortune, et donna en toute occasion des marques de courage et de prudence, ce qui faisait dire aux Hollandais qu'il avait appris à régner dès le berceau. La

première guerre où il commanda en chef fut
poussée avec vigueur de part et d'autre, et terminée enfin par la paix de Nimègue en 1678.
Le prince d'Orange avait épousé l'année précé-
dente Marie Stuart, fille aînée du duc d'York,
connu depuis sous le nom de Jacques II, qui
monta sur le trône d'Angleterre après la mort
de Charles II son frère. A peine parvenu à la
couronne, Jacques II, plein de zèle pour la religion catholique, n'oublia rien pour la rétablir.
Il agit même avec énergie et autorité en cas-
sant tous les privilèges qui avaient été accordés
aux protestants. Il allait voir réussir son projet
lorsqu'il fut contrecarré par les principaux de la
nation, lésés et mécontents, qui s'adressèrent,
comme nous l'avons vu plus haut, au prince
d'Orange pour lui confier la défense de leurs
intérêts et la cause du protestantisme. Le prince
d'Orange, cédant à leurs sollicitations ou plutôt
guidé par des vues ambitieuses et habiles, songea
à se concilier la nation, et partit de Hollande
le 1er novembre 1688, suivi de quelques troupes
seulement, dans le dessein de faire rendre la
liberté au Parlement et de réclamer le rétablis-
sement des privilèges abolis. Néanmoins il ne
voulait ni s'exposer, ni mettre en péril ceux qui
l'accompagnaient ; mais une tempête violente
s'étant élevée, il fut obligé par les vents contraires de retourner en Hollande. Cependant
Jacques II, qui avait abandonné ses États,
était instamment prié par ses sujets de reparaître

dans son royaume, soit qu'ils fussent attachés à leur souverain, ou qu'ils redoutassent le gouvernement d'un prince étranger. Le roi acquiesça et aborda en cinq jours à Torbai, port dans la principauté de Galles. Il fut reçu avec de grandes acclamations de joie, mais peu de jours après, on le conjura de rétablir toutes choses comme par le passé et surtout de relever la religion protestante. Jacques refusa avec hauteur, ses sujets se mutinèrent de nouveau, et son armée l'abandonna. Ce prince, peu insinuant et peu diplomate avec des esprits difficiles, se voyant sans appui et en butte à la haine invétérée du Parlement, crut prudent de quitter définitivement l'Angleterre. Escorté de quelques-uns de ses plus fidèles sujets, il prit la fuite et aborda heureusement en France.

Après la victoire de La Boyne et la fuite de Jacques II, le prince d'Orange se trouva maître du pouvoir, et n'ayant plus d'ennemis à combattre que la France, qui avait prêté du secours à son beau-père, il s'allia contre elle avec les puissances confédérées. Il livra deux batailles funestes aux Français, et après bien du sang versé, il fut enfin reconnu roi d'Angleterre par le traité de Ryswick.

Trois ans après ce traité, mourut Charles II, roi d'Espagne. La guerre s'alluma de nouveau entre l'empire et la France pour la succession à la couronne de ce pays. Le prince d'Orange forma une nouvelle ligue avec l'empire et ses alliés ; mais il ne put voir la fin de cette guerre, il mourut le 20 mars 1702, à l'âge de 52 ans, après en avoir régné 13. Il ne laissa point de postérité de Marie Stuart, sa femme.

CHAPITRE XXX.

RÈGNE D'ANNE STUART.

APRÈS la mort de Guillaume de Nassau, prince d'Orange, Anne Stuart, seconde fille de Jacques II, mariée à George Christian, prince royal de Danemark, monta sur le trône, le 8 avril 1702. Le 23 du même mois elle fut couronnée reine d'Angleterre, d'Écosse et d'Irlande ; le 25 elle nomma des titulaires aux charges et dignités de sa maison ; le 27 elle déclara son Altesse royale le prince George généralissime de toutes ses forces de terre et de mer ; le 30 le duc d'Ormond obtint le commandement des forces navales, et le même jour le sceau privé fut donné au marquis de Normanby.

Dès qu'elle eut ceint la couronne, sa politique fut de s'unir avec l'empire, l'Espagne et la Hollande contre la France, et le 4 mai, de concert avec ces puissances, elle lui déclara la guerre. Son manifeste s'élevait contre les usurpations du roi de France en Espagne, et contre le pouvoir absolu qu'il y exerçait depuis la mort de Charles II. Cette guerre interrompit la navigation et le commerce de l'Europe. La campagne s'ouvrit par le siège de Keiservet, qui fut long et difficile. Après la prise de cette ville, la guerre n'en devint que plus vive, tant sur terre que sur mer, et les campagnes suivantes furent funestes à la France, par la perte des batailles d'Hoeslet et de Ramillies. Les combats sur mer ne lui furent pas plus favorables. Malgré tant de défaites les hostilités durèrent jusqu'à l'hiver de 1709, où la famine et maintes calamités publiques forcèrent enfin Louis XIV à demander la paix. Il envoya le président Poulliu à Anvers, pour conférer avec les ministres de Hollande. Le marquis de Torcy fut député ensuite à La Haye, pour négocier la paix et mettre la dernière main au traité projeté entre la France, l'Angleterre et les alliés. Mais, Louis XIV ayant rejeté les préliminaires du traité, les négociations furent rompues et les alliés, qui avaient pour généraux le prince Eugène de Savoie et le duc de Marlborough, continuèrent la guerre avec plus de vigueur. On ouvrit la campagne par le siège de Tournai, qui se rendit après une longue résistance. La prise de cette ville fut suivie de la bataille de Malplaquet, où commandaient les maréchaux de Villars et de Boufflers. Villars fut blessé et Boufflers fit une retraite aussi belle que glorieuse. Les alliés s'emparèrent ensuite de Mons. Enfin, après plusieurs années de luttes, intervint le traité d'Utrecht, qui fut signé le 11 avril 1713. Ce

traité fut suivi d'un autre concernant la navigation et le commerce, et signé le même jour. Sur
ces entrefaites la reine Anne Stuart, qui était
d'une complexion délicate et très impressionna-
ble, fut vivement émue des troubles qu'excitaient
à sa cour deux ministres qui se disputaient son
crédit et sa faveur. Elle en tomba malade le 26
juillet, et le 31 elle fut atteinte d'une apoplexie
dont elle mourut le 1er août 1714, âgée de 50
ans, après en avoir régné 12.

La pompe et l'éclat d'une cour brillante ne
diminuèrent en rien son activité et le souci des
affaires de son royaume. Sa douceur et son affabilité lui conciliaient tous ceux qui l'approchaient.
Aimée de ses peuples, elle en était la gloire et
faisait leur bonheur ; sensible aux besoins des
classes pauvres, elle les soulageait constamment
dans leurs misères. Enfin tout son règne a été
une ère de victoires au dehors, de prospérité et
de bienfaits à l'intérieur.

CHAPITRE XXXI.

RÈGNE DE GEORGE Ier.

APRÈS la mort de la reine Anne, l'Angleterre
n'ayant plus de légitime héritier depuis
l'expulsion de Jacques II et la retraite de son
fils, George Ier de Brunswick, duc et électeur
de Hanovre, fils d'Ernest-Auguste de Brunswick,

fut appelé à la couronne et proclamé roi d'Angleterre, par les trois États, le 11 août 1714. Jeune encore, il avait commandé l'armée impériale avec éclat, et s'était signalé dans les guerres faites aux ennemis de l'empire. Monté sur le trône, il soutint la guerre contre la France et l'Espagne par terre et par mer. Malheureusement ce prince, fort peu populaire, ne se fit pas aimer de ses sujets. D'un autre côté, le peuple voyait de mauvais œil la présence sur le trône d'un prince étranger à la dynastie des Stuarts. De là des rébellions, qui cependant furent promptement réprimées.

Plus tard le duc d'Orléans forma, pour le maintien de la paix d'Utrecht, une quadruple alliance entre l'Angleterre, la Hollande, l'Allemagne et la France. Philippe, roi d'Espagne, excité par le cardinal Alberoni, entra en lice ; mais sa flotte fut défaite par les Anglais au cap de Passaro, en Sicile, et il fut contraint d'abandonner ses projets.

Dans un voyage qu'il fit dans le Hanovre, George fut frappé d'apoplexie, et mourut en 1727, dans la soixante-huitième année de son âge et la treizième de son règne.

CHAPITRE XXXII.

RÈGNE DE GEORGE II.

GEORGE avait cinquante-quatre ans quand il monta sur le trône. Il fit la guerre à la France mais, accompagné de son fils, le duc de Cumberland, il fut défait par le maréchal de Saxe, fils naturel du roi de Pologne et de la comtesse de Konïgsmar, général dont l'expérience égalait la bravoure. La paix fut signée en 1748 ; elle ne fut pas de longue durée, l'Angleterre ayant embrassé les intérêts du roi de Prusse, qui prétendait avoir des droits sur la Bohême, dont la reine de Hongrie était en possession. Ce fut l'occasion de la guerre de Sept ans (1756-63). La France épousa les intérêts de l'impératrice, reine de Hongrie, et lui envoya des secours en hommes et en argent. Le roi de Prusse, après avoir traversé et dévasté la Saxe, porta ses armes dans la Bohême, et fit le siège de Prague, sa capitale. Mais il fut obligé de l'abandonner devant la vigoureuse résistance du feld-maréchal, comte Daun, qui commandait l'armée de l'empire. La guerre fut vive et sanglante entre les quatre puissances, tant dans le Bas-Rhin que dans l'électorat de Hanovre. L'Angleterre envoya des subsides et des troupes pour renforcer l'armée de Frédéric de Prusse, et paralysa ainsi les forces françaises. La même

année la flotte anglaise remporta une victoire sur
les Français, et un peu plus tard les Anglais
attaquèrent Dupleix, gouverneur de Pondichéry,
qui avait formé le projet de fonder l'empire des
Indes. Dupleix trouva partout sur son chemin
ces puissants adversaires. En 1752, deux de ses
armées furent détruites et une troisième fut prise.
La France, désireuse de faire la paix avec
l'Angleterre, rappela Dupleix.

En 1754, sous le ministère de William Pitt,
éclata la guerre du Canada. Depuis Henri IV,
les Anglais et les Français prétendaient avoir
des droits au Canada, et les Anglais trouvèrent
un prétexte dans la prise de Mahon pour déclarer
la guerre à la France. Nous décrivons ici, selon
un auteur autorisé, le siège et la prise de Québec,
qui amena la perte du Canada pour la France.

« Bâti sur un roc escarpé, Québec s'élève au-
dessus du port magnifique formé par le Saint-
Laurent à plus de cent vingt lieues de la mer.
Montcalm, en réunissant les troupes de ligne
qui lui restaient, les milices canadiennes et les
Indiens qui lui étaient dévoués, avait environ
dix mille hommes sous ses ordres ; en comptant
leurs forces de mer et de terre, les Anglais
devant Québec étaient bien supérieurs aux Français ; mais il n'était pas facile de tirer parti de la
flotte. Elle pouvait, il est vrai, bombarder la basse
ville assise au pied des escarpements sur lesquels
la haute ville est située ; le général Wolfe aima
mieux assaillir Montcalm dans ses retranche-

ments. Repoussé d'abord avec beaucoup de vigueur, le général anglais, par diverses attaques, réussit à distraire l'attention de Montcalm. Dans la nuit du 13 septembre 1759, ses bateaux, partis de trois lieues au-dessus du point où il voulait prendre terre, se laissèrent aller à la dérive jusqu'au pied des rocs escarpés que domine Québec. Débarqués dans l'obscurité, les soldats anglais gagnèrent, à travers les buissons et les ronces, le sommet de la plate-forme tracée au niveau de la haute ville. La bataille, que Montcalm avait évitée jusque-là, était désormais le seul moyen de sauver Québec ; il s'y détermina à l'instant, et vint attaquer les Anglais ; mais, dès le commencement de l'action, il fut tué, et son second mortellement blessé. Le général Wolfe, de son côté, eut le poignet cassé, et, bientôt après, la poitrine percée d'une balle ; mais en mourant il put dire : « Je meurs content, les Anglais ont vaincu. »

» Paroles dignes de celles de Montcalm expirant : « Tant mieux, je ne verrai pas la perte » des Français. » Monkton, qui prit la place de Wolfe, fut abattu comme lui d'un coup de fusil, et ce fut le général Townstend qui recueillit les fruits de la victoire. Le 18 septembre 1759 il reçut la soumission de Québec (1). »

Ce fut la perte du Canada, et le 8 septembre 1760, le marquis de Vaudreuil signa à Montréal

---

1. Sismondi, *Histoire des Français*, tom. III, pag. 584-85.

la capitulation par laquelle il abandonnait tout le pays aux armées britanniques.

Après un règne fort troublé, George II mourut le 25 octobre 1760.

CHAPITRE XXXIII.

RÈGNE DE GEORGE III.

GEORGE III, son petit-fils, lui succéda à l'âge de 22 ans. Il était né en Angleterre et y avait fait son éducation. C'est le premier prince hanovrien né sur le sol anglais ; aussi le peuple s'en réjouit-il. Son éducation avait été confiée à lord Harcourt, et son instruction politique à lord Bute, Écossais. En 1761, il épousa Charlotte-Sophie de Mecklembourg-Strelitz.

Sous son règne, la guerre a continué avec le même acharnement que sous son prédécesseur tant sur terre que sur mer. Pondichéry, Saint-Domingue et Belle-Isle devinrent la proie de l'Angleterre, par suite de la défaite des Français en 1761. Vers le même époque, une alliance fut contractée entre la France et l'Espagne contre l'Angleterre. Le ministre Pitt ayant eu vent de ce traité, la guerre fut déclarée contre l'Espagne en 1762, et l'issue en fut favorable aux Anglais. La France perdit sa meilleure possession dans l'Inde, et l'Espagne la Havane et Manille. De guerre lasse, les deux puissances vaincues désirèrent la paix, qui fut conclue à Fontainebleau, en 1763. Par ce traité, l'Angleterre rendait Belle-Isle à la France, mais retenait le Canada. L'Espagne dut céder la Floride.

Plus tard un autre arrangement fut conclu à Hubertsburg, en Saxe, entre Marie-Thérèse et Frédéric-le-Grand, dont les armes avaient été victorieuses en Allemagne avec celles du prince Ferdinand.

Après ce traité, l'Angleterre vit éclater la guerre pour l'indépendance de l'Amérique. L'occasion de cette guerre fut le vote du Parlement obtenu par le ministre Grenville, vote qui établissait une taxe sur les marchandises d'Amérique. Le Parlement jugeait équitable que les colonies payassent leur part dans les frais communs de la mère-patrie, d'autant plus que des dépenses avaient été faites en leur faveur. On commença par une imposition sur le thé. L'opposition américaine fut vive, et le premier bateau anglais qui aborda à Boston fut capturé et ses marchandises jetées à l'eau. Un congrès, composé des représentants des douze plus anciennes colonies, se tint à Philadelphie en 1773, dans un but de confédération, et en 1776 ces colonies votèrent leur indépendance sous le nom d'États-Unis. Washington fut nommé commandant général. La première rencontre avec les Anglais eut lieu à Bunker's-Hill, près Boston. L'armée des confédérés se battit avec acharnement, mais l'armée anglaise resta victorieuse. Cependant,

en 1780, leur indépendance fut reconnue par la
France, l'Espagne et la Hollande. Plus tard
plusieurs engagements eurent lieu encore sur
terre et sur mer. L'année 1780 fut remarquable
pour les Anglais par la prise de Charleston.
Enfin l'indépendance des États-Unis fut définitivement reconnue par le traité de Versailles en
1783.

Durant la dernière période de la guerre avec
l'Amérique, l'Angleterre vit d'un œil inquiet la
formation d'une alliance entre la Russie, le
Danemark et la Hollande. Cette alliance avait
pour but de mettre des bornes aux plans de
conquête de l'Angleterre. Ces puissances avaient
vu à regret l'insuccès des Français et des Espagnols contre l'armée anglaise à Gibraltar, ainsi
que la formation de l'empire des Indes.

Mais terminons ici, notre cadre est rempli,
notre tâche achevée ; nous touchons à la grande
Révolution française de 1789 qui va attirer sur
elle les regards de toute l'Europe et marquer
une nouvelle ère dans ses destinées.

Autres Pays anciens d'Europe et d'Asie.

IL paraît, d'après les chroniques, qu'il n'y a eu aucune forme de gouvernement en Russie sous les premiers tsars. La volonté du souverain était l'unique loi. Yvan IV fit des lois et forma un corps de droit. Anciennement, quand un tsar voulait se marier, on assemblait les filles nobles les plus distinguées, et il faisait son choix. Aujourd'hui, les tsars épousent des filles ou sœurs de rois ou des princesses. Macarius, métropolite et archevêque de Nougoroth, couronna Yvan IV, premier tsar. Sous son règne, il arriva à Moscou un incendie qui consuma un grand nombre de livres et d'habitations. Macarius alla dans l'église métropolitaine implorer le secours de Dieu, et emporta l'image de la Sainte Vierge et les livres sacrés que Cyrille avait apportés de Constantinople. Depuis, Macarius se brouilla avec Yvan IV, qui le relégua dans un couvent. Ensuite, fatigué de ses remontrances, il le fit mourir, et les moines du couvent le mirent au nombre des martyrs.

Le synode de Russie, qui est sous la haute main du tsar, a deux présidents, et lorsqu'il en meurt un, on se retire. Le tsar nomme son successeur sur deux qui lui sont présentés par le synode, qui compte en outre un archevêque. Le synode a son bureau de justice, sa Chambre de finance, et un bureau chargé de l'inspection de l'enseignement et de l'imprimerie. Quand il s'agit d'une affaire importante, le tsar assemble le sénat et le synode qui siège au-dessous des sénateurs.

Le clergé de Russie comprend et entretient un archevêque et plusieurs évêques. Les archimandrites ont la manutention des couvents, et chaque ville a son prévôt. La confession auriculaire se pratique parmi les Russes. Tous vont à confesse à Pâques. Le confesseur est assis au milieu de l'église, et suit les usages et les cérémonies de l'Église romaine. Les Russes comme les Grecs communient sous les deux espèces. Le prêtre mêle le pain avec le vin dans le calice avant la distribution aux pénitents. L'usage des Églises est de consacrer au moment où l'on va donner la communion. On consacre le lundi de la semaine sainte pour les malades. Les prêtres, avant de consacrer le pain, le portent autour de l'église pour l'offrir à la vénération des fidèles. Les grandes fêtes en Russie sont au nombre de treize, et S. Nicolas, évêque de Myre, y est l'objet d'une grande solennité. Le patriarche Nicon, homme pieux et régulier, zélé dans ses fonctions, ordonna aux Russes de célébrer complètement les fêtes et dimanches.

Après bien des révolutions, des meurtres et des usurpations, on vit briller sur le trône de Russie Alexis, prince juste et bienfaisant, qui n'avait rien de la barbarie ni de la cruauté de ses peuples. Il eut de sa première femme plusieurs enfants, et sa seconde épouse, Nathalie

Nariskin, lui donna un fils qui devint Pierre le Grand, et une fille qui porta le nom de sa mère. Pierre le Grand était d'une taille avantageuse ; sa figure était noble, ses yeux vifs et pleins de feu. Il avait un tempérament robuste et propre aux plus rudes exercices, un esprit juste, et une conception aisée qui annonçait de grands talents. La nature l'avait formé pour être un prince législateur. Il civilisa la Russie, alors enveloppée dans les ténèbres du crime et de l'ignorance, et fit fleurir les sciences et les arts dans ses États. Pierre le Grand et Lefort, son favori, sentirent qu'il fallait, avant de rien entreprendre d'important, abattre les Strelitz, peuplade farouche et .sanguinaire. Il forma dans Presbasinski, sa maison de campagne, une compagnie de cinquante de ses jeunes domestiques, prit pour officiers de jeunes Boiards, enfants des Grands de l'empire, leur donna un uniforme, leur inculqua l'esprit de subordination et de discipline, les fit passer par tous les grades et en donna lui-même l'exemple. Il servit d'abord comme tambour, ensuite comme soldat, sergent et lieutenant. Cette conduite empêcha les murmures de Boiards, et leur apprit à commander après avoir su obéir. Ces jeunes nobles souhaitèrent par la suite de devenir les compagnons de guerre du souverain. Le tsar offrit des récompenses à tous ceux qui entreraient à son service, en Hollande, en Angleterre, à Genève. Il attira ainsi beaucoup d'étrangers à Moscou et les plaça dans la compagnie de Lefort, dans laquelle il servait alors comme soldat. Cette compagnie, s'étant augmentée considérablement, forma alors un régiment composé de plusieurs bataillons. On habilla ce régiment et d'autres, que le tsar forma et exerça, comme les troupes allemandes. Les marches, les évolutions, les campements, les sièges et les combats furent les plaisirs du prince, et apprirent à ses sujets l'art de la guerre. Le régiment Lefort fut le noyau d'une armée qui s'éleva bientôt au chiffre de 12.000 hommes, commandés par des colonels sous le généralat du tsar. L'Écossais Gordon forma un autre régiment composé d'étrangers dont il eut le commandement. Pierre le Grand, ayant discipliné ses troupes, établit un camp pour les aguerrir. On construisit un fort qu'il fallut attaquer et défendre, et on y livra un combat réel dans lequel plusieurs soldats furent tués ou blessés et notamment Lefort. Le tsar créa un modèle d'architecture en élevant un beau palais destiné à Lefort.

Pendant qu'il formait des soldats et établissait même une marine, l'empereur de Chine conclut avec lui un traité pour la délimitation des deux empires. Le tsar donnait alors toute sa confiance à son gouverneur Boris Galitsin. On persuada au tsar qu'il entretenait des liaisons coupables avec la princesse Sophie, femme ambitieuse. Le prince, sans trop examiner ces rapports, exila son gouverneur, et s'en remit pleinement à Léon

Nariskin, parent de la tsarine sa mère. Galitsin avait fait des changements notables, aboli des collèges, détruit des bibliothèques, et brûlé des livres que le tsar y avait fait placer ; et ce, malgré une défense formelle de rien innover sans permission. Dans ces conjonctures parut à la cour Mensikof, dont le père avait une échoppe dans laquelle il vendait de petits pâtés ; et c'était tout son commerce, auquel il destinait son fils Alexandre. Mais Mensikof, ayant plu au tsar par sa gaieté et ses saillies, devint son page et son favori. Il le suivit dans toutes ses expéditions militaires et dans tous ses voyages à travers ses États, et assista à toutes ses œuvres. La vie du tsar ayant été exposée dans une rébellion de la part de son fils Alexiowits et des principaux seigneurs de sa cour, on leur fit leur procès, et, convaincus, ils furent condamnés à mort ; mais Alexiowits vit sa peine commuée, et il fut enfermé dans un fort, où il mourut de maladie.

Le tsar, ayant rétabli la tranquillité, reprit son projet de réformes. Il institua un lieutenant de police dans chaque cité ; le luxe fut refréné et la débauche sévèrement punie. On fonda des hôpitaux dans les villes ; on bâtit des maisons régulières ; le prix des denrées fut réglé, et les Juifs, qui pressuraient le peuple par leur usure et leurs fraudes, furent chassés de la Russie. Il fit éclairer les rues pendant la nuit et y aposter des gardes. On pava les rues et on construisit des pompes contre l'incendie. Tout enfin prit une forme nouvelle dans la nation.

La Suède, en guerre avec Pierre le Grand, n'ayant pas voulu accepter les conditions qui lui furent faites, se ligua avec l'Angleterre. Le tsar assembla une flotte de 20 vaisseaux, dont il donna le commandement à l'amiral Apraxin, qui fit voile vers l'île Capel. Les Russes opérèrent leur descente près de Landsorf, pénétrèrent jusqu'à trois lieues de Stockholm, et saccagèrent villes, bourgs et villages qu'ils rencontrèrent. Apraxin avait même résolu de marcher droit sur Stockholm, mais apprenant que la flotte anglaise était en observation dans la mer Baltique, il se retira.

Le tsar et Catherine sa femme commençaient à jouir du repos, lorsque la mort leur enleva leur unique fils et héritier. Cette mort fut d'autant plus cruelle à leur cœur que la tsarine la regardait comme une punition de celle du prince Alexiowits. Le tsar, après avoir pleuré amèrement son fils, recommença la guerre contre la Suède, mais, épuisé de fatigues, il conclut bientôt la paix. En vertu du traité intervenu, les Russes évacuèrent les places qu'ils avaient prises en Suède ; mais celles qui étaient situées dans le duché de Courlande restèrent acquises pour assurer ce duché à la princesse Anne Iwanowna, qui a été depuis impératrice de Russie.

Le tsar, délivré de toute préoccupation du côté de ses voisins, donna alors tous ses soins à

son gouvernement, et favorisa puissamment les
sciences, les arts et le commerce, qu'il regardait
comme le nerf du pays. Il donna des fêtes à son
peuple, accorda une amnistie générale à tous les
prisonniers même de droit commun, et abolit les
impôts qui avaient été établis pendant la guerre.
Pour empêcher que l'argent ne sortît de son
empire, il seconda, éleva le travail national, fit
fouiller la terre pour découvrir des mines et porta
des règlements pour leur exploitation, établit
dans certaines villes des fonderies et des fabri-
ques d'armes à feu, des moulins à poudre, des
manufactures de toile, des papeteries et des
imprimeries, dont on donna la direction à un
homme fort entendu. Le tsar, qui avait beaucoup
voyagé dans les pays étrangers et surtout en
France, avait ramené avec lui à Moscou des
lettrés et des savants, pour instruire ses sujets.
Lui-même occupait ses loisirs à parcourir et
méditer des ouvrages qu'il avait rapportés. Un
Boiard avec lequel il causait un jour, lui ayan
représenté l'inutilité de ses efforts, affirmant qu'il
n'implanterait jamais la culture des lettres et la
civilisation en Russie, le tsar indigné de ce discours lui tourna le dos, et peu de temps après
on vit sortir un ouvrage de valeur de la plume
d'un Russe. Des assemblées étaient annoncées
le matin à la porte des particuliers ; on se réunis-
sait pour s'instruire dans la journée, et on ne se
quittait souvent que bien tard le soir. S'occupant
des moindres détails, Pierre le Grand consultait

les marchands et les ouvriers habiles sur tout ce qui pouvait promouvoir le négoce et l'industrie, celle même du bâtiment et des habitations confortables, pendant que ses soldats creusaient des canaux pour faciliter les transactions entre les diverses provinces.

Non seulement ce grand prince fit à la Suède une guerre qui dura dix-huit ans, mais il marcha encore contre Hussein, sophi de Perse, pour venger les cruautés qu'on avait exercées envers ses sujets dans la Scamachie. Mais le sophi s'inclina devant lui et implora même son secours contre Mirénéis, qui avait attaqué une partie de la Perse et s'était fait couronner à Hispahan. Le tsar lui accorda des troupes, mais elles n'eurent guère à combattre. Pendant l'éloignement du tsar, Mensikof, son favori, était à la tête des affaires de la Russie et se rendait odieux. A son retour, le tsar examina la conduite de Mensikof, et alla jusqu'à le frapper dans sa colère. Mais ce ne fut pas ce favori qui fut principalement puni, ce fut Séosirof, que des témoins subornés chargèrent et qui reçut le knout ; il aurait même eu la tête tranchée sans les prières de la tsarine en sa faveur. Après cet acte de clémence, il réforma des abus qui s'étaient introduits dans l'Église. Il fit couronner la tsarine dans la principale église de Moscou. Cette cérémonie faite, on le vit au milieu des architectes tracer des plans de bâtiments, et d'autre part animer les constructeurs de vaisseaux sur les chantiers, tout cela sans perdre de vue les savants, les littérateurs et les artistes. Il fit élever un observatoire comme à Paris, et ouvrit une grande bibliothèque. Il ne manquait à la Russie qu'une académie ; ce monarque voulut en établir une sur le modèle de l'académie des sciences de Paris, dont il avait désiré faire partie. Il en traça les règlements lui-même et on les trouva dans ses papiers après sa mort.

Le tsar contracta enfin par imprudence une maladie incurable. Il languit plusieurs mois dans cet état, puis, impatient, il s'adonna à l'intempérance, qui précipita sa fin. Les médecins et les chirurgiens ayant déclaré qu'il n'y avait plus de remède, Pierre le Grand vit approcher la mort sans aucun regret de la vie. Alors il fit appeler la princesse Anne pour ses dernières recommandations, mais soudain il perdit la parole et tomba dans une agonie qui dura six heures : il mourut entre les bras de la tsarine le 7 février 1725, dans la 54e année de son âge.

Pierre est un des plus grands monarques qu'ait eus la Russie. Il ne forma que de vastes projets, et sut surmonter les plus grands obstacles qu'il rencontra sur sa route. Monté sur le trône, la dissolution des mœurs, l'ignorance, la grossièreté et le fanatisme l'entouraient de tous côtés. Il quitta la Russie pour aller puiser à l'étranger des inspirations et des lumières, et ne dédaigna pas les plus humbles emplois de l'ouvrier même, afin de s'initier et de prêcher par le fait à toutes les classes de la société, comme il avait fait pour la vie militaire. Vertus rares, énergies singulières chez un prince, dans un puissant souverain surtout, et dont l'histoire offre peu d'exemples. Après sa mort, Catherine Skovoronski, sa femme, formée à son école, continua ces nobles traditions et contribua grandement à son tour à la prospérité de la Russie.

Saint-Pétersbourg, capitale de la Russie, est devenue célèbre depuis le tsar Pierre le Grand, et plus encore depuis le règne de l'impératrice Élisabeth sa fille. Le touriste est frappé d'y voir les transformations dues à la civilisation. La cour y est superbe ; les sciences et les arts y sont florissants et les grands établissements, qui y surgissent sans cesse, rayonnent en bienfaits de tout genre sur la nation. A côté de cette grande cité, il faut placer Moscou, l'ancienne capitale, ville superbe et d'une haute antiquité.

La Pologne.

LA Pologne est composée de l'État de la
Couronne et du grand-duché de Lithuanie.
Ces États ont leurs officiers particuliers qui
sont : un grand maréchal, un chancelier, un vice-
chancelier et un trésorier. Le grand maréchal est
comme le grand prévôt de l'hôtel en France. Il
connaît de tous les délits déférés à la cour et
devant les diètes ; il fixe le prix des denrées et
des marchandises ; il introduit aussi les ambassadeurs. Le chancelier connaît par appel de toutes
les causes et affaires civiles et de celles qui
regardent la justice royale, et le vice-chancelier,
en son absence, signe tous les arrêts. Le grand
trésorier reçoit tous les deniers publics, et les
compte avec des commissaires que le roi nomme
à cet effet. La Pologne ne contient plus que neuf
provinces.

En Pologne les enfants naturels ne peuvent
jamais prétendre à la noblesse, quand même ils
seraient fils des plus grands seigneurs. Un gentilhomme polonais est déchu de noblesse quand
il a exercé le commerce. Quand un gentilhomme
polonais achète un château, un bourg ou une
petite ville, les habitants de ces lieux deviennent
ses sujets. Il donne alors à ses fermiers des
terres pour la subsistance de leurs familles. Les
paysans ne peuvent changer de seigneur sans
son consentement.

Quand la guerre est décidée en Pologne, on convoque l'arrière-ban. Les gentilshommes prennent les armes avec leurs vassaux et leurs sujets. Ils ne peuvent déserter sans grave punition corporelle. La noblesse ne sert pas plus de 5 ans hors du royaume.

Les divertissements des gentilshommes sont la chasse et les festins, qui sont prodigieux ; de là des excès toujours très nuisibles à l'armée. Ils ne quittent jamais leur sabre, auquel leur mouchoir est suspendu avec un couteau dans une gaine. Ils coupent les poils de leurs chevaux très courts. Pour eux ils ne portent qu'une moustache. Leurs habits doublés de marte sont magnifiques. Leurs chaussures sont des bottines. Ils ferment leurs vestes, qui sont très courtes, avec des agrafes de diamant. Les hommes et les femmes portent dans les grands froids des peaux de marte autour du cou, et leurs bonnets fourrés sont ornés de plumes de héron attachées avec des roses de diamant. Les dames de qualité s'habillent et se coiffent à la française, et leur vêtement est de grand prix. Elles ne sortent jamais qu'en carrosse à six chevaux, et même en traversant simplement une rue, elles ont avec elles une suivante d'âge et un valet de pied. Elles sont sages et réservées, et nourrissent elles-mêmes leurs enfants.

Ces quelques détails suffisent pour faire apprécier la Pologne ancienne, ses mœurs, ses coutumes. Il est superflu de parler de ses rois, de

son organisation politique, puisque ce noble et
malheureux pays a été continuellement déchiré
par des dissensions intestines et est devenu
finalement la proie de ses grands voisins. Tout
en conservant le caractère religieux et le cachet
propre de ses habitants, la Pologne n'existe plus
qu'à l'état de souvenir dans l'histoire des
peuples.

Varsovie, capitale de la Pologne, était jadis la
tête et le cœur d'une nation libre, hospitalière et
généreuse. C'est surtout en temps de diète qu'on
devait visiter cette ville ; alors brillait sa grandeur dans tout son éclat. Une bibliothèque enri-
chie par les soins de S. A. Zaluski, évêque et
prince de Cracovie, et de son frère, référendaire
de la couronne, en fait un des plus beaux ornements. Les Pères des Écoles Pies y avaient
autrefois un collège très florissant ; on y ensei-
gnait quatre ou cinq langues, l'escrime, l'équita-
tion, etc., en un mot, tout ce que la noblesse
peut apprendre pour perfectionner sa nature
physique et intellectuelle, sous la direction de
maîtres habiles et vigilants.

Le Danemark.

LE Danemark, avant l'an 1660, était gouverné par un roi électif, les Grands de la nation, le sénat et les États. Le roi n'avait d'autre droit que de présider le sénat et de commander les armées. Le sénat gouvernait conjointement avec le roi dans les intervalles d'une diète à l'autre. Les États, composés des nobles, du clergé et du Tiers-État, décidaient dans les assemblées des grandes affaires du pays ; mais la noblesse, abusant de ses privilèges, y jouait un rôle trop prépondérant ; lorsque les États étaient séparés, sa domination augmentait encore. On choisissait quatre grands officiers dans ses rangs : le grand-maître du royaume, le chancelier, le maréchal et l'amiral ; c'étaient les premiers dignitaires après le monarque et même les vrais maîtres.

Les rois de Danemark, prédécesseurs de Frédéric III, avaient souscrit à des capitulations fort restrictives, que les nobles et le sénat avaient exigées. Charles-Gustave, roi de Suède, sous prétexte d'émanciper le roi de cette lourde tutelle, fit invasion dans le pays. Les Danois, instruits par l'expérience, comprirent qu'un pouvoir trop borné est insuffisant pour la défense d'un État, et piqués du crédit et de la haute influence de la noblesse, remirent toute l'autorité et l'hérédité même entre les mains du prince. On anéantit les capitulations, et tous s'engagèrent par serment à maintenir la loi fondamentale qui fut faite à cette occasion pour empêcher la division et l'éparpillement du pouvoir.

La loi royale, comme on l'appelle, compte quarante articles, et c'est la seule à laquelle le roi ne puisse rien changer ni déroger par lui-même. C'est cette loi qui fait regarder le pouvoir royal en Danemark comme despotique. Le roi, réunissant en sa personne tous les attributs du pouvoir absolu, ne les exerce pas tous en personne. La justice est confiée à une cour souveraine ; le trône royal, dressé au milieu du tribunal, rappelle aux juges la gravité qu'ils doivent apporter dans leurs charges éminentes, et les responsabilités délicates qu'ils assument dans cette triple majesté morale : l'honneur, la vérité et la justice. C'est au roi que s'adressent les avocats en plaidant et les juges en rendant leurs sentences. C'est le roi qui préside chaque année la séance d'ouverture. La cour connaît et décide de plein droit de toutes les affaires ordinaires ; mais, s'agit-il d'une cause capitale ou infamante, les jugements doivent être soumis à l'approbation et à la signature du roi, qui peut les modifier, les aggraver ou les mitiger.

Chaque sujet a le droit de poursuivre devant les ministres ou les juges, la réparation des torts qu'on lui a causés, des dommages qu'on lui a fait subir, ou de déposer sa plainte aux pieds du roi.

Il n'y a pas d'appel d'un tribunal à l'autre,
d'un juge inférieur à un juge supérieur ; il n'y a
donc point de réforme ou de cassation par la
voie hiérarchique des juridictions, mais le roi
peut punir et réprime parfois sévèrement l'injustice ou l'impéritie des décisions. Les juges de la
cour suprême sont payés par le roi, ce qui réduit
les épices à peu de chose. L'exécution d'une
sentence est toujours accordée sur les biens et
la personne du condamné. Les juges, en la pro-
nonçant, sont tenus de régler les dépenses du
procès et de fixer les honoraires des avocats.
Les causes de chaque année sont inscrites sur
un tableau et jugées à tour de rôle ; rien ne peut
en suspendre le cours, sauf les causes criminelles,
qui requièrent célérité. Dans ces procès, le juge
ou le tribunal de la circonscription où s'est commis le crime, nomme un avocat de son ressort
pour soutenir l'accusation et donne un avocat à
l'accusé. Si ce dernier ne lui convient pas,
l'accusé peut en choisir un autre sur autorisation
royale. Personne n'est emprisonné en Danemark sans avoir été surpris en flagrant délit d'un
acte qui exige une peine capitale, ou sans en avoir
fait l'aveu formel, ou sans en avoir été convaincu
par jugement. Tout homme condamné en justice
peut, en donnant caution, aller, venir et pourvoir encore à sa défense ultérieure. Le vol n'est
puni de mort que dans le cas où le coupable
arrêté s'évade de prison, ou se soustrait aux
travaux publics qui lui ont été infligés. Les

Danois distinguent le vol commis par la force de celui qui est dû à l'adresse. Ce dernier exige une amende, et le premier une peine corporelle. L'assassinat et le brigandage sont des crimes rares parmi eux et réprimés avec la dernière sévérité. La désertion n'est punie de mort qu'en cas de récidive. Les délits vis-à-vis du roi ou du gouvernement, comme l'infidélité, la malversation dans les finances, sont punis avec moins de rigueur que les autres crimes. La question n'est appliquée qu'aux criminels de lèse-majesté et aux condamnés à mort ; mais elle requiert la permission du roi, qui l'accorde très rarement, dans la crainte que la douleur n'extorque une vérité supposée.

Dans les affaires ecclésiastiques, les évêques ont droit d'inspection sur tous les prêtres de leur diocèse et doivent faire la visite des églises une fois tous les trois ans. Ils examinent leur état, se font rendre compte des deniers des pauvres, jugent de l'administration, et veillent partout à l'ordre et à la discipline. Ils sont très attentifs à la conduite des curés et les punissent d'amende ou de suspense. Quant à la dépossession, cela regarde la cour souveraine du royaume. Quand une cure est vacante, l'évêque en donne avis à la cour et lui présente des candidats aptes et dignes. Le secrétaire d'État, chargé de ce soin, les soumet au roi avec l'avis motivé de la cour, et le roi choisit définitivement. Pour bien éclairer la conscience de la cour et celle du roi, les professeurs en théologie envoient tous les ans à la chancellerie un état de leurs étudiants avec des notes sur leur conduite, leur travail et leurs mérites particuliers. Les évêques font de même pour les prêtres en exercice.

Avant le règne de Frédéric IV, les paysans du Danemark étaient serfs. Le prince abolit cette servitude, et rendit, en 1702, une ordonnance statuant que dorénavant il n'y avait plus d'hommes attachés à la glèbe dans ses États. Ce fut alors qu'il établit la milice nationale, mais en réglant que tous les enfants mâles qui naîtraient dans une terre, y seraient enregistrés dans les rôles de la milice depuis l'âge de 14 ans jusqu'à 25, et qu'ils ne pourraient, pendant ce laps de temps, quitter la demeure où le service de l'État les retient. Cette mesure avait pour but, malgré la suppression du servage, de garder le paysan attaché au sol natal et aux travaux de l'agriculture.

Le seigneur d'une terre peut choisir parmi ses paysans le soldat qu'il a à fournir ; il peut même le reprendre et lui en substituer un autre, au gré de ses intérêts. Il a encore la faculté d'enrôler de nouveau dans les troupes du roi un paysan qui, après ses années de milice, refuserait d'entrer dans une de ses fermes, et faire servir jusqu'à l'âge de 45 ans celui qui aurait été privé de sa ferme pour cause de négligence grave dans ses fonctions. Cependant le paysan n'est pas livré à l'entière discrétion de son seigneur. Il y a dans chaque province un bailli qui a pour charge principale d'empêcher l'oppression des seigneurs. Tout paysan qui se croit lésé s'adresse au bailli, et celui-ci nomme un avocat qui le défend gratuitement devant tous les tribunaux. En cas de délit du sujet, ce n'est que par le ministère de la justice que le seigneur peut lui faire infliger une peine, et encore le paysan a le droit d'en appeler à la cour souveraine. Le seigneur est comptable pour lui devant le roi, ce qui empêche les vexations des collecteurs d'impôts, qui souvent ruinent des paysans par abus d'autorité.

Pour ce qui concerne les marchands et fournisseurs, chaque marchand en gros en Danemark doit, au moins tous les deux ans, régler ses comptes avec ses débiteurs et les faire signer. Le marchand en détail est tenu de le faire tous les ans. Il inscrit ses livraisons sur son livre et sur celui de son débiteur, et s'il laisse se passer une année sans compte arrêté et reconnu exact, il n'a plus d'action contre lui. Il en est de même du seigneur à l'égard du paysan ; ils doivent régler à l'année.

Quant aux taxes et impositions, il y a comme partout des fermiers et des receveurs chargés de les recouvrer sous des contrôleurs vigilants ; et l'administration des finances, le commerce, les manufactures n'ont rien de particulier à signaler.

Frédéric V est un des princes régnants qui ont contribué le plus à la prospérité du royaume.

Par ses soins les anciennes manufactures ont été ranimées et il s'en est établi de nouvelles. Il a fondé une maison d'apprentissage industriel où les enfants pauvres s'initient à gagner un jour honorablement leur vie. Ce prince a donné à la Compagnie des Indes Occidentales plusieurs millions pour ouvrir à ses sujets le commerce des îles danoises. Les académies de peinture, de sculpture et d'architecture, ainsi qu'un jardin botanique, lui doivent leur création, et il a fait bâtir à Copenhague une église magnifique. L'hôpital qu'il y a fondé témoigne de son humanité. Il a encouragé la littérature, les sciences et les arts par des récompenses honorifiques, des bourses de voyage et des pensions, et il a accordé des subsides à des jeunes gens pour l'achèvement de leurs études dans les universités célèbres. Parfois même il a remis aux paysans une partie de leurs taxes et impositions, pour les engager à se livrer plus particulièrement à la culture des terres et à l'élevage des bestiaux. Puisse-t-il avoir beaucoup d'imitateurs parmi les souverains de toute nation !

L'Espagne.

LES premiers habitants de l'Espagne, Celtes d'origine, furent soumis par les Carthaginois ; mais bientôt après les Romains vainquirent ces derniers, leur enlevèrent toutes les provinces qu'ils y avaient conquises, et soumirent celles qui étaient restées libres. Rome tira de ce riche pays des trésors et des soldats. L'Espagne passa ensuite sous la puissance des Visigoths, des Vandales, des Suèves et des Alains. Enfin, après plus d'un siècle de guerres entre ces peuples, les Visigoths restèrent seuls maîtres du pays, qui jouit alors d'un repos relatif pendant deux siècles, jusqu'au moment où il devint la proie des Arabes.

On attribue la cause de cette ruine à un crime de Rodrigue, le dernier des rois goths. Ce prince, livré aux excès les plus honteux et foulant aux pieds toutes les lois de l'équité et de la religion, attenta à l'honneur de la fille du comte Julien, puis la renvoya avec mépris. Cette malheureuse s'en ouvrit au comte son père, qui, exaspéré et par une cruelle vengeance, perdit son roi et sa patrie en appelant contre eux les Arabes. Ce fut sur les bords de la Guadelette, en 712, que Rodrigue périt avec la noblesse de ses États, qui passèrent, dans l'espace de trois ans, sous l'autorité des califes de Bagdad. Bientôt les califes franchirent les Pyrénées, s'avancèrent

jusque sur les bords de la Loire, et menacèrent
gravement la puissance franque elle-même. Mais
la fameuse journée de Poitiers mit fin à leurs
conquêtes ; Charles-Martel, avec trente mille
hommes, remporta sur eux une victoire complète, et faillit rendre par ses armes la liberté à
l'Espagne. Les Arabes, quoique vaincus et
écrasés, conservèrent ce pays, lorsqu'un nouvel
ennemi surgit contre eux. Pélage, du sein de la
misère et de ses montagnes, osa se lever pour la
liberté avec une poignée de Goths échappés à
l'esclavage. Sa valeur le servit avec succès.
Malgré l'armée formidable qu'il eut à combattre,
il sut garder son indépendance. Tels furent les
commencements d'un peuple qui, après avoir
lutté sept siècles entiers contre les Arabes et les
Musulmans, parvint enfin à les chasser de leur
pays. Déjà l'Espagne échappait aux califes,
lorsqu'un de leurs sujets, Abdérame, proscrit,
fugitif, sans appuis, sans ressources, paya
d'audace et se fit proclamer roi ; et l'Espagne,
opprimée sous le joug des vice-rois qui la gou-
vernaient alors, lui tendit les bras et le reconnut
pour souverain. Abdérame choisit Cordoue pour
sa capitale. Son règne et celui de ses enfants
jusqu'à Hissem III ont donné de beaux jours à
l'Espagne au point de vue des sciences, des arts
et de la prospérité matérielle ; mais ce bonheur
ne fut que passager. Bientôt les crimes et la
barbarie bannirent les arts et les sciences. Le
malheur de ce peuple infortuné prit sa source

dans la faiblesse d'Hissem III, descendant d'Abdérame, qui, après bien des combats sans succès, fut détrôné par ses généraux. De l'Afrique où il s'était réfugié, il vit ses États en proie à leurs discordes et à leurs divisions. Les uns s'établirent à Cordoue, en Murcie, en Andalousie; les autres à Valence, dans les Baléares et la Grenade. Chaque usurpateur prit le titre de roi, et c'est ainsi que toutes les provinces d'Espagne devinrent autant de royaumes et en conservèrent le nom. Ces différents royaumes furent dans la suite envahis par des princes chrétiens, qui prirent aussi le titre de roi en Navarre, en Castille, en Aragon et dans le Portugal. Il faut y joindre le royaume de Léon, fondé par Pélage. Le plus célèbre d'entr'eux fut celui de Castille.

La maison de Bigorre, qui régnait déjà en Navarre, entra ensuite en possession de la Castille. A cette maison succéda celle des comtes de Bourgogne, et à celle-ci la maison d'Autriche, qui parvint à étendre sa domination sur l'Aragon et la Grenade. Ces quatre États avaient néanmoins leur gouvernement particulier. Le Portugal seul garda son indépendance. Cependant ce royaume ne tarda pas à y être annexé par Philippe II ; mais une révolution l'en détacha 60 ans après, et le rendit à ses légitimes maîtres, les Bragance, qui y règnent encore aujourd'hui.

Sur la fin du XVIIᵉ siècle, l'Espagne fut soumise à la maison de Bourbon, qui lui était étrangère, et qu'elle tenta plus d'une fois de détrôner. Lorsque le duc d'Anjou, petit-fils de Louis XIV, fut proclamé roi d'Espagne sous le nom de Philippe V, la monarchie espagnole s'étendait en Europe sur Naples, la Sicile, la Sardaigne, le Milanais, les côtes de Toscane et les Pays-Bas ; en Afrique sur le royaume d'Oran ; en Océanie sur les Philippines, et en Amérique sur le Mexique, le Pérou, etc. Une grande ligue se forma contre lui, mais elle ne put lui arracher la couronne, qu'il devait un peu à sa naissance, mais surtout au choix de son prédécesseur Charles II, qui, par son testament, lui avait laissé ses immenses États. Cette vaste monarchie fut démembrée cependant. L'empereur Charles VI, rival de Philippe, lui enleva Naples, le Milanais et les Pays-Bas. Le duc de Savoie se mit en possession de la Sicile, et les Anglais se firent octroyer l'île de Minorque et Gibraltar. Mais Philippe V récupéra, vingt ans après, les royaumes de Naples et de Sicile et les donna à Don Carlos, le second de ses fils ; et Louis XIV reconquit Minorque sur les Anglais.

Par une suite inouïe de revers, l'Espagne perdit successivement toutes ses possessions continentales et insulaires. Les États-Unis viennent de lui enlever sa belle et dernière couronne coloniale, l'île de Cuba et les Philippines, dont les produits, le tabac surtout, alimentaient tant sa marine, son commerce et son trésor. Ses vins renommés feront désormais sa principale richesse. Aujourd'hui circonscrite aux limites naturelles de

sa presqu'île, l'Atlantique, les Pyrénées et la
Méditerranée, elle ne pourra même pas songer à
annexer le Portugal dans son cadre géographique, car cette ambition porterait ombrage à
l'Europe, et surtout à la jalouse et prépondérante
Angleterre, qui la surveille ainsi que l'Afrique
du haut de Gibraltar. Première puissance du
monde du temps de Charles-Quint et de Philippe II, l'Espagne n'a plus maintenant qu'à se
recueillir et à méditer mélancoliquement sur ses
gloires passées, sur l'élévation providentielle et
la chute lamentable des empires. Elle a fait
briller le flambeau de la foi dans le vieux monde
et en a éclairé le nouveau ; elle peut dans ses
vieux siècles se reposer sur ces lauriers, sa mission est terminée, et garder désormais précieusement pour elle sa fidélité au Christ. Malgré des
rapports parfois tendus entre les deux pouvoirs,
spirituel et temporel, malgré des empiétements
même de l'État sur l'Église et des persécutions,
comme en offre l'histoire de tout pays, cette
fidélité sera son plus grand honneur et le repos
de son peuple vaillant et fier ; quoique tombé au
troisième rang des nations, il n'en sera que plus
heureux sans doute, comme les peuples qui n'ont
point d'histoire.

Madrid est la capitale de l'Espagne. Cette
ville présente aux étrangers une noblesse grave
et généreuse qui pense et qui agit avec dignité.
L'Espagne pourrait être grande encore par son

agriculture, son industrie et ses transactions commerciales, quoique restreintes, ainsi que par les sciences et les arts, si l'Espagnol, né sur un sol fécond mais sous un climat chaud, n'avait dans le caractère une certaine lenteur, fâcheuse surtout pour les œuvres du génie, quoiqu'il n'en soit pas dépourvu. L'Escurial, palais des rois, et ses vastes jardins, ont des beautés sans nombre. Le musée de Madrid renferme quantité de tableaux de grands maîtres ; sa collection est des plus remarquables.

L'Ile Espagnole, située près de l'Amérique, a toujours été possédée par l'Espagne depuis 1492, époque de sa découverte par Christophe Colomb ; et ce n'est que longtemps après que les Français s'y établirent. Leurs colonies occupent la plus grande partie de cette île du côté de l'Occident. La chasse et l'agriculture y font l'occupation des habitants.

Parmi les arbres du pays, le palmier est, sans contredit, le plus utile. Il y en a de quatre espèces, mais deux surtout sont recherchées : celle qui fournit des fruits alimentaires, des dattes, et celle qu'on appelle vineuse et qui donne une excellente boisson ; on y fait des incisions et il en coule une liqueur qui fermente en peu de jours et produit un vin savoureux.

L'arbre qu'on appelle genipe porte un fruit singulier ; si on le broie avant sa maturité, il en jaillit un liquide noir avec lequel on peut écrire comme avec de l'encre ; mais avec cette particularité qu'au bout de huit ou dix jours les caractères s'effacent totalement, et que le papier redevient aussi blanc qu'auparavant.

L'arbre appelé mancanilla (ou mancenillier) a un fruit trompeur, plein d'un jus vénéneux ; si quelqu'un en mange, il pâlit d'abord, puis le poison du fruit provoque en lui une si desséchante ardeur, qu'une grande abondance d'eau ne suffit pas à étancher sa soif ; enfin, si on ne prend promptement un contre-poison énergique, une sorte de rage qui en résulte amène la mort.

Ce poison est si violent qu'au seul contact la peau du doigt se soulève et devient noire comme si elle avait touché le feu.

Il y a dans cette île plusieurs animaux inconnus en Europe. On y voit des caïmans, espèce de crocodiles prodigieux par leur grosseur et leur taille. Il y en a de soixante pieds de long sur douze de large. Lorsque la faim les prend, ils vont sans bruit sur le bord des rivières, où ils se tiennent aux aguets sans mouvement, et lorsque quelque vache sauvage ou quelque sanglier vient pour boire, ils s'élancent sur cette proie avec agilité, la saisissent et l'emportent sous les eaux, où ils l'étouffent et la laissent se décomposer avant de s'en nourrir.

Quant aux insectes, on y voit des mouches que les Espagnols ont longtemps prises pour des oiseaux. Elles éclairent la nuit comme des flambeaux, en sorte qu'on peut lire, écrire, chasser et pêcher à la clarté qu'elles répandent en grand nombre. On y trouve aussi, sous les toits, des araignées plus grosses que des œufs de poule, ayant des pattes aussi longues que celles des écrevisses. Elles ont quatre dents noires, semblables à celles d'un lapin, et tout leur corps est velu. Leur morsure est très cruelle, mais sans venin.

L E Portugal, autrefois appelé Lusitanie, tire
son nom des Français (ou Gaulois) qui,
sous la conduite de Henri, duc de Lorraine, en
chassèrent les Maures qui en étaient les maîtres
depuis 200 ans. Le Portugal compte 18 villes,
414 bourgs et 630 villages. On y compte 3 arche-
vêchés et 9 évêchés. Il est arrosé de plusieurs
fleuves qui sont : le Douro, la Guadiana, le Mon-
dego et le Tage, célèbre par ses sables auri-
fères. On recueille en Portugal vins, huiles,
miel et fruits, et surtout de fort belles oranges.
Le pays abonde en mines, métaux, carrières
de marbres de toutes les couleurs. On élève
dans le duché de Bragance beaucoup de vers
à soie.

Lisbonne est la capitale de ce royaume et le
séjour de la cour. Elle a un beau port à l'embouchure du Tage où aborde toute la marine mar-
chande. Cette ville a sept monts dans son con-
tour : le Saint-Vincent, fort escarpé, le mont qui
s'étend jusqu'à la paroisse Saint-Thomas, celui
qui va jusqu'aux écuries du roi, le mont Sainte-
Anne, de forme triangulaire, le mont Saint-
Roch, le mont des Cinq Plaies de Jésus-Christ
et la colline de Sainte-Catherine du Mont Sinaï.
On compte à Lisbonne plus de cent dix mille
habitants, 300 prêtres, 365 couvents de moines
et beaucoup de religieuses. Les femmes mariées

et les demoiselles de qualité ne fréquentent point le monde.

Il y a plusieurs tribunaux à Lisbonne. La Chambre des Suppliants est composée de dix *desembargadores* et de deux *corrégidores* pour le criminel, d'un pareil nombre pour le civil et de deux juges pour les finances, de quatre rapporteurs pour l'instruction et le rapport des procès, d'un promoteur fiscal, de quarante procureurs, d'un *régidore* de justice, qui remplit les fonctions de président et est ordinairement un grand seigneur, et d'un chancelier garde des sceaux, qui signe tous les arrêts. Cette Chambre juge les sentences rendues. Le desembargadore de Salo est le conseil du roi et suit partout la cour ; il enregistre les déclarations du roi et ses dons, il entérine les grâces, donne des lettres de bénéfice d'âge et décide des règlements de juges dans les cours supérieures. Le conseil du roi est composé de trois *vordadores*, hommes de qualité, et d'autant de licenciés en droit, qui ont dans leurs attributions les impositions et le domaine du roi. Le conseil d'État, où le roi préside et où siègent les Grands du royaume choisis par le roi, connaît de la paix, de la guerre, des alliances avec les nations étrangères et de la collation des bénéfices. La Chambre des Comptes examine les affaires des comptables et gens de finances. Elle est composée d'un président, de douze juges et de seize greffiers. Le sénat de Lisbonne est composé de six vordadores ou

juges nobles, d'un président de haute extraction,
d'un greffier noble, de deux procureurs, de quatre magistrats, de deux autres greffiers, de deux
trésoriers et de deux syndics. Le premier vorda-
dore veille sur les blés et céréales ; le deuxième
a le district des boucheries ; le troisième a l'inspection des ports et marchés ; le quatrième est
chargé de la salubrité de la ville et de la propreté
des rues ; le cinquième a plusieurs autres districts
en charge ; et le cinquième répond à toutes les
requêtes et les expédie motivées au juge principal de la souveraineté. Le sénat élit les juges
civils et criminels le jour de la Saint-Martin ;
il fixe le prix des huiles, des denrées et des
viandes, et commet un juge pour surveiller la
fidélité aux taxes chez les vendeurs. Il nomme
aussi une commission de douze membres pour
empêcher l'entrée et la vente des produits mal-
sains. Le thé n'est point soumis à la taxe.

Les spectacles publics, en Portugal, sont la
comédie, les combats de taureaux, les courses de
chevaux et les actes de foi, où l'on fait périr par
le feu les Juifs condamnés par l'Inquisition pour
leur impiété, leur usure, leurs exactions. Dans
les pièces les plus sérieuses, on admet un bouf-
fon qu'on nomme le *gratioso*. C'est là le grand
rendez-vous des dames et du peuple. Dans les
rues et les promenades publiques règne une
grande dignité.

Tels sont en résumé les usages et les mœurs
du peuple portugais.

La Turquie.

ONSTANTINOPLE, capitale de la Turquie
d'Europe, offre un panorama des plus
intéressants à l'étranger qui y aborde, par sa
situation, son vaste port qu'elle domine et par
son commerce étendu d'étoffes riches, de tapis
et de soieries orientales. L'ignorance et la mollesse qu'entraînent les plaisirs des sens, sont les
notes caractéristiques des Turcs. La principale
mosquée est Sainte-Sophie, ancienne métropole
catholique qui est un chef-d'œuvre de style
byzantin. On ne trouve guère à Constantinople
de savants, de bibliothèques ni d'imprimeries.
Cette cité a passé par de tristes révolutions du
fait des Grands et des agas des janissaires, qui
forment la garde du Sultan ou Grand-Seigneur.
La politique de ce dernier est de se maintenir,
autant que possible, en paix avec ses voisins,
pour éviter tout trouble dans les affaires, et
assurer le repos de son opulente et licencieuse
oisiveté contre les intrigues ambitieuses ou
jalouses des pachas.

Les Turcs reconnaissent un seul Dieu, maître
de l'univers, dont Mahomet, selon eux, est le
prophète. Ce sont là les deux articles fonda-
mentaux de leur croyance. Beaucoup admettent
la métempsycose. Quelques-uns ne croient pas à
l'immortalité de l'âme ; il y a même parmi eux
des athées, mais ils cachent avec soin cette

négation radicale, dans la crainte des supplices. Quoique les musulmans soient divisés en plusieurs sectes en matière religieuse, ils maintiennent une unité apparente et ne provoquent jamais de schisme, car le gouvernement leur fait défense d'examiner les dogmes et d'en parler. On punit de mort les blasphèmes contre Mahomet. Un chrétien qui attaque ouvertement la foi du pays ou qu'on surprend avec une femme turque, est puni de mort.

Les mahométans se lavent plusieurs fois le jour, et surtout avant d'aller à la mosquée et de lire l'alcoran. Ils prétendent que ces ablutions les purgent de leurs péchés, expiation facile ; et s'ils ont commis quelque faute grave, ils se plongent dans un fleuve ou une rivière, même dans la saison la plus rigoureuse. Ce que le dimanche est pour les chrétiens, le vendredi l'est pour les Turcs. On allume, la veille, un grand nombre de lampes sur les tours de la mosquée, pour célébrer ce jour, et le peuple s'y rend en foule. Les Turcs ne peuvent ni capituler, ni rendre une ville où il y a des mosquées, quand même ils auraient la certitude de la voir emporter d'assaut. Les deux principales fêtes des Turcs sont le Ramadan, leur Pâque, et le Curban, leur Circoncision. Ces fêtes durent trois jours chacune et sont annoncées par des salves d'artillerie. On se livre alors aux plaisirs avec excès. Un jeûne précède le Ramadan. On reste sans boire ni manger jusqu'au coucher du soleil ; mais la nuit est consacrée à la bonne chère et aux actes les plus dissolus. Ceux qui manquent d'argent parmi le peuple pour pratiquer ces tristes rites vendent leurs habits. Les musulmans prétendent que, pendant le mois où tombe le Ramadan, les portes du paradis sont ouvertes, et celles de l'enfer fermées. L'autre jour de grande réjouissance chez eux, est celui de la circoncision d'un musulman, ordinairement à l'âge de sept à huit ans. On rassemble les parents et amis ; on promène l'enfant au son des tambours et des flûtes ; deux hommes le précèdent le sabre à la main, et d'autres font des quêtes le long de la route.

Les deux pratiques essentielles de la religion des Turcs sont les prières et les ablutions. Des jurans ou ministres sont chargés de faire l'oraison à haute voix sur les tours des mosquées, six fois par jour : en se couchant, une heure après minuit, une heure avant le jour, vers midi, à quatre heures, et une heure après le coucher du soleil. Ces prières servent d'horloge au peuple, qui ne peut souffrir le son des cloches. Il y a des revenus attachés aux mosquées. Le chef des eunuques noirs, préposé à la garde des cultures et à la surintendance des temples, dispose des places qui viennent à être vacantes.

Les Turcs ont aussi des religieux, qu'on appelle dervichs et qui vivent d'aumônes. Cependant les anciens ordres ont des revenus, dont la plus grande partie est absorbée par les supé-

rieurs ; le reste suffit à peine à leur subsistance.
Ils sont en général très ignorants ; à peine
savent-ils lire et connaissent-ils les premiers
éléments de leur religion. Ennemis du travail,
ils passent leurs jours dans l'oisiveté à fumer et
à dormir. Quelques-uns se donnent en spectacle
au peuple, par des contorsions et des mimiques
simiesques plus capables d'effrayer que d'attirer
la curiosité. D'autres s'appliquent à la magie
dans un but de lucre, et abusent ainsi de la
crédulité d'un peuple grossier. Tous enfin fei-
gnent de mépriser les honneurs et les plaisirs,
et néanmoins tous y courent avec avidité. Leur
grand précepte est la défense du vol, mais, pour
leur compte, ils s'y livrent sans vergogne ; aussi
les marchands, en Orient, ne les laissent-ils
point approcher de leurs magasins. Ils sont
presque tous mariés ; ils ont des habitations en
dehors du couvent, et s'y retirent à l'entrée de
la nuit. Leur accoutrement ressemble à celui des
Turcs, à l'exception du bonnet, sorte de chapeau
sans bord. Il y en a qui sont vêtus de blanc ; ce
sont les plus distingués ; d'autres ne sont couverts que de haillons et portent une pique ou
bourdon à la main ; d'autres restent peu vêtus
en hiver comme en été ; ces derniers s'attirent
la vénération des Turcs en simulant la folie,
parce que les Turcs ont un grand respect pour
les aliénés ; enfin les plus misérables se traînent
au coin des rues, la tête baissée, n'ayant qu'un
amas de vieux cuirs pour cacher leur nudité, et

tendent la main aux passants. Ces religieux sont presque tous errants ; peu vivent de métiers et d'industrie. La plupart s'occupent à nourrir des chiens et des chats. Ils prient dans leurs temples en dansant aux sons de la flûte et du tambour, prononcent souvent le mot de Allah qui veut dire Dieu, et tournent avec rapidité sur eux-mêmes en enflant graduellement leur voix, jus-qu'à ce que, épuisés et hors d'haleine, ils tombent pêle-mêle les uns sur les autres. Alors le Dada ou supérieur vient à leur secours et les fait revenir à eux.

Le mode d'admission des dervichs a quelque chose de bizarre. Celui qui postule se met en retraite pendant un certain temps ; puis les dervichs, au jour fixé, le conduisent à la mosquée, où les religieux font des prières, entonnent des chants et dansent en rond avec des contorsions horribles, jusqu'à affaissement général. Alors le Dada les relève, et il crache dans la bouche du postulant, pour lui donner l'esprit prophétique de Mahomet. Si le néophyte pousse des hurle-ments, s'il entre dans des convulsions, il est censé entrer en communication avec cet esprit inspi-rateur.

De pareilles cérémonies ne peuvent provoquer que le dégoût et le mépris, et révèlent un lamen-table état de dégradation et de stupidité.

La Mecque est la ville sainte des Turcs ; les mahométans de tous pays y vont en pèlerinage en très grand nombre. Le rendez-vous pour les

Turcs est au Grand-Caire, capitale de l'Égypte.
Un bacha, nommé par le Grand-Seigneur, accompagne la caravane pour la protéger contre les Arabes. On se rend d'abord à la montagne d'Arrat. Arrivés au pied de l'Arrat, les pèlerins quittent leurs habits et se couvrent d'un manteau blanc, font le tour de la montagne en procession, immolent une victime en mémoire du sacrifice d'Abraham, puis continuent leur route. Les pèlerins portent à La Mecque de riches tapisseries et un pavillon de brocard dont on orne le tombeau de Mahomet. Le chameau qui porte ces présents est couvert de fleurs et richement harnaché. Quand il a fait ce voyage, il ne sert plus à aucun travail, vu le respect qu'il inspire. Les pèlerins sont tenus en arrivant à La Mecque de se marier. Ils prennent des femmes arabes, et les enfants issus de ces unions passagères jouissent d'une certaine considération, parce qu'ils sont censés devoir leur naissance au prophète. La plupart de ces enfants servent de diaglans ou de pages au Grand-Seigneur, aux ministres de la Porte et aux bachas. Les pèlerins qui vont ensuite de La Mecque à Jérusalem visiter le temple de Salomon, sont réputés sanctifiés.

La polygamie est permise chez les Turcs. Les contractants ne se voient pas avant leur mariage. Au jour marqué, la mère et les parents de la future la conduisent à celui qui lui est destiné. Les présents qui composent la dot sont étalés

dans la salle où le futur la reçoit. La journée se
passe en repas modestes et en divertissements,
et la fête se termine lorsque l'époux se retire
avec l'épouse et lui ôte son voile. On ne regarde
point à la naissance dans les mariages, on n'a
égard qu'à la fortune, qu'à la beauté et aux
talents. Souvent un bacha marie sa fille à un
esclave doué de belles qualités personnelles. Il
l'institue son héritier et lui donne autorité sur
toute sa famille. Les maris peuvent répudier
leurs femmes, et réciproquement, par suite d'in-
compatibilité d'humeur ou de mauvais traitements ; un mari cependant peut reprendre sa
femme répudiée et libre encore. Les femmes
d'un seul mari ne vivent généralement pas en
paix entre elles. Aussi les enfants qui naissent de
ces unions multiples sous le même toit, sont-ils
souvent victimes de leur mésintelligence. Il en
résulte que les Turcs n'usent guère du droit de
polygamie, pour éviter ces troubles domestiques
qui ne sont que trop fréquents.

Les Turcs ont des cérémonies funèbres particulières. On lave le corps du défunt et on
l'ensevelit ; puis les parents, accompagnés de
femmes arabes qui pleurent et se déchirent la
poitrine, escortent le corps jusqu'au lieu de la
sépulture en poussant des hurlements horribles.
Lorsque le défunt est une personne qualifiée,
un iman annonce sa mort au peuple du haut
des tours de la mosquée, et crie d'une voix
lamentable : « Le fidèle serviteur de Dieu,

l'homme dévoué à son prophète, a passé de vie à trépas, et est allé recevoir la couronne promise. » On se rend après cette proclamation à la maison du défunt, et en y entrant on adresse ces mots à ses parents : *Geotam Vascon,* c'est-à-dire : « Vive sa tête à jamais ! » ce qui prouve la foi à la métempsycose, à la transmigration des âmes dans d'autres corps. Le cadavre, couvert d'un drap, a sur lui ses plus beaux vêtements et son turban avec les marques de sa dignité. Si c'est une nouvelle mariée, on lui met ses plus brillants atours. Des bannières précèdent le corps et annoncent les titres et qualités de la défunte. Le corps est suivi de chantres qui répètent fréquemment d'une voix plaintive l'exclamation *Oħ !* en signe de regret. Avant de descendre le cadavre dans le caveau ou la tombe, on l'exhorte à ne pas se laisser prendre aux pièges de l'esprit malin. Ces cérémonies se renouvellent plusieurs fois, puis on ne rend plus visite au tombeau qu'une fois la semaine.

L'éloignement de la plupart des Turcs du siège du gouvernement du Sultan, dont les États sont forts étendus, le désir de ramasser des richesses, l'absence de tribunaux réguliers et de formalités strictes, font que le moindre officier de justice devient despote et fait argent de tout. Lorsqu'on commet un meurtre en Turquie et qu'on ne peut en découvrir l'auteur, le cadi ou juge met à contribution tout le quartier où s'est perpétré le crime, et en tire un large

profit. Il en est de même si quelqu'un se noie
ou se tue en tombant, si un enfant se perd ou se
trouve abandonné dans les rues, enfin si un
enfant va naître sans père avoué. Quand on
découvre un cadavre sur une porte, on a soin de
le transporter chez l'habitant le plus riche, qui
est frappé d'une amende considérable. Les exactions des gouverneurs et bachas sont odieuses.
Ils recherchent avec la plus grande célérité
ceux qui ont commis des crimes ou des fautes
graves punis déjà sous leurs prédécesseurs, et
leur tiennent ce langage : « Vous avez donné
telle somme à un tel pour la réparation de tel
forfait ; moi, qui tiens aujourd'hui sa place, j'en
exige autant. » Rien n'est plus inique et ne
prouve mieux l'insatiable avidité de ces juges
mercenaires, de ces infâmes exploiteurs du
peuple. Le subacha, ou capitaine des gardes de
ville, tient un registre des femmes de mauvaise
vie et spécule sur la débauche. Les bachas vendent même la sécurité publique, et, moyennant
finance, permettent aux brigands de rançonner
les voyageurs. Ils ont jusqu'à des officiers subalternes qui surveillent l'exercice du brigandage
pour ne point laisser échapper leur part de
butin. Les bachas ont aussi l'inspection des
poids et mesures, et les faussent à leur gré
moyennant redevance.

On se joue aussi en Turquie, paraît-il, de la
vie humaine, puisqu'une année d'études, même
mal faites et peu contrôlées, suffit pour exercer

la médecine, la chirurgie et la pharmacie tout à la fois ; et aucune opération chirurgicale ne peut s'y faire sans la permission du cadi, c'est-à-dire sans argent. Si l'on prête son ministère à un malade sans être muni de cette permission, et qu'il meurt, sa mort est regardée comme un assassinat que seule une forte somme peut expier. En cas de vol, si le cadi en est instruit, il force le volé à découvrir le voleur ou à racheter l'inutilité de ses recherches ; de là les faux serments pour affirmer qu'il n'y a pas eu vol.

Lorsque le cadi se trouve sans affaires et inoccupé, il fait comparaître devant lui un homme riche, et lui demande s'il ne doit rien. S'il répond négativement, il le force à prendre un acte signé de sa main, qu'il paie fort cher. O vénalité de la justice ! Hors le cas de rébellion, très sévèrement puni, on se disculpe des plus grands crimes avec de l'argent. Lorsqu'on mène un criminel au supplice, chacun, par un raffinement de cruauté et de barbarie, le charge d'injures, lui retrace l'horreur de son crime, et prie Dieu de ne point lui faire miséricorde. Après l'exécution même, on lui crache au visage, et les femmes et les enfants le maudissent et jettent des pierres à son cadavre.

Les Turcs ont un éloignement complet pour tout ce qui s'appelle science, érudition ; et ce qui contribue le plus à entretenir leur rudesse et leur ignorance, c'est la vie solitaire qu'ils mènent, et le peu de communications qu'ils ont entre eux.

Chacun vit retiré chez soi ; il n'y a qu'un seul maître et des esclaves, où l'un commande et l'autre obéit. Quand les femmes sortent, elles portent un voile blanc qui les dérobe entièrement à la vue. Elles ne connaissent point le travail. Leurs ajustements sont simples et modestes. Elles visitent beaucoup leurs parents et les tombeaux. Quand un mari, qui regarde ordinairement sa femme comme sa première esclave, est absent, il ne s'en préoccupe pas, il ne donne de ses nouvelles qu'à ses enfants ou à ses amis ; s'il veut en avoir de sa femme, il faut qu'il les prenne indirectement. Les femmes, de leur côté, usent de la même circonspection, sans quoi elles manqueraient à la décence.

Rien ne prouve mieux la singularité et la bizarrerie des Turcs que ces usages et ces mœurs. Cependant, quand on examine de près les us et coutumes des autres peuples et même de ceux qui professent la religion catholique, on y découvre aussi bien des malsonnances, des étrangetés sans nombre ; ce qui démontre que chaque nation a son génie propre, son caractère distinctif, son cachet naturel et inamissible, selon son degré de civilisation, son assiette géographique et son climat.

L'agriculture est aussi négligée en Turquie que les arts mécaniques. Les terres appartiennent toutes au Grand-Seigneur, qui en partage l'usufruit selon sa volonté. Son trésor, qui est immense, s'alimente d'abord et considérablement

des revenus des terres distribuées ; ensuite de la
confiscation des biens des bachas et autres grands
de la Porte, qu'il condamne à mort à cette fin ;
puis de la vente des places du gouvernement et
des charges de judicature, ainsi que des exactions
commises partout par ses agents ; et enfin des
vols véritables, des extorsions scandaleuses qui
se pratiquent audacieusement de par son autorité
et en son nom. Outre ces revenus variables, le
Grand-Seigneur a des revenus fixes, tels que le
sursad, qui se paie pour son logement ; l'*avores*,
qui ne se perçoit que pour les besoins pressants
de l'État, mais qui néanmoins se prélève chaque
année ; enfin le *dgel-auterazi*, qui a pour objet de
pourvoir aux dépenses du sultan à la campagne.
Ces impôts se recueillent avec la dernière
rigueur. On donne aux insolvables la bastonnade
en pleine rue, jusqu'à ce que d'autres, touchés
de compassion, paient pour ces malheureux ;
chose très rare cependant, la pitié et la commisé-
ration n'étant pas le propre du Turc. Les terres
et les logis qui dépendent de La Mecque, ou
qui sont situés dans le voisinage de cette ville
respectée, sont exempts de ces taxes. L'exemption a lieu aussi pour les religieux, les enfants,
les janissaires, les spahis et les chérifs. Ces derniers, qui descendent de Mahomet, ont un autre
privilège : c'est de pouvoir battre qui bon leur
semble, sans que celui-ci puisse se défendre.
Cependant les historiens modernes nous appren-
nent que les Turcs sont bien revenus de ces

mœurs déplorables, de ces usages iniques ou barbares.

La justice se rend au divan, qui est le conseil suprême. Le sultan y paraît lui-même avec un appareil terrible comme les châtiments infligés. Si par hasard l'aga des janissaires ou capitaine de ses gardes est coupable de quelque crime, le Grand-Seigneur frappe du pied la terre, et les muets, introduits dans la salle sur les ordres de Sa Hautesse, se jettent sur l'aga avec fureur et l'étranglent sur-le-champ. Si le Grand-Seigneur veut punir quelque bacha ou grand de la Porte, il envoie le matin au coupable une *veste* qu'il a portée la veille, et vers le soir il ordonne à celui qu'il a revêtu de ce redoutable honneur de lui apporter sa tête ; et le coupable d'obéir en disant : « Que la tête de l'empereur soit saine ; que sa volonté soit faite ! » il ne demande que le temps de faire sa prière. Mais les sultans, plus humains aujourd'hui, n'exercent plus ces rigueurs barbares que contre ceux qui sont convaincus d'un crime capital ; ils se contentent d'exiler les grands officiers de la cour dans des îles de l'empire. On ne connaît en Turquie ni procureurs, ni avocats ; chacun défend sa cause de vive voix, et sans écrit. Les plus grands procès ne durent au maximum que dix-sept jours ; le plus souvent on les termine sur l'heure, et le condamné est presque toujours soumis à la bastonnade, qui, selon leurs lois, *pœna temere litigantis*, est une peine infligée à celui qui engage témérairement un procès ; dans ce cas, les ordonnances françaises comportent une amende civile. Dans les affaires criminelles, on juge suivant les dépositions des témoins. Les chrétiens ne peuvent pas déposer contre un Turc. S'il ne se rencontre pas de témoins, on s'en rapporte au serment de l'accusé, et alors les juges ont toujours sous les yeux la Bible ou l'Alcoran, pour lui faire prêter serment selon sa religion.

Les Turcs ont quatre sortes de boissons : le sorbet, fait avec de l'eau et du sucre ; le sciôsaph, composé de miel, de raisins secs et d'eau ; le pechniez, mélange de vin doux cuit et d'eau ; et le café, ou cahné, dont l'usage est général en Égypte et dans tout l'Orient, et s'est introduit depuis dans tous les pays du nord et de la zone tempérée. Jacques Cotonir, dans une relation de son voyage à Jérusalem, dit que l'écorce du caféier est plus froide que son fruit et plus rafraîchissante, et qu'elle est surtout bonne à dissiper les humeurs hypocondriaques.

Le peuple turc, par ses mœurs cruelles et dépravées, s'est attiré depuis longtemps l'antipathie de l'Europe et l'aversion des peuples civilisés. On frémit quand on songe qu'à des intervalles assez rapprochés et périodiquement, les Turcs ont massacré, d'une manière lâche et honteuse, des centaines de mille Arméniens en haine du nom chrétien et pour confisquer leurs biens. En 1897, l'hécatombe des chrétiens immolés à la fureur des Turcs dépassa en horreur tous les massacres précédents. Quantité d'Arméniens furent traqués comme des bêtes fauves ou immolés par le peuple et même par la troupe, ou avec sa complicité. La plume se refuse à décrire les sévices et les violences qu'eurent à subir les femmes arméniennes qui tombèrent entre leurs mains, et dont un grand nombre préférèrent la mort au déshonneur. La conclusion à tirer de ces faits, c'est que l'établissement des Turcs en Europe est une tache et une plaie pour la civilisation européenne, et qu'il faudrait refouler ce peuple vil et dégradé dans les déserts asiatiques ou africains. On annonce, depuis de longues années, la décomposition de l'Empire turc. Puisse le jour de sa chute définitive se lever bientôt !

La Perse.

NADIR, connu dans l'histoire sous le nom de Thamas-Kouli-Kan, était de la province de Coraçan. Son père en habitait le chef-lieu et possédait quelques domaines où il élevait des bestiaux de toute espèce, objets d'un commerce considérable en Perse. Son fils, dans son bas-âge, ne témoignait que de l'aversion pour la vie pastorale. Parvenu à l'âge de dix-huit ans, il déroba cinq brebis à son père et les vendit pour s'acheter un cheval et des armes, afin de s'exercer à leur maniement et de se rendre redoutable dans les combats. Il se réunit alors à une troupe de voleurs qui infestaient les déserts du Couhis-tan, et se distingua si bien parmi ces brigands, qu'il devint leur chef à bref délai. Il menait cette vie d'aventures et de crimes en 1721 et 1722, lorsque les Agnans (les Afghans), peuples rebelles, conduits par Mirénéis, vinrent attaquer Hispahan, capitale de la Perse. Le siège en fut long ; mais enfin Sca-Hussein, qui régnait alors, succomba, perdit ses États et sa couronne, et vit massacrer par l'usurpateur ses enfants et les princes de sa maison, excepté Sca-Thamas, son fils aîné, qui se retira dans Giraque-Aguein, où il prit le titre de Sophi. Nadir, ayant appris que Sca-Thamas s'était réfugié dans la ville de Casbin, vint l'y trouver avec sept à huit cents hommes et lui fit des offres de service. Ce prince lui trouva des capacités, et, vu son dénuement, agréa ses avances et en fit son visir.

Cependant l'usurpateur Mirénéis, secondé des Agnans, régnait en Perse. Après avoir fait crever les yeux à Sca-Hussein, le souverain détrôné, il convoqua les kans et les grands de la Perse, sous prétexte de régler avec eux des questions de gouvernement ; mais à peine furent-ils assemblés au divan, qu'il les fit massacrer par ses soldats. Après de tels actes de cruauté et de fureur, les Agnans, craignant pour eux-mêmes, l'étouffèrent dans son lit. Echeref, parent de Mirénéis, et que ce dernier avait fait enfermer dans un cachot les fers aux pieds, fut délivré et mis sur le trône. Echeref, d'un caractère plus paisible que belliqueux, s'appliqua à faire tomber la haine que les Perses avaient conçue contre Mirénéis et fit rendre aux héritiers des victimes de son prédécesseur les biens dont il les avait dépouillées.

Cependant Echeref avait conçu le projet de chasser Sca-Thamas, fils d'Hussein, et son visir Nadir, qui avait pris le nom de Thamas-Kouli-Kan, de la ville de Casbin, où ils s'étaient retirés pour fuir la barbarie de Mirénéis. Mais il les trouva si fortement retranchés et si bien armés dans les montagnes de Casbin, qu'il se retira avec les Agnans sans coup férir.

Les Moscovites, peuple voisin de la Perse, occupaient alors le Scirrhan, le Derbein, le Ghilan et toutes les côtes de la mer Caspienne

avec les places fortes du Ferabat qu'ils avaient
enlevées aux Perses. De leur côté, les Turcs
avaient pris Tiflis, Genger, la Géorgie, Erivan
et Tauris avec les provinces qui en dépendaient.
Ils occupaient encore Ardebil, Kirmancha,
Amadiah et presque tous les pays du Tostar,
l'ancienne Suziane, soumis à la Perse. D'autre
part, les Agnans possédaient Hispahan et le
reste de la Perse, en sorte que ce vaste royaume,
jadis si florissant, se trouvait bien morcelé et
affaibli, à la réserve de la ville de Casbin et des
montagnes environnantes, qui confinaient au
Ghilan usurpé par les Moscovites. Thamas-
Kouli-Kan se conduisit alors avec habileté ;
profitant du voisinage des Moscovites, il fit
passer une lettre de Sca-Thamas son maître au
tzar Pierre Ier, pour lui demander du secours et
chasser les Agnans de la Perse. Pierre Ier, en fin
politique, ne lui envoya qu'une faible troupe ;
mais la tzarine Anne, qui lui succéda, lui expédia
un secours important, et Sca-Thamas défit complètement les Agnans et les chassa d'Hispahan ;
l'infortuné Echeref fut pris et écorché vif.
Thamas-Kouli-Kan s'empara alors de toutes les
richesses du sérail des sophis, qu'Echeref avait
enlevées et avait espéré faire passer à Candahar.
A peine Sca-Thamas fut-il rétabli sur le trône
de son père, qu'il se livra à l'ivrognerie, à la
cruauté et aux vices les plus infâmes, et abandonna à Thamas-Kouli-Kan les rênes du gouvernement.

Thamas, soutenu par les Moscovites, déclara
la guerre aux Turcs. Il perdit deux grandes
batailles contre Ali, pacha de Tantir, et se hâta
d'entrer en composition avec la Porte. Il reforma
aussitôt son armée avec diligence, et quand les
Turcs eurent licencié leurs troupes, Thamas,
violant le traité et toujours excité et secouru par
les Moscovites, se remit vivement en campagne.
La Porte, qui ne pouvait croire à pareille félonie,
n'écouta pas les avis clairvoyants du pacha, qui
voulait se tenir sur la défensive ; et ce ne fut
qu'après l'arrivée de Thamas à la tête d'une
armée de deux cent mille hommes aux environs
de Babylone, que les Turcs s'ébranlèrent.
Thamas mit alors le siège devant cette ville,
défendue par Achmet-Pacha ; mais neuf mois
après il fut attaqué et vaincu en bataille rangée
par le fameux Topal-Osman, que le sultan avait
établi son visir dans toute l'Asie et l'Égypte
avec de pleins pouvoirs. La plus grande partie
de l'armée persane fut taillée en pièces, ou
réduite en esclavage. Se voyant presque seul,
sans secours et sans espoir, Thamas prit la fuite
et serait tombé entre les mains d'Osman, sans
la trahison de Demir-Pacha, qui le laissa échapper. Trois grandes défaites ayant épuisé et totalement découragé les Persans, Thamas fit de
nouvelles propositions de paix à la Porte, qui,
affaiblie de son côté, les accepta de nouveau et
renvoya ses soldats dans leurs foyers. Cependant
les Moscovites, qui avaient intérêt à la reprise

des hostilités, recommencèrent leurs intrigues auprès de Thamas-Kouli-Kan et lui promirent de nouvelles forces. Tandis que la Porte se reposait sur la foi des traités, Thamas leva secrètement et promptement une troisième armée, et la fit marcher du côté de Tauris pour attaquer les Turcs dans la Géorgie et dans l'Arménie, où ils n'avaient que de faibles garnisons dans les places frontières. Thamas cerna ces places, et s'en rendit maître sans trop de résistance. Il y établit de fortes garnisons, et retourna à Hispahan auprès de Sca-Thamas.

Sca-Thamas ne quittait point son harem, et y vivait toujours dans l'intempérance et les festins, la cruauté et la débauche. Ses hôtes ne se rendaient qu'en tremblant à ses invitations, car le banquet se terminait toujours par quelqu'acte barbare. Un jour qu'il revenait de la mosquée à cheval, il vit un jeune homme d'une grande beauté qui s'arrêtait pour le voir passer. Sca-Thamas le fit conduire au sérail et l'admit au nombre de ses convives. Après le repas, voulant en faire un de ses eunuques, il le soumit à de cruelles tortures dont le jeune homme mourut deux jours après. C'était l'unique héritier d'un cheik (1) fort riche et respecté dans Hispahan pour sa charité et ses bonnes mœurs. Le cheik, instruit de la mort de son fils, alla au divan (2) de Sca-Thamas, et lui reprocha publiquement tous ses crimes. Le prince

1. Cheik signifie ministre prédicateur.
2. On appelle ainsi la salle des audiences.

l'écouta d'abord avec assez de sang-froid, mais, cédant enfin à ses instincts pervers, il le fit dépouiller de ses vêtements et habiller en femme, puis on lui coupa la langue, on lui mit une quenouille au côté, et on le chassa ainsi travesti et mutilé. Le cheik, dans ce triste état, alla chez le mufti (1), lui laissa sa plainte par écrit, et vingt mille personnes le suivirent les larmes aux yeux ; le peuple força le mufti à se rendre chez le gouverneur, et le tumulte augmenta à tel point que Thamas-Kouli-Kan se décida à tenir un divan général sur cette horrible exécution. Toutes les juridictions réunies furent d'avis de renfermer Sca-Thamas sa vie durant dans une étroite prison, et de déférer la couronne à son fils Abbas, âgé de dix ans, sous la tutelle à Thamas-Kouli-Kan, investi de la puissance suprême jusqu'à la majorité du jeune prince. Sca-Thamas essaya vainement de résister ; il fut chargé de fers et mourut peu après dans son cachot. Thamas-Kouli-Kan, désormais seul maître, partit d'Hispahan pour Tauris avec la pompe d'un souverain et une armée formidable. Il assiégea les villes de Tiflis et de Genger, et s'en empara ; puis, ayant entouré Erivan, il battit le serasquier Cuperli, qui accourait au secours de cette place avec quatre-vingt mille hommes ; Cuperli fut trouvé le lendemain parmi les morts. Les Turcs, après avoir essuyé des pertes considérables, furent contraints de demander la paix, et remirent aux

---

1. Mufti est le souverain juge de la loi.

Persans la ville d'Erivan, la seule ville persane
qui leur restât. Thamas-Kouli-Kan rentra dans
Hispahan avec tous les honneurs d'un triompha-
teur et fut proclamé empereur, sous le nom de
Sca-Nardivet. Abbas, fils de Sca-Thamas, fut
déchu de tous droits et mourut peu après.

Nous ne voulons point quitter la Perse sans
citer un exemple de grande modestie et de
haute sagesse donné par un ministre du nom de
Mahamed-Ali-Bey. Parvenu de simple berger au
rang de premier ministre, il fut soupçonné
d'élever des édifices somptueux à l'intérieur et
d'y accumuler des trésors au préjudice de l'État.
Le Sophi, excité par les discours insidieux de
ses courtisans jaloux, voulut se convaincre par
lui-même de la réalité du fait. Il visita une des
habitations de son ministre et, à sa grande surprise, n'y trouva rien que de simple et de convenable. On lui fit voir une porte fermée à trois
cadenas, et il voulut se la faire ouvrir. Mahamed
lui représenta respectueusement qu'il avait des
raisons pour empêcher l'entrée de cette pièce, où
se trouvait tout son bien, alors que tout ce que
renfermait le reste de sa maison appartenait au
Sophi. Celui-ci passa outre, mais quelle ne fut
pas sa surprise et celle des courtisans lorsqu'au
lieu de richesses entassées, on n'aperçut que la
houlette, la panetière, la flûte et l'accoutrement
de berger qu'avait portés ce ministre avant son
élévation ! Le roi fut si satisfait du noble désin-

téressement et de la sage philosophie de son ministre, qu'il échangea sur l'heure ses vêtements luxueux contre ceux de Mahamed, ce qui était le plus grand honneur qu'un roi de Perse pût faire à un sujet. C'est ainsi que l'envie fut confondue et la vertu exaltée.

Parlons pour finir d'un autre grand homme de la nation persane, dont la vie mérite d'être relatée.

Saladin était de la province du Curdistan, et fut un des plus grands capitaines du XIIe siècle. Il avait un frère qui n'avait pas moins de mérite et de bravoure que lui. Ils acquirent l'un et l'autre une si grande réputation dans les armées qu'Adad, calife d'Égypte, ayant demandé du secours à Noradin, souverain de la Syrie et de la Mésopotamie, celui-ci leur confia le commandement des troupes accordées à Adad. Aussitôt que Saladin parut en Égypte, il se fit apprécier à tel point que le calife lui donna la charge de Grand Visir et de général de ses armées. Adad étant mort peu de temps après, Saladin, profitant de son autorité et de son crédit, s'empara du palais impérial, des trésors des califes, et se fit proclamer souverain de l'Égypte. Dans ces conjonctures, Noradin vint à mourir aussi. Saladin se fit octroyer la tutelle de son fils, qui n'avait que onze ans, et s'empara des villes de Damas, d'Alep et de plusieurs autres places fortes. Après cette expédition, il se prépara au siège de Jéru-

salem, lorsqu'il tomba malade. Il n'en continua
pas moins la guerre, mais ses troupes furent
entièrement défaites. S'étant relevé promptement
de ce désastre, il remporta, en 1187, une célèbre
victoire sur les princes chrétiens près de Tibériade, en Palestine. Lusignan, roi de Jérusalem,
et le grand-maître des Templiers furent faits
prisonniers. Saladin se rendit ensuite maître de
Naplouse, de Sébaste, de Ptolémaïde, de Sidon,
de Berut, d'Ascalon, de Gaza et de Ramlah. Il
attaqua la même année la ville de Jérusalem et
la prit par composition, le 11 octobre 1188.
L'année suivante, les chrétiens, qui avaient reçu
des renforts, assiégèrent la ville de Saint-Jean
d'Acre, battirent les musulmans qui la défendaient, et s'emparèrent de cette ville, ainsi que
de Césarée et de Jaffa, à la vue de Saladin, en
1191. Ils se disposaient à mettre le siège devant
Jérusalem, lorsque, la discorde survenant entre
les chefs croisés, Richard Cœur-de-lion, roi
d'Angleterre, fut contraint de conclure une trêve
de trois ans avec Saladin, en 1192. Saladin mourut l'année suivante, après avoir régné 24 ans en
Égypte et 19 ans en Syrie.

Ce prince emporta dans la tombe l'amour,
l'admiration et les regrets de tous ses peuples.
Doué de toutes les qualités qui peuvent concourir
à former un héros et un grand souverain, il obser-
vait si régulièrement les préceptes de l'Alcoran,
que les mahométans l'ont mis au nombre de leurs
saints. Il fit bâtir dans toutes les villes princi-

pales des mosquées, des collèges et des hôpitaux.
Il prenait sous sa protection les vieillards, les
femmes et les orphelins, et faisait parvenir des
secours aux indigents. Il traitait avec humanité
et même avec générosité les prisonniers de
guerre ; il étendait surtout sa sollicitude sur les
malades et les blessés qu'il faisait soigner à ses
dépens, et qu'il rendait ensuite à leurs familles,
pourvus de vêtements et de subsides. S'il était
bienfaisant envers les étrangers, il l'était davantage encore envers ses émirs, ses soldats et ses
sujets, qu'il comblait de largesses abondantes.
Prêt à mourir, il fit distribuer des aumônes à
tous les pauvres, même aux chrétiens nécessiteux
qui se trouvaient à Damas ; et il commanda à
l'officier qui portait son étendard dans les armées,
d'attacher au bout d'une lance le drap qui devait
servir à l'ensevelir, et de le porter dans les rues
de Damas en criant : « Voilà ce que Saladin,
vainqueur de l'Orient, emporte de ses conquêtes ! »
Il n'avait ni palais, ni jardins, ni villes, ni terres
qui lui appartinssent en propre. Loin d'établir de
nouveaux impôts, il en abolit plusieurs malgré
les guerres. Son trésorier avait coutume de
garder de l'argent à son insu pour les besoins
urgents ; mais Saladin rendait cette précaution
inutile en faisant vendre ses effets.

Sa justice était égale à sa munificence. Il
tenait son divan les lundis et samedis, assisté de
ses cadis, soit à la ville, soit à la campagne. Les
autres jours il recevait les placets, mémoires et

requêtes, et tous sans distinction avaient accès
libre auprès de sa personne ; les chrétiens, les
musulmans, les étrangers, les pauvres et les
riches, tous étaient admis à son tribunal et jugés
sans délai, selon l'équité et les saines données de
la loi naturelle. Un de ses neveux, appelé en
justice par un particulier, fut forcé par Saladin de
comparaître et perdit sa cause. Un marchand
ayant présenté une requête au cadi de Jérusalem
au sujet d'un esclave dont il réclamait la succession que Saladin avait recueillie, Saladin, averti
par le juge, comparut au jour marqué, défendit
sa cause et la gagna. Loin de punir le marchand
de sa témérité, il le dédommagea largement. Un
jour, après avoir travaillé toute la matinée avec
ses ministres, comme il se retirait pour prendre
quelque repos, un esclave vint lui demander
audience. « A demain, » dit Saladin. L'esclave
insiste et dit que son affaire ne souffre point de
délai ; et en même temps il lui jette un mémoire.
Le sultan ramasse le mémoire, le lit, trouve la
demande juste, donne satisfaction et dit aux
officiers prêts à réprimer l'insolence de l'esclave :
« Arrêtez ! cet homme ne m'a point offensé, je
lui ai rendu justice et j'ai fait mon devoir. » Une
autre fois, pendant qu'il délibérait avec ses généraux sur les opérations à entreprendre, une
femme lui présente un placet. Saladin lui fait dire
d'attendre. « Eh ! pourquoi voulez-vous être
notre roi, dit-elle, si vous n'êtes pas notre juge ? »
Le sultan quitte l'assemblée, s'approche de cette

femme, l'écoute et la renvoie tout heureuse. Sa clémence était si grande qu'il ne punit jamais aucune offense. Après la journée de Tibériade où il fut vainqueur, il fit amener devant lui les principaux prisonniers, parmi lesquels était Lusignan, roi de Jérusalem. Il le reçut avec bonté, le consola de ses revers, le fit asseoir à sa droite, s'entretint avec lui, et lui fit donner à boire pour le désaltérer. Courageux et intrépide, il s'exposait sans crainte à tous les dangers. Avant le combat, il courait à cheval entre les deux armées suivi d'un seul écuyer. Pendant l'action, il était au plus fort de la mêlée. Endurci à la fatigue, il se levait avant le jour, travaillait dans les sièges comme un simple soldat, puis présidait aux attaques, dirigeait les machines, montait le premier à l'assaut, et donnait à ses soldats l'exemple de la ténacité et de l'endurance. Que n'était-il chrétien ! Son génie puissant, illuminé par la vérité divine, et son grand cœur, nourri de la sève d'En-Haut, en eussent fait un des plus grands hommes de l'histoire du monde !

LES Indes sont très étendues et arrosées par
deux grands fleuves, l'Indus et le Gange.
Elles se divisent en orientales et occidentales.

Les Indes Orientales comprennent deux
grandes parties : l'Indoustan ou presqu'île Cis-
gangétique, en deçà du Gange, et l'Indo-Chine
ou péninsule Transgangétique, au delà de ce
fleuve. Les archipels des Laquedives, des Mal-
dives et l'ile de Ceylan se rattachent à l'Indoustan. Les Indes Occidentales comprennent les
grandes iles de Sumatra, de Java, de Bornéo, les
Célèbes, les Moluques, les Philippines et les
Marianes. On les appelle ainsi parce que, s'éloi-
gnant des Indes Orientales, elles se rapprochent
de l'ouest de l'Europe.

Il se fait un très grand commerce aux Indes,
et on y aborde de toutes les parties du monde.
L'Indoustan fut d'abord habité par des colonies
égyptiennes. La religion, les mœurs et les coutumes des premiers Indiens étaient à peu près
les mêmes que celles des anciens habitants de
l'Égypte. La métempsycose est encore un des
principaux articles de leur credo. Les fruits de
la terre et l'eau furent longtemps leurs seuls aliments et leur seule boisson ; de longues robes
blanches formaient leur vêtement, et les vertus
primitives étaient leur apanage. Un crime grave
chez les Indiens était de troubler les laboureurs

aux champs. Ainsi, pendant qu'on se battait d'un côté, on voyait de l'autre des laboureurs paisibles occupés aux travaux de l'agriculture. Ces peuples dégénérèrent bientôt de leur simplicité première. Les étrangers que le commerce y attirait, y apportèrent de toute part, avec le luxe et les arts, tous les vices de leur civilisation. Les richesses tentèrent souvent aussi la cupidité de malfaiteurs que le vulgaire parait du nom de héros. Ninus, Sémiramis, Sésostris et Darius entrèrent par différents chemins dans les Indes, et y portèrent le fer et le feu. Ils parcoururent en vainqueurs ces vastes régions ; mais leurs conquêtes ne furent pas de longue durée. Alexandre parut ensuite ; on sait de quelle manière magnanime il se comporta envers Porus, l'un des plus puissants et des plus nobles rois de l'Inde.

La suite de leurs rois n'a point été interrompue depuis Alexandre jusqu'à Gengiskan. Les Indiens jouirent longtemps alors des bienfaits de la paix, et leur tranquillité ne fut point troublée par des guerres étrangères. Gengiskan, né dans la Grande-Tartarie, homme hardi et ambitieux, aidé d'un parti puissant, conquit presque toute la Grande-Tartarie et s'en fit proclamer empereur. Se voyant à la tête de trois mille hommes bien aguerris, il forma le projet de conquérir le monde. Il entra d'abord dans la presqu'île en deçà du Gange et la dévasta. De là il marcha contre la Chine et en soumit la plus grande partie. A son retour, il fit la conquête du reste des Indes et de la Perse et fut surpris par la mort au milieu de ses victoires.

Ses enfants se mirent en devoir de poursuivre l'exécution du vaste plan de leur père. Ils réduisirent entièrement l'Asie sous leur domination ; mais, amollis par les plaisirs et plus encore par les débauches, ils ne conservèrent pas longtemps leurs immenses conquêtes, et les Indiens ne furent pas les derniers à secouer leur joug. Cependant, à peine délivrés de ce côté, les peuples des Indes furent attaqués par des marchands arabes, généraux improvisés à la tête de troupes nombreuses, qui se rendirent maîtres de l'Indoustan, y apportèrent le mahométisme, et y fondèrent un puissant royaume dont la capitale fut Delhy, sur la rivière de la Djomnah.

Les Indes recommençaient à respirer lorsque Tamerlan, issu de la famille de Gengiskan, après avoir passé les premières années de sa vie à conduire des troupeaux, forma une armée de tout un ramassis de brigands, se mit à sa tête et s'empara de la Grande-Tartarie et de la Perse. Puis il marcha sur l'Indoustan et défit cent mille hommes qui voulaient s'opposer à son passage. Cette victoire le rendit le maître d'une partie de l'Indoustan, et lui permit d'imposer aux peuplades non subjuguées un tribut considérable. Il porta ensuite ses armes en Asie-Mineure. Enfin, couvert de gloire, il marchait à la conquête de la Chine, lorsqu'il mourut à Otrar, en 1405.

Ses enfants partagèrent ses États ; mais bientôt ils périrent misérablement, excepté Miracha, qui avait eu en partage les provinces orientales de la Perse et les pays conquis dans l'Indoustan. Le règne de Miracha fut troublé par de fréquentes guerres ; il fut même fait prisonnier par le roi de Cascar, qui lui rendit la liberté moyennant rançon. Miracha, oubliant ce qu'il devait à la générosité de son ennemi, entra avec une armée formidable dans ses États, le fit prisonnier à son tour, et, aussi cruel qu'ingrat, lui fit crever un œil et l'exposa couvert de haillons à la risée de ses soldats.

Ce roi malheureux, destiné à finir ses jours dans un cachot, trouva par un singulier hasard à se venger de la barbarie de Miracha. Ce prince, ayant appris que son prisonnier était très adroit à lancer des flèches, et qu'il atteignait toujours le but pourvu qu'on fît du bruit autour de lui, ordonna qu'on le lui amenât dans son palais, lui fit ôter ses fers, et lui donna un arc et une flèche avec ordre de viser à certain but au mot de commandement. Le roi de Cascar, au signal donné par Miracha, tourna vivement sa flèche contre lui et lui perça le cœur ; il était vengé, il exultait, mais son triomphe fort court, car il fut mis en pièces par ses gardiens.

Abuchaïde succéda à Miracha, mais ayant été déposé par ses sujets pour ses cruautés, puis replacé sur le trône par les intrigues de ses favoris, il voulut conquérir la Perse, fut fait prisonnier, et périt sur un échafaud par ordre de son vainqueur.

Seickomar, son fils, plus prudent que son père, et redoutant les malheurs de la guerre, amollit ses sujets dans une longue paix. Babar, son successeur, acheva la conquête de l'Indoustan, et laissa un vaste royaume à son fils Amayum, qui fut détrôné par un prince de sang royal, Lucamar, et forcé de se réfugier en Perse.

Après la mort de Lucamar, qui ne vécut pas longtemps, Amayum remonta sur le trône et régna paisiblement ; mais bientôt, victime d'une imprudence, il fit une chute du haut d'un édifice qu'il visitait et se brisa le crâne. Akébac son fils lui succéda. Ce roi eut plusieurs guerres à soutenir contre ses voisins, et le sultan Mustapha éprouva la valeur de ses armes. Après avoir affermi son trône par ses conquêtes, Akébac s'adonna au luxe et aux prodigalités. Ne trouvant pas la ville de Delhy assez grande ni assez belle, il fit bâtir successivement trois capitales plus magnifiques les unes que les autres. Énivré de sa grandeur et de sa gloire, il poussa la démence jusqu'à se faire adorer avec le soleil, « son collègue ! » Ce prince, au milieu des plaisirs de sa cour, eut aussi une fin tragique par imprudence. Se reposant au coin d'un bois, il aperçoit une longue chenille de feu et l'écrase avec une de ses flèches. Au même moment une garique vole devant lui ; il lui décoche une flèche et elle tombe morte à ses pieds. Il se forma de la chair corrompue de ce volatile un poison dont il fit faire des pilules qu'il faisait prendre à tous ceux dont il voulait se défaire ; en ayant pris lui-même par méprise, il mourut dans des tortures atroces.

Jehan-Guire succéda à son père et passa les premières années de son règne dans l'indolence et la mollesse. Il se plaisait à exciter des discussions entre les missionnaires et les ministres de l'Alcoran, et il paraissait même pencher plutôt vers le christianisme que du côté de la religion de ses pères. Frappé des réflexions que lui fit un Jésuite portugais, il témoigna la plus grande considération pour les missionnaires, et défendit de les troubler dans l'exercice de leur culte. Mais une sultane hautaine et corrompue, qui avait beaucoup d'empire sur son esprit, arma contre lui ses fils et les grands du royaume. Chorron, un de ses fils, fut même longtemps en révolte contre lui.

Chorron, parvenu à la couronne après la mort de son père, se la vit disputer par un de ses neveux ; mais il le réduisit bientôt à l'impuissance et changea son nom en celui de Scah-Jehan, qui signifie « roi du monde ». Cet empereur fit bâtir une nouvelle capitale, plus magnifique encore que celles d'Akébac, et détourna de trente lieues le cours d'une rivière pour la faire passer dans ses jardins ; ensuite, s'amollissant dans les plaisirs, il oublia le métier de la guerre qui avait fait son élévation et sa force. De tous ses fils il y en avait quatre qu'il affectionnait particulièrement ;

c'étaient Dara, Sujah, Oramgzeb et Morabdax.
Dara, son aîné, était le premier objet de sa ten-
dresse et, selon l'usage, ne le quittait point ; ses
autres fils demeuraient dans leurs gouvernements
respectifs. Oramgzeb, qui dissimulait les plus
grands vices sous des dehors vertueux, se préparait à porter les plus grands coups à la fortune de
Dara. Une maladie dangereuse dont Scah-Jehan
fut attaqué, suivie de la fausse nouvelle de sa
mort, mit tous ses enfants en mouvement. Les
trois derniers, jaloux de la prédilection dont
jouissait Dara, l'accusèrent d'avoir empoisonné
leur père. Chacun d'eux leva une armée ; mais
Oramgzeb, déjà plus puissant, se joignit à son
frère Morabdax, dont il ne flattait l'amitié que
pour le perdre plus sûrement, et mit en déroute
les forces combinées de Dara et de Sujah. Après
cette victoire il marcha droit à Delhy, détrôna
son père et jeta Morabdax dans les fers. Les
Indiens le proclamèrent alors empereur, et
Oramgzeb établit sa résidence à Delhy. Sujah
fut massacré par la trahison du roi d'Astracan,
qui lui avait offert un asile dans ses États. Dara
eut un sort semblable. Kionkan, chez qui il
s'était réfugié, le livra à Oramgzeb, qui lui fit
trancher la tête, et envoya ce trophée sanglant
à Scah-Jehan son père dans sa prison, qui pensa
mourir de douleur à cette vue. Il ne restait plus
qu'un fils de Dara. Oramgzeb le fit tomber entre
ses mains ; mais, touché de la fermeté de ce
jeune homme, il lui fit grâce de la vie, et se con-

tenta de l'enfermer dans une forteresse. Oramgzeb, pour assurer définitivement sa domination,
n'eut pas honte de sacrifier enfin son père et son
frère Morabdax.

Ce prince artificieux et cruel parvint, malgré
tous ses forfaits, à se concilier ses peuples par
son zèle apparent pour la religion. Il fit des lois
et rendit des ordonnances habiles dictées par son
hypocrisie. Cependant on trama plusieurs conspirations contre lui. La plus terrible fut celle
d'un soldat qui, ressemblant parfaitement à
Sujah, frère d'Oramgzeb, publia hautement qu'il
était Sujah, et attira par cette feinte un grand
nombre de Mogols sous sa bannière. Il se rendit
maître de plusieurs provinces du Nord qui,
lassées de la domination d'Oramgzeb, se soumirent facilement à son autorité. Le faux Sujah
s'empara de toutes les villes qui étaient sur son
passage pendant qu'Oramgzeb était occupé à
poursuivre Cévagi, fameux brigand qui dévas-
tait ses États. Oramgzeb triompha finalement du
faux Sujah et de Cévagi ; mais ses enfants lui
firent subir la peine du talion et conspirèrent
eux aussi contre leur père. Son grand âge et ses
infirmités ne l'empêchèrent pourtant pas de faire
face aux révoltés et de les faire rentrer dans le
devoir. Enfin ce monarque, après un règne long
et mémorable mais agité, mourut âgé de cent et
un an.

Il avait partagé par testament ses vastes possessions entre ses trois fils. Cha-Halam, l'aîné,

obtint l'empire ; Azamcha, son second fils, eut le Décan et le Guzzerate ; Kambach, le plus jeune, eut Golconde et Visapour. Ayant appris qu'Azamcha son frère, mécontent de ce partage, songeait à lui enlever l'empire, Halam le prévint et envoya contre lui Azamdime son fils, qui le battit complètement et s'empara même de ses États. Azamcha, dans la crainte de tomber entre les mains du vainqueur, se donna la mort.

Halam, qui jusqu'alors avait respecté la part de Kambach son deuxième frère, redoutant aussi une trahison de ce côté, fit marcher ses troupes à la conquête de Golgonde et de Visapour, et Kambach trouva la mort dans une bataille. Halam ne jouit pas longtemps du fruit de ses usurpations. Il mourut peu regretté, et ses fils à leur tour se disputèrent le pouvoir. Mogeddin triompha de ses frères et les fit périr misérablement. Lui-même, après un règne fort court, fut détrôné par son neveu Ferrushier, qui périt aussi de la main de ses frères après les avoir élevés de la lie du peuple au faîte des grandeurs.

L'empire des Mogols passa ensuite à Raffiedneja, massacré bientôt par les séides de Thamas-Kouli-Kan, qui avait investi le Tabaristan, province considérable de l'Indoustan, avant même la présence du nouvel empereur Muhamed à Delhy. A son arrivée, Muhamed exila son fils aîné qui avait formé le dessein de lui enlever le sceptre ; ensuite il ravagea la Tartarie, et tenta vainement d'envahir la Turquie. Pour punir la rébellion de ses sujets, il les surchargea d'impôts, et son fils paya enfin sa révolte du dernier supplice.

Cependant la faiblesse de Muhamed avait inspiré aux grands de l'empire l'esprit d'indépendance, et les Rajas et les Nababs refusaient de payer le tribut. Nizam, ministre tout-puissant, âgé de cent ans, porta même ses vues sur le trône. Devenu suspect à Muhamed, ce prince envoya des troupes qui fondirent sur le Décan. Nizam, voyant son gouvernement menacé, se joignit au visir, et tous deux rassemblèrent une armée considérable qui alla camper aux environs de Delhy. Muhamed, effrayé, composa avec eux et les combla d'honneurs.

Sur ces entrefaites Badgira, qui commandait les Mahrattes, peuple voisin des Mogols, avait déjà envahi la nababie voisine du Décan, et la famille du Nabab, échappée au vainqueur, avait trouvé à Pondichéry, auprès de M. Dumas, gouverneur français, un asile qui attira bientôt les armes des Mahrattes. Pondichéry, investi et assiégé par une armée de trois cent mille hommes, n'aurait pas résisté longtemps ; mais quelques bouteilles de liqueurs que M. Dumas envoya à Badgira dissipèrent la tempête, et la reine des Mahrattes, passionnée pour les liqueurs, en demanda de nouvelles à M. Dumas, qui s'empressa de lui en envoyer encore. Le roi des Mahrattes, touché de cette générosité, fit présent à M. Dumas d'un serpent, sollicita son amitié, et abandonnant Pondichéry, se mit en marche vers le Décan. Nizam, premier ministre de Muhamed, écrivit à M. Dumas pour le féliciter, et le fit nommer par l'empereur commandant de quatre mille cinq cents cavaliers entretenus aux frais du trésor, dignité qui est restée à tous les gouverneurs de Pondichéry.

Cependant quelques présents, accompagnés d'une lettre de Nizam, firent renoncer Badgira à la conquête du Décan. Sur ces entrefaites, le bruit s'étant répandu que les Mahrattes n'avaient tenté de surprendre Pondichéry qu'à l'instigation de Muhamed, les esprits furent fort indisposés contre ce prince. Les Nababs, toujours remuants, excitèrent une sédition, qui rendit Nizam odieux à Muhamed. La mort de Sca-Nadir, survenue dans ces conjonctures, accrut encore l'animosité de l'empereur contre Nizam qui, craignant que Muhamed ne lui attribuât la mort de Nadir, se retira dans son gouvernement. Après avoir tramé plusieurs autres conspirations qui furent sans effet, Nizam disgracié engagea de nouveau les Mahrattes à fondre sur l'Indoustan. Ceux-ci, de concert avec Nizam, qui voulait faire périr Muhamed et son fils, firent demander par le peuple que l'empereur, dont ils connaissaient la mollesse, se mit lui-même à la tête de ses troupes. Mais Amet-Scah, fils de Muhamed, ayant pris seul le commandement de l'armée, les troupes des conjurés se séparèrent pour exécuter plus sûrement leurs desseins. Quelques Nababs, épris

des grandes qualités du jeune Amet, lui décou-
vrirent la conspiration. Scah-Amet tourna ses
armes contre ses ennemis, en triompha et retourna
couvert de gloire à Delhy. Mais quelle ne fut
pas sa douleur en y apprenant la mort de son
père ! Ceux des conjurés qui étaient restés à la
cour, croyant la mort de Scah-Amet certaine,
avaient étouffé l'empereur. Amet sut bientôt de
quelle main était parti le coup, mais pour ne pas
attiser la fureur des conjurés par une répression
énergique, il feignit de renoncer au trône, prit
l'habit d'un faquir, et dit aux grands qu'il avait
assemblés : « Que celui de vous que j'enverrai
chercher cette nuit se tienne prêt à recevoir de
mes mains le sceptre de l'empire et à régner en
ma place.» Les conjurés, appelés séparément, se
rendirent l'un après l'autre auprès d'Amet, qui
les fit tous étrangler. Le lendemain le prince fit
assembler le peuple et lui découvrit la conspiration tramée contre lui par vingt-deux assassins
qu'il avait punis de mort. Aimé de ses sujets, il
fut proclamé empereur avec les acclamations les
plus flatteuses. Nizam, ce traître, ce ministre
odieux de Muhamed, eut ordre de se rendre à
Delhy, mais, prévoyant le sort qui lui était destiné,
il mit fin à ses jours par le poison.

Des guerres sanglantes troublèrent encore
l'Indoustan pour la succession de Nizam au
Décan. Monza-Fersingue, un de ses petits-fils,
eut la protection d'Amet-Scah et des Français.
Aidé de ceux-ci, il allait réussir lorsqu'il périt

dans un combat. Les généraux majors allèrent
trouver sur-le-champ Salabetsingue, fils de
Nizam, et le proclamèrent roi ; mais Salabetsingue déclara qu'il n'accepterait le pouvoir qu'avec
l'agrément des Français. Assuré de la protection
de MM. Dupleix et de Bussi, commandants
des troupes françaises, il accepta la couronne et
se déclara vassal de la France. Quant à Amet-
Scah, il fut détrôné et condamné à une prison
perpétuelle par un prince de son sang, qui lui
succéda sous le nom d'Oramgzeb II. Ce nouvel
empereur, faible et sans courage comme Muhamed son père, ne fut qu'un fantôme de souverain
peu respecté de ses sujets.

Nous terminons ici cette notice sommaire sur
l'Indoustan. Ce que nous venons de relater,
d'après des auteurs dignes de foi, suffit à donner
une idée de l'histoire ancienne de ce pays, si peu
connu en Europe avant notre siècle. Nous ajou-
terons la description de l'île de Ceylan.

L'île de Ceylan est une des grandes îles des
Indes. Elle a la forme d'une poire. Sa longueur
est de cent lieues et sa largeur de cinquante.
L'air y est sain, le pays montagneux et plein de
vallées fertiles. L'île abonde en vaches, en brebis
et en animaux de toute espèce. Elle est arrosée
de plusieurs rivières fort poissonneuses, mais qui
ne sont point navigables à cause de la quantité
de rochers qui en interrompent le cours. Ce pays
n'est pas également peuplé partout.. Il n'y a

d'autres fortifications que les montagnes, dont la plus haute et la plus escarpée est le pic d'Adam.

La nourriture la plus ordinaire des habitants est le riz, surtout dans la partie méridionale. Le grain le plus renommé par son abondance est le tanna, car d'un seul grain on voit germer plusieurs épis dont chacun renferme plus d'un millier de grains nouveaux, production assurément extraordinaire.

On voit dans cette île des arbres rares, tels que le talipot, le kettule et le cannellier. Le talipot est de la hauteur et de la grosseur d'un mât de navire. Ses feuilles sont si larges et si grandes qu'une seule peut mettre à l'abri de la pluie quinze ou vingt personnes. Les soldats et les habitants en font des tentes. Le kettule est remarquable par la liqueur qui en découle ; elle est douce et fort agréable au goût. On en extrait quinze ou seize pintes par jour et on en fait une espèce de sucre assez bon. Les feuilles de cet arbre sont aussi dures qu'une planche, et les filaments qui s'y trouvent sont aussi forts que le fil d'archal. On en fait des cordages ainsi que de la racine d'un autre arbre, qu'on nomme kaiagarah, et les habitants en font commerce. Le cannellier est un arbre sauvage qui pousse en abondance dans les bois. Son écorce est assez commune ; son fruit cuit dans l'eau donne une huile qui, refroidie, devient ferme et blanche comme les plus beaux suifs.

L'île produit encore beaucoup d'autres fruits savoureux. Les meilleurs, les plus exquis sont destinés à la table royale et marqués par une corde à trois nœuds qu'on attache à l'arbre ; personne alors n'ose y toucher, pas même les propriétaires. Il y a une espèce de noix nommée betele, qui croît en abondance au sommet de l'arbre qui la porte. Les feuilles de cet arbre sont fort larges et aussi dures que du cuir. Les habitants en font des plats et des vases pour contenir leur boisson. On y voit un fruit, nommé jombo, qui a le goût de nos pommes ; et un autre, appelé jachs, qui est fort gros, et ressemble à des navets ou à des choux.

Parmi les fleurs, il en est une, nommée syndrick mâle, qui sert en quelque sorte d'horloge aux habitants. Elle commence à ouvrir ses corolles vers quatre heures de l'après-midi ; le matin elle est tout épanouie, et elle se referme ensuite jusqu'au moment de sa réouverture.

Les lions, les loups, les chèvres, les ânes sont inconnus dans cette île, mais en revanche on y trouve des cerfs en abondance, et quantité d'éléphants et de chameaux. Il y existe une fourmi dont la piqure cause une douleur semblable à celle d'une brûlure. On y voit des singes fort gros et tout blancs. Mais dans le règne animal, rien de plus remarquable que le pimperah et le demolo. Le premier est un serpent d'une grandeur si prodigieuse qu'il avale un bouc entier avec ses cornes, et l'autre est une araignée grosse comme le poing, avec des pattes en proportion et un corps noir et velu. Les Hollandais possèdent presque toutes les côtes de cette île et le roi de Candie est le maître du pays. Les insulaires se nomment Chingulais. Ils sont bien faits et agréables de figure. Ils font profession d'idolâtrie ; ils adorent un Dieu créateur, et un autre appelé Buddon qui sauve les âmes. Ils adorent aussi les planètes. Ils ont leurs prêtres et croient à la métempsycose.

L E roi Rectan, appelé en langue chinoise
Yao, a été le fondateur de ce vaste empire.
On prétend que ce prince partit, l'an 171 après
le déluge, de la plaine de Sennaar, où avait été
élevée la tour de Babel, et qu'il habita pendant
cinquante ans les lieux que divise la montagne
de Séghar et qui furent, selon l'Écriture Sainte,
son premier domaine. Enfin il arriva en Chine
avec une nombreuse colonie, après avoir pris sa
route par la province de Changsi, où il trouva
une vaste étendue d'eau que les Chinois appel-
lent les Eaux du déluge, et que ce prince mit
en communication avec la mer par plusieurs
canaux auxquels on travailla pendant treize ans.

Sur les montagnes de Chine, on ne voyait
que des serpents et des bêtes féroces dont furent
victimes plusieurs habitants de la colonie. Yao,
pour les détruire, promena le feu sur ces montagnes, puis il fit défricher les terres et les ense-
mencer. Au bout de quelques années, on vit
paraître des villes, des bourgades et des habi·
tations éparses dans une vaste étendue de pays.
Yao, pour n'être point accablé du poids de ce
naissant empire, s'associa Chun, le personnage
le plus intelligent de son entourage, mit de l'ordre
partout, forma sa cour, créa des charges, choisit
ses officiers, et partagea ses immenses possessions en neuf districts, auxquels il préposa autant

de gouverneurs. Chacun d'eux gouverna en roi après Yao. Yu lui succéda et fut le chef de la première dynastie. Après sa mort, les grands et le peuple firent passer le trône à son fils et le rendirent héréditaire ; car jusque-là on y avait élevé le plus digne. Depuis lors, la forme du gouvernement n'a plus varié, quoique les Tartares orientaux y aient fait deux invasions : la première en 1280, qui dura jusqu'en 1375, et la seconde en 1643.

La Chine compte trois cent quatre-vingts lieues marines du midi au septentrion, et cinq cents de l'orient à l'occident en y joignant la Tartarie orientale, qui fait partie intégrante de l'empire. C'est une sorte de carré de deux mille cent soixante lieues de tour, sans y comprendre les îles Formose, Hainan et Theouchan, ni la grande province de Laoutang.

L'empire chinois est divisé en quinze provinces qu'on pourrait appeler autant de royaumes. Les six premières du côté du septentrion, que les Tartares nomment Catay, sont Pakeli, Changsi, Chengsi, Hangtung, Honan et Soutchouën. La partie méridionale de la Chine s'appelait autrefois Mangy. Elle est divisée aujourd'hui en neuf provinces qui sont : Houguan, Nanking, Chekian, Kianzi, Fokien, Quantong, Quanzi, Hiunan et Kouetcheou. Les quinze provinces contiennent 155 villes principales, 1312 cités ou villes de second ordre, et 2357 bourgs ou places d'armes. Les provinces sont distinguées par la juridiction des gouverneurs. Ceux des villes sont subordonnés aux vice-rois des provinces, et les cités sont sous leur autorité. Les bourgs ne diffèrent des cités et des villes que parce qu'ils ne sont point entourés de murailles, et qu'ils ont une garnison qui cohabite avec les bourgeois.

La Chine est extrêmement peuplée, et sa population s'accroît rapidement grâce à la polygamie de fait sinon de droit qui y est pratiquée, et à l'absence des maux les plus fréquents de l'humanité : la guerre, la peste, la famine. Toutes les terres, plaines, monts et vallées, interstices des rochers mêmes, sont cultivées.

Les Chinois ont des mandarins ou fonctionnaires principaux qui s'adonnent soit aux Lettres, soit au métier des armes.. On compte à Pékin, capitale de cet empire, douze cours supérieures, qui ont juridiction sur toutes les provinces : six sont composées de mandarins lettrés, cinq de mandarins d'armes. La douzième a la suprématie sur toutes les autres et forme les deux conseils de l'empereur, dont l'un est composé des princes du sang, et l'autre des ministres de l'État. Cette cour est une sorte de Parlement qui juge les causes en·appel, qui examine les affaires importantes concernant directement l'État, en fait son rapport à l'empereur, et reçoit sa décision avant de la rendre publique.

Il y a un premier mandarin chargé de la haute surveillance sur toutes les autorités civiles et administratives de l'empire ; il détermine leurs attributions, nomme, déplace, révoque, réhabilite et réintègre au besoin. Un autre a la surintendance des finances et des tributs à percevoir. Un troisième connaît des coutumes, rites, usages et cérémonies de l'État, et dirige tout ce qui a trait à la religion, aux arts et aux affaires étrangères. Un quatrième est préposé aux armées, camps et garnisons, et à tous les échelons de la hiérarchie militaire. Un cinquième a la haute main sur la justice et juge en dernier ressort. Le sixième enfin veille aux travaux publics, aux bâtiments et domaines de l'État et de l'empereur ainsi qu'à l'administration de la marine.

Les six cours ont chacune un président, deux assesseurs, et un certain nombre de commissions ou conseils plus ou moins forts selon l'étendue du travail. Il y a dans chaque cour un inspecteur général, délégué direct et secret de l'empereur. Lorsqu'un membre d'une cour s'est rendu coupable d'une injustice ou d'un crime, cet inspecteur en instruit l'empereur, qui nomme des mandarins du premier ordre pour en informer.

Si l'empereur attente en quoi que ce soit aux lois fondamentales de l'État ou les viole, les mandarins du premier ordre, qui sont les grands seigneurs de l'empire, ont la liberté de le supplier respectueusement de ne point s'en écarter et d'observer les constitutions de l'empire.

Outre ces douze cours souveraines qui ont leur résidence à Pékin, les provinces ont chacune la leur, qui a autorité sur tous les tribunaux inférieurs.

Comme il y a deux sortes de mandarinats, celui des lettrés et celui des armes, il y a aussi deux sortes d'examens à subir pour y entrer. Les examinateurs, nommés par l'empereur, n'écoutent point les suggestions du favoritisme et n'ont égard qu'au mérite. L'examen des lettrés prime le deuxième ; celui-ci porte sur les aptitudes des candidats à bien monter à cheval, à rivaliser de vitesse sans faire de chute, à manier les armes avec dextérité, à tirer de l'arc à pied ferme ou au galop, en atteignant le but. Les Chinois n'en sont pas meilleurs soldats pour cela, car après avoir fondu avec impétuosité et sans ordre sur l'ennemi, ils sont prompts, au premier recul ou à la moindre panique, à s'enfuir à la débandade sans que la voix des généraux puisse les retenir ou les rallier et les ramener au combat ; il leur manque une forte discipline.

En Chine, la jeunesse, occupée sans relâche dès l'âge de six ans, est mise en garde contre le vice et la débauche, et elle se polit et se forme virilement, grâce au double courant d'études dont nous avons parlé.

L'agriculture et le commerce sont les principales sources de richesses des Chinois. Leur sol fécond donne des céréales et des grains de toute espèce, quantité d'excellents fruits et légumes, et nourrit bétail, volaille et gibier à profusion ; les Chinois ont le sucre, le sel raffiné, les épices et différentes sortes de vins de riz très délicats et même moins nuisibles que ceux de la vigne. Leur boisson favorite est néanmoins le thé. Leurs vêtements sont confectionnés de toile de chanvre ou de coton, d'étoffes de soie ou de laine, de peaux d'animaux et de fourrures à la saison mauvaise.

Les gens riches y ont des habitations commodes et propres. La peinture, le vernis, la dorure, y brillent partout sur les meubles et jusque sur les ustensiles de ménage. Outre son appartement, chaque particulier a une salle séparée et luxueuse où il reçoit ses parents et amis ; selon l'usage du pays, ceux-ci ne sont jamais admis dans le logement personnel, ni dans les appartements des femmes.

Le commerce, dont nous avons déjà parlé, est absolument nécessaire aux Chinois ; s'il venait à tomber, la vie individuelle et nationale s'affaisserait. Aussi chacun s'y adonne-t-il selon sa condition et ses facultés ; et presque tous les mandarins même engagent une bonne partie de leurs ressources dans les affaires, surtout dans celles qui se traitent avec le Siam, Batavia, les Manilles et l'île Formose. Le commerce intérieur est le plus considérable : les fleuves, les rivières, les canaux sont chargés de barques qui sillonnent toutes les provinces et y déposent leurs produits mutuels, manufacturés ou naturels. La province de Quangchekian a le sucre en partage ; Nanking, les ouvrages superbes en terre ou bois vernis, les porcelaines, etc. ; Changsi et Chengsi fournissent les chevaux et mulets, les fourrures et le fer ; les provinces de Laotong et de Hiunan ont beaucoup de mines d'or et quelques mines d'argent ; Fokien produit le thé; Houguan le riz.

La monnaie ordinaire est un alliage de cuivre, ayant la couleur et la forme des sous français. Mille de ces pièces valent une demi-pistole d'Espagne. On n'a jamais permis de battre de la monnaie d'or et d'argent, afin d'éviter les abus, les fraudes, et de ne pas surexciter la cupidité et l'avidité déjà si grandes des Chinois.

En cas de stérilité ou d'épidémie, les pauvres reçoivent des secours considérables. On leur distribue des grains pour leur subsistance ou l'ensemencement des terres. L'empereur en fait remplir des magasins pour les cas de disette et les fait alors vendre à très bas prix. La prévoyance habile du gouvernement accumule pour les approvisionnements des millions dans le trésor impérial, et évite ainsi, au jour des grandes calamités, les murmures des classes déshéritées et les séditions populaires.

Malgré toute la sollicitude gouvernementale, la grande application des Chinois au travail, et les examens rigoureux qu'ils ont à passer pour s'élever aux hauts grades dans les lettres ou les armes, on ne voit jamais briller en Chine de grands ministres ni de savants éminents comme en Europe. Leur langue est très compliquée ; ils n'ont point une série élémentaire de lettres

comme les Hébreux, les Grecs et les Romains ;
ils ont autant de figures que de mots pour rendre
leurs pensées. On en compte environ seize cents,
alphabet vraiment inextricable pour nous ; un
seul mot peut signifier jusqu'à vingt choses différentes, suivant la diversité des désinences ou
des intonations ; de là le cachet musical de leur
langage. Chaque province, chaque ville a son
idiome et ses tons particuliers. La langue chinoise prête à tant d'équivoques qu'on peut diffi-
cilement écrire ce qu'un autre prononce, et il
faut avoir un livre sous les yeux pour le bien
comprendre ; entendre sa lecture ne suffit pas,
tant les inflexions vocales peuvent en dénaturer
le sens Les Chinois écrivent de haut en bas,
chaque mot au-dessous du précédent. Une longue vie humaine ne suffit pas pour posséder à
fond tous leurs caractères, tout leur appareil lin-
guistique.

En fait de sciences les Chinois sont médio-
cres. Leur philosophie, appuyée sur de faux
principes basés eux-mêmes sur des fables, leur
vient surtout de leurs relations commerciales
avec l'Inde et la Perse. Tout leur savoir en
médecine se réduit à tâter le pouls en plusieurs
places, et à connaître la vertu thérapeutique de
certaines plantes du pays, avec lesquelles, au dire
des voyageurs, ils opèrent des cures admirables.
Leur chirurgie est rudimentaire. Leur ignorance
en géographie, en physique, en astronomie et en
mathématiques était profonde encore à l'arrivée

des premiers missionnaires parmi eux. Ceux-ci les en ont un peu relevés par leurs travaux infatigables et un dévouement qui ne se rebute jamais. On leur attribue cependant plusieurs inventions importantes, par exemple, l'art de la navigation, la poudre à canon, l'imprimerie, la fameuse encre dite de Chine, si utile pour le dessin, la laque, les couleurs, les vernis, la porcelaine, la fabrication des étoffes de soie, la teinture, etc. Puisse le Ciel amener bientôt ce grand peuple à une civilisation plus réelle, plus morale surtout, et le retirer des ténèbres du paganisme où il croupit encore à l'ombre de la mort !

L'Égypte (1).

LES Égyptiens ont été le premier peuple à
avoir un gouvernement fort et régulier,
visant à rendre la vie publique commode, féconde
et heureuse. Ils regardaient la vertu comme le
fondement de la société, et la reconnaissance
était leur plus noble sentiment. Leurs lois étaient
simples et équitables, et on leur inculquait
l'amour ardent de la patrie. Tout citoyen devait
être utile à l'État ; la loi assignait à chacun sa
tâche, et il n'était loisible à personne de changer
de profession ; tous les arts et métiers étaient
en grande estime. Les prêtres et les soldats
avaient des marques d'honneur. L'étude des lois
et de la sagesse était une occupation commune,
et la pratique de la religion s'imposait à tous.
Une innovation dans les us et coutumes tenait
du prodige en Égypte. Trente juges choisis dans
les principales villes formaient une cour supérieure de justice. Le prince leur assignait un
revenu convenable, car les procès ne leur rappor-
taient aucune quote-part. Pour éviter les sur-
prises, on traitait les affaires par écrit, et les plai-
doiries et l'éloquence étaient bannies. La vérité
y était exposée d'une manière simple et unie.
Le président de ce sénat portait un collier d'or
orné de pierres précieuses, d'où pendait une figu-

1. Quoique l'Égypte soit en Afrique, nous croyons devoir en
parler ici à cause de ses relations importantes avec l'ancien
monde, avec les peuples de l'Asie surtout.

rine qui symbolisait la vérité ; et en commençant la séance, il l'appliquait à la partie qui devait gagner sa cause.

La consolation d'un citoyen en mourant était de laisser un nom honoré et respecté de tous. On ne pouvait faire l'éloge public d'un défunt qu'après un jugement rendu sur sa carrière. L'accusateur public annonçait sa mort, et s'il prouvait que sa vie n'avait pas été irréprochable, il était privé de la sépulture. Lorsqu'il y avait lieu à panégyrique, on ne parlait pas de la naissance ; car les Égyptiens ne tiraient leur noblesse que de leur mérite. Pour empêcher les emprunts, sources de tant de maux : de la paresse, de l'usure, de la mauvaise foi, de la prodigalité, l'emprunteur devait engager comme caution le corps de son père, et s'il ne le dégageait pas dans un temps donné, ce dernier était privé de sépulture après sa mort.

Les rois étaient astreints à des règlements minutieux. La qualité et la quantité de leurs boissons et aliments étaient fixées, et chacune de leurs heures avait sa destination. Au point du jour, ils prenaient connaissance de tous rapports et requêtes pour juger des affaires en cours et prendre les mesures et solutions qu'elles comportaient, puis ils allaient sacrifier au temple. Là, environnés de leur cour, ils assistaient à une prière et à une instruction. Le pontife priait les dieux d'accorder au prince toutes les lumières et toutes les vertus nécessaires à sa mission élevée, et chargeait d'imprécations les ministres perfides et les conseillers coupables qui outrageaient la justice ou la vérité. Après le sacrifice, on faisait une lecture dans les livres sacrés où étaient retracées les actions et les paroles mémorables des grands hommes, et le souverain était invité à imiter leurs exemples et à pratiquer leurs maximes.

Les Égyptiens avaient l'esprit inventif, mais utilitaire avant tout. Mercure Trismegiste a rempli l'Égypte des œuvres de sa sagesse et y a favorisé puissamment la vie pastorale et agricole, dont les institutions, quoiqu'anciennes comme le monde dans leur généralité, étaient attribuées à Osiris. Les Égyptiens s'adonnèrent de bonne heure à l'astronomie, furent les premiers à observer le cours des astres, et à fixer la durée presqu'exacte de l'année par la découverte de la terre et du soleil dans leurs mêmes positions respectives qu'à certaine date antérieure. Ils ont aussi imaginé l'arpentage, puis créé la géométrie. Ils ont formé et perfectionné un corps de science médicale. Ils ont fondé les premières bibliothèques et les ont appelées les *remèdes de l'âme*.

Le Nil, par ses débordements, a toujours fait la richesse de l'Égypte en répandant ses eaux limoneuses sur les terres ainsi fertilisées. De grandes écluses s'ouvraient ou se fermaient devant ses eaux selon les besoins du sol. Des canaux favorisaient les communications et le commerce. Le lac Mœris, dont parle Hérodote, et qui servait de réservoir à la surabondance des eaux du Nil, avait environ cent quatre-vingts lieues françaises de circuit. La pêche y était énorme et une source de richesses. Deux pyramides portant chacune une statue colossale à son sommet, s'élevaient de trois cents pieds au-dessus des eaux et en avaient autant de profondeur.

Les villes principales de l'Égypte étaient pleines de temples magnifiques et de palais superbes. L'architecture y étalait partout cette simplicité noble et cette élégante légèreté qui étonnent et ravissent toujours. Thèbes, connue par ses cent portes, le disputait en splendeur aux plus belles villes de l'univers. On a découvert dans le Sayé, c'est-à-dire dans la Thébaïde, un grand nombre de statues et de colonnes qui faisaient jadis l'ornement de ses temples et de ses palais.

Les obélisques sont encore, autant par leur beauté que par leur hauteur, des vestiges de l'ancienne puissance et de la haute civilisation des Égyptiens. Les pyramides, masses immenses et majestueuses, ont toujours défié le temps et les hommes, et les invasions et les siècles ont salué leurs bases inébranlables. Les inscriptions des pyramides laissent déchiffrer aujourd'hui leurs mystérieux hiéroglyphes et jettent ainsi de précieuses clartés dans les profondeurs les plus reculées de l'histoire. Le fameux labyrinthe dont parle Hérodote était bâti sur le bord du lac

Mœris. C'était une magnifique réunion de douze
palais disposés régulièrement avec des communications multiples. Les bâtiments immenses qui
les composaient servaient soit à la sépulture des
rois comme les pyramides, soit à nourrir les crocodiles sacrés, tristes dieux d'une nation d'ailleurs
si sage, étonnant contraste entre ses aberrations
religieuses et sa prospérité matérielle.

Le génie des Égyptiens ne se bornait pas
cependant à élever des temples, des palais, des
obélisques et des pyramides ; il s'appliquait aussi
aux sciences sociales et politiques et à *former
des hommes*. Tous les grands hommes de la
Grèce, Pythagore, Platon, Lycurgue, Solon, ont
été s'inspirer dans les écoles philosophiques de
l'Égypte. On s'y soumettait aux lois de la fruga-
lité pour conserver un esprit sain et libre dans
un corps sain : *mens sana in corpore sano*, et on
pourvoyait en même temps à l'éducation physique
par les exercices corporels, les luttes, les courses
à pied, à cheval et en chariot. La musique, dont
les nobles accords dilatent le cœur et élèvent
l'esprit, avait aussi ses fervents ; et Mercure
Trismegiste, son créateur, inventa le principal
instrument dont ils se servaient.

Grâce à cette forte trempe de l'homme tout
entier, les Égyptiens étaient distingués, policés,
endurants, et avaient des armées solides. Quatre
cent mille soldats défendaient victorieusement
leurs frontières ou les reculaient par des conquêtes. Sésostris fut un des premiers et le plus

illustre de leurs conquérants. Il s'aguerrit d'abord contre les Arabes, soumit l'Ethiopie et la rendit tributaire ; puis il porta ses armes triomphantes en Asie. Jérusalem fut son premier objectif, et Roboam, son roi, ne put lui résister. Sésostris enleva les richesses de Salomon, soumit la Lybie, pénétra jusque dans les Indes, et surpassa même Alexandre-le-Grand, puisqu'il conquit les vastes pays situés entre le Danube et le Gange.

L'usage des cachets a été introduit chez les Égyptiens pour assurer la foi des actes et l'inviolabilité des traités. Les manquements graves à la parole donnée et à l'honneur, le bris de ces cachets étaient des crimes rigoureusement punis. Nous lisons dans Diodore qu'on coupait les deux poignets à celui qui avait contrefait ou altéré le sceau du prince. Les prisons existaient déjà en Égypte du temps de Joseph, premier ministre de Pharaon. Quiconque pouvait porter secours à un homme assailli et s'y refusait, payait de sa tête la mort de cet homme ; et quiconque était convaincu de connaître un meurtrier et de ne pas l'avoir dénoncé, subissait le supplice du fouet et passait trois jours sans aliments. Même un maître coupable d'homicide volontaire sur son esclave, était puni de mort. Le châtiment du parricide était terrible. On faisait entrer dans toutes les parties du corps du criminel des roseaux de la longueur d'un doigt, on l'enveloppait ensuite dans des fagots d'épines et on y mettait le feu.

Quant aux pères assez dénaturés pour tuer leurs enfants, on ne leur infligeait pas la peine capitale, mais on les obligeait à serrer dans leurs bras le cadavre de l'enfant pendant trois jours et trois nuits au milieu des gardes et à la vue du public. Le parjure était puni de mort, parce qu'il était la négation de la sincérité et de la foi jurée. Le calomniateur s'exposait au même supplice. Les faux monnayeurs et les vendeurs de faux poids avaient les poings coupés. On traitait de même les écrivains publics qui avaient fabriqué de fausses pièces et falsifié des actes. On mutilait celui qui avait outragé une femme libre. Quand une future mère était accusée d'un crime digne de mort, on ne l'exécutait qu'après la naissance de son enfant ; cette loi a toujours été en vigueur chez les Grecs et les Romains, elle est en usage encore aujourd'hui. L'adultère aussi était puni de mort.

Voilà, en une sorte de tableau synoptique, quelles étaient les principales institutions, les mœurs et les coutumes de cette nation qui a joué un si grand rôle dans l'antiquité et qui, malgré la dégradation musulmane, de bien peu supérieure aux abjections du paganisme, est encore le joyau le plus convoité du continent africain.

NOTE POUR LA PAGE 51.

— M. le comte Adalbert de Périgord, frère du prince
de Sagan, fut nommé duc de Montmorency par l'empereur Napoléon III. Leur mère, née de Montmorency,
était sœur du dernier duc de ce nom. C'est à la mort
de celui-ci que l'empereur a désiré perpétuer son titre.
— Nous ne connaissons pas le pays où cette illustre
famille a pris naissance ; nous savons seulement que
son titre de noblesse vient du village de Montmorency
près Paris. Une branche demeura quelque temps à
Banthélu, village du Vexin, mais son origine se perd
dans la nuit des vieux âges.

ROYAUME D'ANGLETERRE.

AUTRES PAYS ANCIENS D'EUROPE ET D'ASIE.

IMPRIMÉ PAR DESCLÉE, DE BROUWER ET Cie.

41, RUE DU METZ. — LILLE.